Gisela Roggendorf
Kann Bildung schaden?
Ein Plädoyer für bessere Schulen
und mehr Chancengleichheit für Kinder

Ausführliche Informationen zu unseren Neuerscheinungen sowie zu jedem unserer lieferbaren und geplanten Bücher finden Sie im Internet unter **www.junfermann.de** – mit ausführlichem Infotainment-Angebot zum JUNFERMANN-Programm ... mit Newsletter und Original-Seiten-Blick ...

Besuchen Sie auch unsere e-Publishing-Plattform **www.active-books.de** – mittlerweile ca. 250 Titel im Angebot, mit zahlreichen kostenlosen e-Books zum Kennenlernen dieser innovativen Publikationsmöglichkeit. *Übrigens:* Unsere e-Books können Sie leicht auf Ihre Festplatte herunterladen!

Gisela Roggendorf

Kann Bildung schaden?

Ein Plädoyer für bessere Schulen und mehr Chancengleichheit für Kinder

Junfermann Verlag • Paderborn

2003

Copyright © Junfermannsche Verlagsbuchhandlung, Paderborn 2003
Covergestaltung: Heike Carstensen

Satz: La Corde Noire – Peter Marwitz, Kiel

Bibliografische Information der Deutschen Bibliothek
Die Deutsche Bibliothek verzeichnet diese Publikation in der Deutschen Nationalbibliografie; detaillierte bibliografische Daten sind im Internet über http://dnb.ddb.de abrufbar.

ISBN 3-87387-551-9

Inhalt

Danksagung

Bedanken möchte ich mich bei Anke Honermann-Ukena (freie Lektorin und Korrektorin). Sie hat mich über Jahre hinweg bei meiner Arbeit begleitet, holprige Stellen geglättet und mich darauf aufmerksam gemacht, wenn eine Textpassage zu weitschweifig oder zu kurz und daher unverständlich war. Sie hat mir beim Ordnen meiner Gedanken geholfen und mir, wenn nötig, Mut gemacht.

Einleitung: Amokläufe und Schülerselbstmorde – kann man sie verhindern?

Der Amoklauf von Erfurt im Jahr 2002 hat uns noch mehr aufgeschreckt als die PISA-Studie. Beide aber zeigen, dass mit unserem Schulsystem einiges im Argen liegt: Schülerinnen und Schüler sind den Anforderungen ihres Lebens nicht gewachsen, dafür haben wir sie nicht qualifiziert. Viele können einfache Texte nicht lesen und verstehen; sie lassen den Mut sinken. Es kommt sogar vor, dass Schüler gar keinen Ausweg mehr sehen und sich selbst töten; in Extremfällen reißen sie Mitmenschen mit in den Tod. Andere retten sich aus ihrer Einsamkeit in Drogen, Rechtsextremismus, Kriminalität, Sekten.

Wer kann sie befähigen, mit dem Leben und seinen Problemen fertig zu werden?

In Deutschland existieren zahlreiche Initiativen, die gefährdeten jungen Menschen zur Seite stehen. Wertvoller wäre es, wenn die Kinder in der Lage wären, sich selbst zu helfen oder mit Hilfe von Freunden verzweifelte Gedanken zu besiegen. Wir können nicht jedes Kind beschützen, nicht alle seine Probleme lösen, aber wir können jedem Kind die dazu notwendigen Kenntnisse vermitteln.

Am 26. 4. 2002 stand in Erfurt eine junge Frau vor Gericht, die zwei Jahre zuvor ihre Schule angezündet hatte, weil sie nicht zum Abitur zugelassen worden war. In den Prozess, in dem die zwanzigjährige Katrin G. wegen 446fachen Mordversuchs, Brandstiftung und schwerer Körperverletzung angeklagt wurde, platzte die Nachricht vom Amoklauf eines Schülers. Gleich um die Ecke, im Gutenberg-Gymnasium, hatte Robert Steinhäuser sechzehn Lehrerinnen und Lehrer und sich selbst erschossen. Am selben Tag versuchten laut Statistik bundesweit 30 bis 40 Jugendliche, die meisten davon Schülerinnen und Schüler, sich das Leben zu nehmen, zwei bis drei von ihnen mit Erfolg.

Gefährdete Schüler – verzweifelte Schüler

Robert Steinhäuser war verzweifelt. Er zog sich zurück. Mit keinem Menschen konnte er über seine aussichtslose Situation reden.

Der typische Selbstmörder oder Amokläufer äußert in den Monaten und Jahren vor der Tat wenige Gefühle, vor allem zeigt er keine aggressiven Gefühlsausbrüche. Er vereinsamt, zieht sich zurück, erlebt starke Frustrationen. Entwickelt er Verhaltensstörungen, so findet er niemanden, der ihm in seiner seelischen Not helfen kann. Er wird weiter getadelt, bestraft, mit schlechten Noten bedacht oder gar von der Schule verwiesen.

Diejenigen, die keinen gangbaren Weg finden aus ihrer Misere, suchen mit verzweifelter Hoffnung nach irgendeiner Lösung. Sie ergreifen den ausgestreckten Arm eines der Verführer, die an jeder Ecke stehen, gegen die wir sie nicht schützen können. Robert Steinhäuser folgte Gewaltvideos und brutalen Computerspielen.

Mehrere hundert Jugendliche töten in jedem Jahr „nur" sich selbst, und stürzen damit „nur" die eigenen Angehörigen ins Unglück. Darf man das vergleichen? Selbstverständlich ist es ein gewaltiger Unterschied, ob einer bloß sich selbst tötet oder ob er noch andere Menschen mit in den Tod reißt. Umgekehrt kann man argumentieren, dass jeder dieser Selbstmörder schon unendlich lange unglücklich, einsam und hilflos war, sich wahrscheinlich schon seit Jahren am Rande eines Abgrundes befand. Jahre sind in diesem Alter eine lange Zeit. Gleiches trifft für die erheblich häufigeren, aber leider völlig unspektakulären Selbstmordversuche zu, vor denen wir hartnäckig die Augen verschließen.

Noch mehr Kinder oder kaum dem Kindesalter Entwachsene schließen sich der Drogenszene an. Drogen zerstören das Leben ebenfalls, nur langsamer. Eine Drogenkarriere richtet außerdem großes Leid bei den Familien des Abhängigen an und bei denen, die durch die Beschaffungskriminalität geschädigt werden. Zusätzlich zahlt der Staat für verschiedene Heilungsversuche und Gefängnisaufenthalte. Auch Rechtsextremismus, Kriminalität, Sektenzugehörigkeit erlösen Jugendliche aus Einsamkeit und Verzweiflung – aber zu welchem Preis?

Nach einhelliger Meinung von Psychologen ist es nicht möglich zu erkennen, dass ein bestimmter Jugendlicher bald eine schreckliche Tat begehen wird. Aber alle Täter sind schon seit längerem sozial auffällig. Das deckt sich mit der Meldung aus dem Innenministerium zu Ostern 2002 über die wachsende Zahl mehrfach gewalttätiger Rechtsextremisten. Das Ministerium gab gleichzeitig bekannt, dass von diesen Gewalttätern 90% bereits in der Grundschule auffielen. Und hier könnte man noch mit relativ geringem finanziellem und personellem Aufwand eine grundlegende Wendung zum Besseren herbeiführen.

Die Öffentlichkeit reagiert mit heftiger Betroffenheit auf spektakuläre Ereignisse; das kleine Unglück – weit verbreitet und daher unauffällig – kümmert, außer einigen engagierten Lehrerinnen und Lehrern, kaum jemanden. In fast jeder Klasse sitzen ein bis drei verhaltensgestörte Kinder, deren Notlage sich hinter Clownerie, Frechheit oder Leistungsverweigerung verbirgt.

Auch nach PISA und Erfurt regt sich wenig Mitleid mit den Schülerinnen und Schülern. Sie arbeiten nicht erwartungsgemäß, funktionieren nicht ordentlich und das wirft man ihnen vor. Ist der Vorwurf berechtigt?

Robert Steinhäuser war neunzehn Jahre alt, als er seine Bluttat beging. Inwieweit kann man ihn verantwortlich machen für das, was er getan hat?

Er war verzweifelt. Kann man einen Jugendlichen für eine Verzweiflungstat verantwortlich machen? Und Jüngere – ist ein 10-Jähriger schuldig, wenn er sich dem Lernen verweigert? Die Medien, die Erwachsenen, der Gesetzgeber verhalten sich so, als ob die Schüler selbst einen erheblichen Teil der Schuld trügen an ihrem Versagen. Jedenfalls ist man weit davon entfernt, jedem Kind, das erste Anzeichen eines Versagens zeigt, das Recht auf spezielle Förderungsmaßnahmen zuzubilligen, wie das z.B. in Finnland erwogen und vermutlich bald gesetzlich geregelt werden wird.

Die betroffenen Jugendlichen sind unglücklich oder depressiv. Haben sie ihre Lustlosigkeit selbst verschuldet? Unlust kann zu einem kaum oder gar nicht überwindlichen Lernhemmnis werden. Depression im Jugendalter ist schwer zu erkennen, Reizbarkeit ist oft das einzige sichtbare Symptom. Die Amerikanische Psychiatrische Vereinigung hat die wichtigsten Symptome der Depression zusammengestellt: An erster Stelle steht: „Gedrückte Stimmung während der meisten Zeit des Tages (bei Kindern und Jugendlichen kann Reizbarkeit eine gedrückte Stimmung anzeigen)." Das heißt, die Kinder wirken unter Umständen nicht traurig, man merkt ihnen ihre Depressivität nicht an. Oft ist aggressives Verhalten das einzige Anzeichen einer Depression. Man sollte also bei Aggression von Kindern und Jugendlichen in jedem Fall daran denken, dass sie vielleicht traurig verstimmt sind. Man muss in dieser Richtung forschen und Abhilfe schaffen. Tadel, Strafe, mehr und zentrale geregelte Prüfungen sind ungeeignete Strategien in dieser Situation.

Welche Gewalt wollen wir ächten?

Die Medien diskutieren über Billigung von Gewalt: Soll man Waffengesetze verschärfen, Gewaltvideos verbieten und die blutigsten Computerspiele ausmustern? Wie kann man die Hemmschwellen, gewalttätig zu werden, erhöhen?

Können Gesetze Erziehung ersetzen?

Politiker fordern die Ächtung jeder Gewalt. Auch Bundespräsident Rau hat das in seiner Trauerrede zum Amoklauf Robert Steinhäusers getan. Wie sind Tadel und Demütigung durch eine Lehrerin oder einen Lehrer einzuschätzen? Der Zwang zum stundenlangen Stillsitzen, die Ausweglosigkeit der Situation benachteiligter Kinder – ist das keine Gewalt? So mancher Schüler wird immer wieder herabgesetzt. Er wird vom Staat gezwungen, sich diese Behandlung zeit seiner Kindheit und Jugend gefallen zu lassen, und empfindet, dass ihm Gewalt angetan wird. Wer will das Gegenteil behaupten? Das Argument, es geschehe zum Besten eines Kindes, leuchtet diesem schon lange nicht mehr ein.

Kommunikative Kompetenz

„Neue Kultur muss an den Schulen einkehren, Schülerinnen und Schüler müssen ernst genommen werden", sagte ein Abiturient in der Diskussion bei Sabine Christiansen am 28.4.2002. Wir müssen lernen, Konflikte auszutragen ohne anderen zu schaden. Das kann nur in der Schule stattfinden. Anlass zur Sorge sollten nicht nur schlechte Schüler geben, sondern auch solche, die ihren eigenen Problemen nicht gewachsen sind. Schüler sollten lernen, so miteinander umzugehen, dass nicht verachtet und verlacht wird. Wie können sie das aber lernen, wenn Lehrpersonen die ihnen Anvertrauten verachten und lächerlich machen? Stets liebevoller Umgang mit „aufmüpfigen Versagern" ist keiner Lehrkraft zuzumuten. Es wäre jedoch möglich, die Abgeschriebenen und Verängstigten zu lehren, wie sie mit eigenen schwierigen, oft lebensbedrohenden Emotionen und Konflikten fertig werden könnten.

Man kann die Jugendlichen, die potenziell zur Gefahr werden, die sich selbst oder andere töten werden, nicht erkennen und herauspicken, nicht speziell sie abschirmen oder ihnen helfen. Aber man kann allen Kindern mehr Kompetenz verschaffen und alle Kinder, die einsam sind, keine Freunde haben, sich zurückziehen und zum Außenseiter werden, in zwischenmenschlicher Beziehung unterrichten.

Dieses Fach findet, wenn es angeboten wird, bei Lehrerinnen und Lehrern großen Zuspruch. Sie wissen, dass Konfliktlösung gebraucht wird. Warum bilden wir sie nicht alle darin aus? Was spricht dagegen? Warum ist Mathematik unerlässlicher? Der Dialog wird von allen für wichtig gehalten. Warum findet er in der Schule nicht statt?

Was tun?

Jeder kann und muss lernen, seine Probleme mit Freunden und mit Erwachsenen zu besprechen. Dies ist genau so wichtig wie die Kenntnis der Grundrechenarten, was den Erfolg im Leben betrifft, sogar wichtiger. Wer die Gewohnheit hat, sich mit anderen zu beraten, für den sind die meisten Probleme nur noch halb so groß, auch Probleme des Multiplizierens. Er fragt: „Was ist nochmal 7x9?" Genauso unbefangen könnte man sich Rat in persönlichen Problemen holen, wenn dies nicht als Schwäche gebrandmarkt wäre, sondern als normale, notwendige und erlernbare Fähigkeit betrachtet würde.

Wir müssen Schülerinnen und Schülern mehr Freiheit und Eigeninitiative zuteilen. Zum Beispiel indem wir sie durch Fragen etwa 30% des Unterrichtsstoffes bestimmen lassen. Als Themen bieten sich an:
➤ Chemie und Physik des Nagellackes oder des Motoröls,
➤ Forschungsprojekte in Weltraumstationen,
➤ die Beziehung zu ungeliebten Familienangehörigen oder zu Popstars und wie Popstars das Angehimmeltwerden verkraften.

Nicht jede Schulstunde muss nach Schülerwunsch gestaltet zu werden. Ein solches Vorgehen könnte man kaum rechtfertigen. Aber die gesamte Jugend in erzwungener Ödnis und Langeweile zu verbringen, so wie es nicht wenige erleben, und nicht einmal Aussicht auf den erhofften Beruf zu haben, ist eine wirklich gefährliche Perspektive.

Kein Wunder, dass Frustrierte sich entziehen. Vor allem Jugendliche in und nach der Pubertät wollen diese als sinnlos empfundene Einengung oft nicht hinnehmen. Sie brechen aus, nach langen Qualen. nach inneren Kämpfen, bei denen ihnen niemand wirklich hilft. Die steten Durchhalteparolen und Hinweise auf die Unerlässlichkeit der Zeugnisse sind in dieser Situation keine echte Hilfe.

Heute fällt die in der Schule gehätschelte Unmündigkeit umso mehr ins Gewicht, als die Freizeit außerhalb der Schule weitgehend durch den Konsum elektronischer Unterhaltung bestimmt wird. Auch wenn dieser Konsum nicht aufgezwungen wird: Die Welt ist so beschaffen, dass manche Kinder keine Alternativen kennen und teilweise den Spaßprodukten verfallen sind.

Die Eltern werden keine Abhilfe schaffen, schon weil sie selbst nicht über die notwendigen Kenntnisse verfügen. Wenn hier der Staat in Gestalt der Schule nicht eingreift, wird sich nichts ändern. Es wird sich verschlimmern, weil die erzieherischen Fähigkeiten noch weiter dahinschwinden werden.

Wenn jeder Schüler auf seinem Weg durch die Schule ebenso häufig und selbstverständlich über kommunikative Probleme nachdenken, arbeiten und diskutieren müsste wie über naturwissenschaftliche, könnte es mit dem menschlichen Klima in unserer Gesellschaft bergauf gehen. Dann wäre eventuell auch die Gefahr eines weiteren Amoklaufes gebannt.

Zwischenkapitel: Sorgentelefon

Deutschlands jüngstes Sorgen-Telefon bei Missbrauch, Stress und Schulproblemen: Kinder helfen Kindern aus schlimmen Krisen.

In jeder großen Stadt gibt es für Kinder in Not ein Sorgentelefon. Am andern Ende sitzen ausgebildete Psychologen. Erwachsene. Ganz anders in Gera: Unter der Nummer 0800-0080080 sind dienstags und donnerstags 18 Kinder und Jugendliche zwischen 14 und 20 Jahren die Ansprechpartner.

Dienstag, 15.00 Uhr: Erwartungsvoll schauen Sozialpädagogik-Studentin Sandra (20), Fachabiturient Christian (16) und Schüler Martin (18) auf das Telefon. Ihre Schicht hat gerade begonnen. Drei Minuten später klingelt es schon. Sandra hebt ab. „‚Jugend für Jugend‘, ich bin Sandra. Hallo …“ Eine helle Mädchenstimme antwortet zögernd: „Äh … ich weiß nicht, aber …“ „Du musst deinen Namen nicht nennen. Ganz ruhig. Wir versuchen dir zu helfen, wenn du ein Problem hast.“ „Ich bin schwanger! Und erst vierzehn!“ „Weißt du das denn genau, oder vermutest du es nur?“ „Ich war schon beim Arzt. Dritter Monat.“ „Hast du es deinen Eltern gesagt?“ Das Mädchen schluchzt plötzlich. „Nein! Ich … ich hab‘ solche Angst davor!“ „Erzähl einfach mal …“

Während Sandra dem Mädchen zuhört, geht Christian in die kleine Küche nebenan, um Tee zu kochen, winkt Martin zu sich und flüstert: „Du, das Mädchen, das letzte Woche angerufen hat, weil die Eltern ihr die Freundin verbieten wollten, hat sich gemeldet und bedankt. Sie hat auf unseren Rat hin noch einmal mit ihren Eltern geredet, jetzt wollen sie sich mit der Freundin zusammen aussprechen! Toll, was?"

Er stellt Tassen auf den Schreibtisch im gemütlichen Sorgentelefon-Zimmer. 18 Quadratmeter, Regale, Tisch aus Kiefernholz, Grünpflanzen. Es gehört zu einer 200-qm-Wohnung in einem viergeschossigen Plattenbau. Hier ist der Kinderschutzverein „Schlupfwinkel" zu Hause. Auch sein neues Projekt „Jugendliche für Jugendliche am Sorgentelefon", finanziert durch Fördermittel von Kommune und Land.

Aber warum gerade Jugendliche? Sind sie nicht überfordert? Können Fachkräfte nicht besser helfen? Diplom-Pädagoge Uwe Werner (46), Geschäftsführer des Vereins, schüttelt den Kopf: „Erwachsene verkomplizieren Probleme oft. Jugendliche sind viel spontaner, offener und ehrlicher. Haben oft ganz einfache Lösungen parat. Gleichaltrigen wird auch schneller vertraut. Wir wollen gar keine kleinen Fachleute haben."

18 Jugendliche aus Schulen in Gera hatten sich freiwillig für das Projekt in Gera gemeldet. Aus ähnlichen Gründen wie Christian: „Wenn ich durch die Straßen gehe, sehe ich Jugendliche, denen es schlechter geht als mir. Denen will ich unter die Arme greifen." In 70 Stunden lernten sie zum Beispiel, was Kinder als Extremsituationen erleben: Vergebliche Lehrstellensuche, Liebeskummer, Nichtanerkennung in der Gruppe, Eltern, die prügeln, schlechte Zeugnisse, Missbrauch. In Rollenspielen wurde geübt, wie man Gespräche führt. Oberster Grundsatz: Vertrauen gewinnen. Durch Einfühlen in den anderen. Durch Akzeptieren – ohne zu kritisieren. Und durch Ehrlichkeit. Dazu gehört: Zugeben, wenn man selbst nicht weiter weiß. Christian: „Wir können nicht alle Probleme lösen. Aber dafür sitzt im Nebenzimmer eine erwachsene Fachkraft, der psychologische Hintergrunddienst. Wir können die Anrufer jederzeit dahin abgeben. Und uns selbst da aussprechen, wenn uns etwas zu sehr mitnimmt." (Anja Schuchardt)

1 Die Lebenswirklichkeit der Kinder heute

Erschreckend viele Kinder in unserer Überflussgesellschaft sind todunglücklich, begehen Selbstmord, werden kriminell oder leben auf der Straße, mit Drogen als einziger Freude im Leben. Kann der Staat in dieser Sache nicht mehr tun als bisher?

Er kann den Kindern an dem Ort helfen, wo er alles regelt, was sie tun und denken: In der Schule.

Um Kindern den Weg ins Leben zu erleichtern, genügt es allerdings nicht, ein Programm für Wissensvermittlung durchzuziehen, es müsste schon etwas mehr geschehen. Das wäre zu teuer? Unter volkswirtschaftlichen Aspekten würde es sich lohnen, denn es entstehen horrende Kosten dadurch, dass Jugendliche auf der Strecke bleiben, zum Beispiel in Gefängnissen oder in wiederholten Entziehungskuren landen.

Es geht uns gut

In den reichen Staaten der so genannten Ersten Welt gestaltet sich das Leben für die meisten Menschen so angenehm und sorgenfrei wie nie zuvor; wir schlemmen, reisen, fliegen, sehen fern und sind gegen fast jedes Unglück versichert. Aus welchem Grund kann es in diesem Luxusleben Kindern schlecht gehen – furchtbar schlecht? Warum sind gesunde, starke, wohlgenährte, intelligente Kinder und Jugendliche nicht einmal den Mindestanforderungen unserer Gesellschaft gewachsen, auch wenn man ihnen alle Wege ebnet, erst spät Verantwortung und Erwerbsarbeit von ihnen verlangt?

Fast alle Lebensbereiche haben sich in den zurückliegenden Jahrzehnten entschieden verbessert. Wir müssen uns kaum mehr mit schwerer Arbeit plagen, wir sind mobil, relativ gesund, leben länger als je zuvor, wohnen komfortabel mit Bad, Kühlschrank, Waschmaschine und Unterhaltungselektronik und verreisen mehrmals im Jahr. An die Annehmlichkeiten haben wir uns gewöhnt und betrachten sie als selbstverständlich.

Was haben die Menschen in früheren Zeiten geschuftet! Holz holen, Holz hacken, Wäsche von Hand waschen, sogar am Fluss, schwere Lasten tragen und anderes mehr. Um an ein Ziel zu gelangen, mussten sie oft weite Strecken zu Fuß oder zu Pferd zurücklegen, bei Wind und Wetter.

Wie lästig waren all die Unbillen des damaligen Lebens und wie sehr haben sich die Menschen gewünscht, nicht länger im Schweiße ihres Angesichtes ihr Brot verdienen zu müssen! Dieser Wunsch hat sich weitgehend erfüllt. Maschinen haben uns einen großen Teil der Arbeit abgenommen, nicht nur schwere, eintönige Muskelarbeit, sondern auch anspruchsvollere Arbeiten, die hauptsächlich Routine verlangen. Auch die Hausarbeit verschlingt bei weitem nicht mehr so viel Zeit und Kraft wie vormals. Die relativ wenigen, die heute noch harte körperliche Arbeit leisten müssen, tun dies in geregelter Arbeitszeit. Es gibt in den industrialisierten Ländern nicht mehr so viel Arbeit, dass man den Kindern einen Teil davon aufbürden müsste, oder die Notwendigkeit, dass Kinder zum Familieneinkommen mit beitragen müssen. Kinderarbeit ist in den reichen Ländern wirklich nicht mehr notwendig.

Bewegungsmangel

Aber dennoch – ein Wermutstropfen mindert das Glück dieses Komforts: Die körperliche Arbeit und das Zu-Fuß-Gehen fehlen unserem Wohlergehen. Der Mangel führt zu gesundheitlichen Schäden: Übergewicht, Herzkrankheiten, Stress bis hin zu Schlafstörungen. Diese Probleme sind allgemein bekannt. Die meisten Menschen leben damit mehr oder weniger gut, weil sie zu träge sind, etwas zu ändern.

Sowohl mit den positiven als auch mit den negativen Seiten dieser Lebensweise haben wir uns arrangiert und genießen sie; die Kinder mit ihrem ewigen Herumgerenne und Herumgehüpfe und ihrem fortwährenden Drang, irgendwelchen Unsinn anzustellen, bringen Unruhe. Die Vermutung, dass auch sie sich zu wenig bewegen, erscheint, aus dem Fernsehsessel betrachtet, abwegig.

Es ist aber so: Wohnungen sind eng, die Kleinen müssen sich ruhig verhalten wegen der Nachbarn, Spielen auf der Straße ist kaum mehr möglich, da dem Verkehr Vorrang eingeräumt wird. Das tägliche Herumtoben, Herumstreunen und Kräftemessen mit Spielkameraden erleben sie größtenteils in Fernsehsendungen.

Nach einem längeren Ausflug sind die Erwachsenen fix und fertig, der Nachwuchs aber will unbedingt noch spielen. Das ist zu viel für die Eltern. Das muss doch wirklich nicht sein! Warum hat man selbst nicht diese Energie? Man könnte verzweifeln. Wenigstens jetzt sollte das Kind Ruhe geben, müde sein, still sein, ins Bett gehen, ein Buch ansehen. Ein bisschen mehr Ruhe wäre sicher gut für die Kleinen. (Und vor allem für die Großen!)

Die scheinbar unendliche Energie, über die so ein Knirps verfügt, sollte er für vernünftige Tätigkeiten einsetzen: zum Beispiel Zeichnen, Basteln, all diese wunderschönen, lehrreichen Spiele, die das logische Denken schulen. Kinder, die mit Freunden zusammensitzen und vernünftige, ruhige Spiele spielen, behalten die Kleidung heil und sauber, bleiben im Blickfeld, gehen den Erwachsenen nicht auf die Nerven. In kleinen Stadtwohnungen ist dieses Verhalten besonders wünschenswert. Fernsehen soll ja nicht ganz optimal sein, aber eine gewisse Menge wird schon nicht schaden, wo es doch so wunderschöne, kindgerechte Sendungen gibt.

Also werden die Kinder ruhig gestellt. Viele fahren nicht mehr Tretroller, schlagen keine Purzelbäume, gehen nicht aus Spaß und Blödsinn rückwärts oder klettern auf Bäume. Auch Löcher brauchen sie nicht mehr selbst in ihre Hosen zu machen, die bekommen sie vorgefertigt aus der Fabrik. Die Rasen sind kinderfrei. Die Kleinen schmutzen nicht, lärmen nicht, sie geben Ruhe. Wie angenehm!

Aber ihrer Gesundheit bekommt das schlecht: Zwei von fünf deutschen Schulanfängern leiden unter muskulären Schwächen und Koordinationsproblemen, 60% unter Haltungsschäden, die altersgemäße Bewegungsfähigkeit ist gestört: Sie können zum Beispiel nicht rückwärts gehen, balancieren und geschickt fallen (Geo Wissen, „Kindheit und Jugend", 1995, Seite 73).

„Wozu müssen Kinder rückwärts gehen? Welch abwegiges Ansinnen!", werden Sie einwenden. „Wenn sie mit sechs Jahren nicht rückwärts gehen, dann lernen sie es eben später. Es gibt Wichtigeres im Leben als die Fähigkeit rückwärts zu gehen und gekonnt hinfallen." Aber gehen Sie einmal rückwärts! Und dann stellen Sie sich vor, Sie seien dazu nicht in der Lage! Stimmen Sie zu, dass dies ein schwerer und tief sitzender Mangel wäre, dass da eine Menge in Ihrem Gehirn nicht ordnungsgemäß funktionieren würde? Ein sechsjähriges Kind muss rückwärts gehen können; andernfalls verweigern nicht nur seine Muskeln die altersgemäße Arbeit, sondern auch sein Gehirn. Und das sollte uns beunruhigen, auch wenn wir körperliche Fähigkeiten für weniger wichtig halten.

Die Orientierung im Raum ist eine wesentliche Verstandesleistung und von entscheidender Bedeutung für die Entwicklung der Intelligenz, vor allem für die räumliche Vorstellung und damit für Logik, Abstraktionsfähigkeit und mathematisches Denken. Diese Fähigkeiten beherrschen Jungen im Durchschnitt merklich besser als Mädchen.

Kinder lernen diese spezielle Denkfähigkeit leicht, selbstverständlich und begeistert, wenn sie herumtoben, klettern, Fangen spielen, Steine werfen. Etwas, dass man in dieser Weise gelernt hat, vergisst man nicht; es wird ein unverlierbarer Teil der Persönlichkeit. Man kann diese Lernmethoden durch nichts ersetzen – auf gar keinen Fall durch das Vergleichen großer roter Dreiecke mit kleinen blauen Kreisen oder durch andere logische Operationen, die das Kindergartenkind am Tisch sitzend, unter Aufsicht, erledigt. Da bei Schulanfängern nicht selten auch die Entwicklung der Sprache zurückgeblieben ist, müssen wir um die geistige Entwicklung unserer Kinder besorgt sein.

Dies ist ein zentral wichtiger – leider schwer gestörter – Aspekt im Heranwachsen unserer Kinder: Wir nehmen dem Kind die normale, ausgelassene, freudvolle Art, im Spiel seine Fähigkeiten zu trainieren, und ersetzen sie durch Anleitung, Manipulation, Zwang, Still- sitzen und Üben.

Anleitung, Manipulation, Zwang, Stillsitzen und Üben sind nützlich und zweckmäßig und werden von Kindern mit Freuden akzeptiert, wenn sie zu anderen Zeiten frei und ungebunden spielen dürfen. Sie sind aber nicht geeignet, den angeborenen, zweckvollen Bewegungsdrang zu ersetzen.

Mobilität

Das Auto ist ein Muss. Es macht uns beweglich und unabhängig. Jeder nimmt alle notwen- digen Mühen und Opfer auf sich, um es sich leisten zu können. Was immer wir bewegen möchten, das Auto macht es möglich.

Sogar einen ganzen Hausstand kann man mit seiner Hilfe an einen anderen Ort verlegen. So werden heutzutage immer mehr Kinder von dem Ereignis eines Umzuges überrascht und in einen anderen Teil der Welt versetzt, mit anderen Straßen, anderen Nachbarn, ande- ren Geschäften. Sie werden herausgerissen aus ihrer gewohnten Umgebung; Freunde und Spielplätze sind plötzlich nicht mehr da. Sie müssen sich völlig neu orientieren. Aber Kin- der sind umstellungsfähig – sagt man.

Vanessa

Als Vanessa neun Jahre alt war, trennten sich ihre Eltern. Seit Monaten hatte fast täglich Streit durch die Wohnung getobt, bis Vater seine Sachen packte und Lebewohl sagte. Van- essa zog mit ihrer Mutter in einen anderen Stadtteil.

Die neue Schule war von der erschwinglichen Wohnung, die Mutters beste noch verbliebe- ne Schulfreundin ausfindig gemacht hatte, nicht weit entfernt. Vanessa – ein fröhliches, ener- giereiches Kind – hatte kaum Schwierigkeiten, Freundinnen zu gewinnen; sie ging mäßig gerne in die neue Schule und freute sich darauf, Unbekanntes kennen zu lernen. Besonders genoss sie es, drei ihrer alten Lehrerinnen und Lehrer nie wieder sehen zu müssen. Die Noten sanken anfangs ab, das gab sich aber bald. In Mathe überflügelte sie die anderen sowieso, was ihr Selbstbewusstsein auch in schlechten Zeiten auf einem erträglichen Niveau hielt.

Schon nach eineinhalb Jahren ereignete sich die nächste Katastrophe: Die Mutter verlor ihren Arbeitsplatz wegen Einsparmaßnahmen des Betriebes. Sie fühlte sich als Arbeitslose unglücklich, und das Geld reichte hinten und vorne nicht. So sehr sie sich bemühte – die Stimmung zu Hause blieb trüb, und auch Vanessa verlor ein wenig von ihrem Elan.

Als einige Monate verstrichen waren, schien es wieder aufwärts zu gehen. Die Mutter fand eine Beschäftigung, leider wieder in einem anderen Stadtteil, so dass erneut umgezogen werden musste. Vanessa war nun schon erfahren in den Belangen des Wohnungswechsels. Man brauchte sich ihretwegen keine allzu großen Sorgen zu machen, und sie schaffte es wieder, sich an die neue Schule zu gewöhnen, obwohl sie mit zwei Lehrerinnen sehr schlecht zurechtkam und nicht mehr so leicht Freundinnen gewann wie nach dem letzten Umzug.

Wenigstens mit ihrer besten Freundin versuchte sie Kontakt zu halten, aber die Wege waren zu weit. Daher war sie ziemlich oft allein mit ihren Gedanken und Problemen. Im Verlauf der nächsten drei Jahre rutschte ihr Notendurchschnitt von 2,3 auf 2,6, was ihr gerade noch erträglich schien, aber Vanessa fühlte sich nicht mehr so wohl und sicher wie früher. Irgendetwas klappte nicht, wie es sollte.

Dann folgte der dritte Umzug. Die Mutter hatte endlich wieder einen neuen Lebensgefährten gefunden und auch eine bessere Arbeit. Mutter und Tochter blickten den Veränderungen guten Mutes entgegen. Vanessas Gedanken schweiften oft zu Harald, einem Jungen aus der Klasse über ihr; sie vermisste sein fröhliches Lachen.

Die neue Wohnung hatte etwas mehr Licht und Sonne als die alte, die Schule lag weiter entfernt, der Mathematiklehrer erklärte herzlich schlecht, war unfreundlich und streng. Noch zwei weitere Lehrer mochte Vanessa nicht und sie fühlte sich von ihnen ebenfalls abgelehnt. Die schlimmste von allen war die Biologielehrerin.

Nach ein paar Monaten fiel es Vanessa immer schwerer, aus dem Bett zu kommen. Sie verpasste mehrmals die Straßenbahn, kam zu spät zur Schule. Unglücklicherweise war in der ersten Stunde jeweils Biologie, und die Lehrerin bot ihre ganze Palette an Kritik und Vorwürfen auf. Vanessa meinte, das nicht länger ertragen zu können; als sie das nächste Mal verschlafen hatte, vertrödelte sie den Vormittag in der Stadt und ging gar nicht zur Schule.

Harald kam ihr in den Sinn und ihr Berufswunsch: Friseurin. Ein ausgiebiger Besuch beim Friseur führte ihr das Leben vor, das mit ihren Zukunftsplänen übereinstimmte. In dieser freundlichen Umgebung mit der Friseurin fachsimpelnd glaubte sie, die Quälerei in der Schule noch eineinhalb Jahre ertragen zu können. All den ungeliebten Lernstoff, die unnützen mathematischen Formeln, die widerlichen Kriege und Jahreszahlen, die öde Grammatik und überspannte Dichter analysieren: Noch eineinhalb Jahre durchhalten würde sie schaffen und auch die ekelhaftesten Lehrerinnen und Lehrer ertragen. Als es jedoch am nächsten Morgen aus dunkelgrauem Himmel nieselte, erschien ihr die Schule so abstoßend und sinnlos, dass sie wieder nicht hinging.

Schuleschwänzen hatte längst nicht so unangenehme Folgen wie Zuspätkommen. Erst nach längerer Zeit fiel ihr häufiges Fehlen auf. Da aber hatte sie sich innerlich bereits von der Schule verabschiedet, und selbst die großen Sorgen und heftigen Vorhaltungen ihrer Mutter konnten sie nicht mehr in die Schule zurücktreiben. Nachdem sie ein paar Mal für einige Tage oder Wochen von zu Hause ausgerissen war, fand sich auch die Mutter damit ab, dass da nichts mehr zu machen war. Aber alle waren ratlos, wie es in Zukunft weitergehen sollte.

Nicht jeder Umzug hat so verheerende Folgen wie dieser letzte von Vanessa, aber fast alle Kinder und Jugendlichen haben private Schwierigkeiten, besonders in der Pubertät. Welches Leben verläuft schon ohne mehr oder weniger große Katastrophen?

Minderbegabte Kinder, leicht oder auch schwer behinderte Kinder werden mit effizienten Methoden gefördert. Das muss man begrüßen und unterstützen. Aber wenn ein normal begabtes, leistungsfähiges Kind durch einen Schicksalsschlag in seinen Schulleistungen nachlässt – und ein Umzug kann einen Schicksalsschlag bedeuten, wenn er in einen ungünstigen Augenblick hineinfällt –, erfolgt zu wenig Hilfe.

Wem würde es schaden, wenn dieses Kind zwei bis drei Monate lang nicht zensiert würde? Oder wenn z.B. Umzug in einigen Fächern zum Thema gemacht würde? Jedes Kind gewinnt allein dadurch, dass es ernst genommen wird, an innerer Stärke und Durchhaltevermögen. Es erlebt sich nicht mehr als hilfloses Objekt der Vorgänge.

Gesundheit

Einen weitaus höheren Stellenwert als Bequemlichkeit und Automobile hat die Gesundheit. Die Errungenschaften der medizinischen Wissenschaft haben unser Leben enorm erleichtert. Noch vor hundert Jahren war man durch einen Beinbruch oft zu lebenslangem Siechtum oder durch eine Lungenentzündung zum Tode verurteilt.

Heute aber sind diese häufigen Krankheiten und Verletzungen heilbar. Selbst den Ärmsten und Außenseitern der Gesellschaft stellt der Staat die notwendige Hilfe zur Verfügung. Und auch in sehr viel schwierigeren Fällen bekommt jeder lebensrettende Hilfe oder zumindest Linderung. Menschen, die bereits den Tod vor Augen hatten, wird ein zweites Leben geschenkt und damit oft ein besseres Leben als das erste, denn sie wissen es mehr zu schätzen und bemühen sich mehr, die Schönheiten jedes einzelnen Tages zu genießen.

Eingebettet in diese Sicherheit und den gesetzlichen Anspruch auf medizinische Hilfe fällt es uns nicht auf, wie schlecht es Kindern geht. Einer wirklich vollen Gesundheit, übersprühend von Energie und Lebensfreude, erfreuen sich nur noch wenige. Haltungsschäden, Allergien, Unruhezustände, Schlafstörungen sind an der Tagesordnung.

Eine Studie der Universität Bielefeld hat ergeben, dass bereits jeder dritte Viertklässler in Bielefeld Allergiker ist. 31% der im Schnitt neuneinhalbjährigen Schülerinnen und Schüler leiden an mindestens einer allergischen Erkrankung: Asthma, Heuschnupfen und Neurodermitis oder anderen Hautallergien (Settertobulte, 1999). Haltungsschäden haben bis zu 50%, Psychopharmaka werden 10 bis 20% der Kinder verabreicht. Wenn man dann noch die lustlosen, traurigen, zum Selbstmord neigenden oder gewalttätigen und drogenabhängigen Kinder und Jugendlichen dazurechnet, muss einem angst und bange werden. Man muss zu der Auffassung kommen, dass irgendetwas an den Lebensumständen unserer Kinder nicht stimmt, nein, dass einiges nicht stimmt.

Familie

Ist Familie eher ein Hort der Geborgenheit oder der Unstimmigkeit?

Es muss wohl harmonische Familien geben, an die sich Kinder stets mit Freude zurückerinnern, in denen die Harmonie überwiegt, auch wenn es manchmal heftige Streitereien oder gar Schläge gibt. Aber wie viele Eltern oder Familien entsprechen diesem Ideal? Je mehr Menschen zusammenleben, desto mehr Gelegenheit ergibt sich für liebevolle Anerkennung, aber auch für Zänkereien, Herrschsucht, Gehässigkeit.

Derartige Missstände haben wir nun gründlich reduziert.

Nur wenige Kinder müssen sich heute noch die materiellen Güter der Familie und die Liebe der Eltern teilen. Keine zänkische alte Oma, die mehr oder weniger unzufrieden ihrem Ende entgegensieht, macht der Jugend das Leben schwer. Keine Schwerkranken, Gelähmten oder sonstig Behinderten müssen mit durchgezogen werden. Sie alle leben in speziell für sie entworfenen und unterhaltenen Einrichtungen, die ihre Versorgung gewährleisten. Man sollte sie zwar manchmal besuchen, aber erfahrungsgemäß geschieht dies relativ selten, so dass Kranke und Alte nur wenig stören.

Auch gesunde und rüstige ältere Leute muss man nicht in der eigenen Wohnung ertragen. Immer mehr Menschen können es sich sogar leisten, ganz allein zu leben. Sie haben zwar einen Lebensgefährten, doch der besitzt eine separate Wohnung. Man geht sich nicht auf die Nerven.

Unglück und Bitternis können eine Ehe von Anfang an verderben, wenn die junge „glückliche" Ehefrau sich nicht mit der Schwiegermutter versteht; das können wir fast nur noch in Romanen nachlesen. Heute zieht das junge Paar in eine eigene Wohnung. Und wenn sie es sich nicht selbst leisten können, wird das über die Sozialhilfe ermöglicht. Niemand muss mehr in solch bedrückenden Verhältnissen leben.

Die Erwachsenen genießen diese persönliche Freiheit in vollen Zügen: Alle können auskosten, was das Leben ihnen bietet. Das ist manchmal nicht viel, aber jedenfalls wird es nicht gestört durch schwer erträgliche Familienverhältnisse, durch aus Not entstandenes Zusammenleben von Menschen, die nicht zusammenpassen.

Wenn die Kleinfamilie auch zahlreiche Annehmlichkeiten bietet, können Kinder in ihr nicht optimal gedeihen. Sie brauchen für eine normale seelische Entwicklung eine größere Familie, mehrere Bezugspersonen, mit denen sie sich vertragen oder zanken, die ihnen ein Gefühl der Geborgenheit und einen sicheren Rahmen geben, auf den sie sich verlassen können – im Guten wie im Schlechten. Kinder müssen unbedingt ihre kommunikativen Fähigkeiten trainieren, wenn sie im Leben bestehen wollen. Da die Kleinfamilie das heute nur noch begrenzt leistet, muss eine andere Institution diese Aufgabe übernehmen. Hierfür kommt vor allem die Schule in Frage.

Unterhaltung

Wer erinnert sich noch daran, wie zermürbend Langeweile sein kann? Die merkwürdigsten Ideen steigen auf. Ein unangenehmer Zustand! Man fühlt sich unwohl, meint es kaum ertragen zu können.

Heute kommt Langeweile erst gar nicht auf; sie wird im Keime erstickt, mit Hilfe von Fernsehprogrammen und anderen Unterhaltungsangeboten. Es gibt nur wenige Dinge auf der Welt, die uns so ausgiebig mit Entspannung, Information und Freude versorgen wie das Fernsehen. Älteren oder allein stehenden Menschen hilft der Fernseher als ständige Geräuschkulisse, die Einsamkeit zu vergessen.

Zeitschriften bieten ebenfalls interessante und spannende Unterhaltung. Außerdem bringen sinnvolle Tätigkeiten Abwechslung in den Alltag, wie etwa exotische Gerichte zubereiten, sich mehrmals im Jahr mit modischer, preiswerter Kleidung ausstatten, eine der jüngst aus dem Boden geschossenen Autowaschanlagen testen, den nächsten Urlaub planen usw. Oder man setzt sich ins Auto, fährt in die Stadt, geht einkaufen, bucht einen Reise und fliegt kurzerhand davon. Eine Woche Mallorca zum Billigtarif liefert eine Menge Sonne und Unterhaltung. Man sieht unbekannte Straßen, fremde Menschen und genießt spanische Köstlichkeiten.

Mit all dem muss ein Kind konkurrieren, das mit seinen Eltern spielen oder reden möchte. Ein Gespräch mit einem fordernden, unwissenden, rechthaberischen Kind scheint weder so abwechslungsreich noch so nützlich wie irgendeine der oben genannten Tätigkeiten. Es geht meistens um den Schulstoff, den wir beschämenderweise bei weitem nicht mehr so gut im Gedächtnis haben, wie wir das unserem Kind nahe legen; wir müssen uns an längst vergangene, nie recht gelöste Schwierigkeiten unserer eigenen Kindheit erinnern und uns erneut damit auseinander setzen – es gibt wirklich Angenehmeres. Lieber greifen wir in unseren Geldbeutel und kaufen dem Kind etwas, womit es sich selbst beschäftigen kann.

Leben aus zweiter Hand

Die Älteren unter uns werden sich vielleicht noch erinnern, wie es war, Platz zu haben auf den Wiesen oder auf wenig belebten Plätzen und Straßen, zwischen Langeweile und freudiger Erwartung draußen herumzustehen und anderen Kindern zuzuschauen. Manchmal durfte man mitspielen, manchmal nicht. Es war eine selbstvergessene, in die Geschehnisse der Umgebung versunkene Stimmung, stets begierig etwas zu tun oder zu erfahren. Eine bejahende Einstellung zur Welt, zur Tätigkeit und zur Arbeit – was immer auch geschah.

Kindern geht es am besten, wenn sie im Wald Verstecken oder Räuber und Gendarm spielen oder auf Bäume klettern, wenn sie im Bach Krebse fangen oder Dämme bauen, zwischen Feldern und Wiesen Kühe, Schweine und Hühner beobachten und den Bauern bei der Arbeit zusehen, wenn sie im Hof oder auf der Straße mit Murmeln und Bällen spielen. Wenn sie hüpfen, laufen, springen, klettern nach Herzenslust und ohne stete Ermahnungen ihre Kräfte messen. Das war noch vor fünfzig Jahren für fast jedes Kind ein wesentlicher Teil der Freizeitbeschäftigung. Derzeit ist das alles in der Stadt kaum mehr möglich und auch auf dem Dorf seltener geworden.

Im 21. Jahrhundert erlebt das Kind mehr und Interessanteres – allerdings vor dem Fernseher. Es gehört nicht dazu, kann nicht eingreifen, nicht fragen, nicht mitspielen.

Der Fernsehapparat ist der billigste Babysitter. Solange die Kinder davor sitzen, sind sie ruhig und stören niemanden. Besonders begehrt ist dieser Service am frühen Samstag- und Sonntagmorgen, wo die Schule als Kinderbetreuung ausfällt und die Eltern noch schlafen wollen. Die Fernsehsender stellen sich darauf ein. So ist es ganz allmählich dazu gekommen, dass fast alle Kinder zu früh und zu häufig fernsehen. Und sie schauen die Sendungen an, die am meisten Abwechslung bieten. Das sind vor allem: Comics mit Gewaltszenen. Nach maßgeblichen Untersuchungen verbringen Kinder heute mehr Zeit pro Woche vor dem Fernsehapparat als in der Schule. Hier finden sie fortlaufend Zerstreuung, ohne selbst aktiv sein zu müssen. Die Folgen dieser veränderten Lebensweise sind: wesentlich weniger Kontakte mit anderen Kindern, unvergleichlich weniger Bewegung als früher und völliger Mangel an diesem ziellosen, kreativen Nichtstun, das Kinder dazu bringt, sich etwas einfallen zu lassen und festzustellen, welche Neigungen sie haben.

In der Pubertät und danach setzt sich dieses Leben aus zweiter Hand fort. Seichte TV-Serien dienen als Lebenshilfe für den Alltag. Die so genannten Soap-Operas sind vor allem deshalb so beliebt, weil sie jungen Menschen nicht nur Unterhaltung, sondern vor allem Orientierung bieten (Gebel, 2000, S. 131).

Wir nehmen billigend in Kauf, dass diese Art der Kurzweil das Leben unserer Kinder in einer Weise formt, die wir bei genauerem Hinsehen für ganz und gar nicht wünschenswert halten: Konsumorientierung, Gaffen, Bewegungsarmut, schwindende Eigeninitiative, Freiheit von jeder Verantwortung; unfreundliches, mehr oder weniger aggressives zwischenmenschliches Verhalten in den Soaps wird zum Vorbild.

Verantwortung

Zwischen dem, was Kinder leisten können, und dem, was sie leisten dürfen, liegen Welten. Da man die Kinder nicht an ihre Leistungsgrenze gehen lässt, tun einige es auf eigene Faust. Sie surfen auf S-Bahnen, probieren Drogen und sind gewalttätig. Manche Kinder und Jugendliche lassen sich eben nicht auf ein Durchschnittsmaß reduzieren, sondern sie erproben ihre Kräfte auf jeden Fall. Kinder auf ein gängiges Maß zu verkleinern darf nicht die Lösung sein. Man muss ihnen echte Herausforderungen und Verantwortung bieten, um sie ihre Kräfte erfahren zu lassen. Mutter Theresa regte an, auch in der Bundesrepublik ein Haus der „Schwestern der Barmherzigkeit" zu eröffnen. Ihr Vorschlag rief allgemeine Verwunderung hervor, denn anders als in Indien müssen im wohlhabenden Deutschland die Kinder weder verhungern noch auf der Straße schlafen oder im Rinnstein sterben. Mutter Theresa antwortete: „Es ist nicht die leibliche Not, die bei Ihnen die Menschen umbringt, sondern das seelische Elend. Die Kinder, die in Kalkutta auf den Straßen schlafen, liegen an der Seite ihrer Mutter. Noch nach der letzten Schüssel Reis hungern sie; doch wenn sie sterben, sterben sie umhüllt von der Liebe ihrer Angehörigen. In Ihrem Lande dagegen sind die Kinder traurig in ihrer Übersättigung, und sie sterben in Einsamkeit." (nach Schütz, 1994, S. 11)

Zwischenkapitel: Waldkindergarten

In Deutschland arbeiten etwa einhundert Waldkindergärten, andere gehen nur ein bis zwei Vormittage pro Woche in den Wald. Wald und freier Himmel stellen den Kindern für drei bis vier Vormittagsstunden reichlich Platz zur Verfügung – zum Schauen, Spielen, Herumlaufen und tausend anderen Aktivitäten. Das Wetter bereitet den Kleinen jeden Tag neue Erlebnisse – bei Regen schlüpfen sie in ihre Gummistiefel, bei Sturm gehen sie ins Jungholz: das schützt und biegt sich, nichts fällt herunter, man erlebt die Naturgewalt, ist aber trotzdem sicher.

Die Kinder haben Aufsicht und Anleitung, jedoch in vernünftigen Grenzen, nicht zu viel und nicht zu wenig; Unternehmungslust kann sich frei entfalten. Man trifft auf unterschiedlichste Herausforderungen und kleine Abenteuer, die den körperlichen Fähigkeiten einiges abverlangen: über einen Baumstamm balancieren, einen schweren Ast oder Stein herbeischleppen, eine glitschige Böschung hinaufkraxeln oder trockenen Fußes über den Bach kommen. Das fällt in der Gemeinschaft leicht, weil man sich gegenseitig hilft. Die Kleinen dürfen stark, selbständig und geschickt werden. Ein Kind, das den Waldkindergarten besucht hat, wird sich wahrscheinlich nicht gleich den Arm brechen, wenn es einmal vom Stuhl fällt, was heute in Schulen durchaus vorkommt.

Je nach Jahreszeit stellt die Natur überreichlich Sachen zur Verfügung. Was liegt da nicht alles herum: Holzstücke, Steine, Gräser, Blumen, Moos, Eierschalen, Bucheckern, Tannenzapfen, Eicheln, Baumrinde, Federn, Kastanien, Sand, Wasser, Schnee, Eis. Man kann sie nach Belieben aufheben, fallen lassen, werfen, zersägen, zerhacken und wieder zusammenfügen. Die Kinder entwickeln eine starke Beziehung zur Natur, sind ruhiger und zufriedener, ihre Neugier darf sich ungehemmt austoben. Zuhören fällt leicht, ist fast immer freiwillig.

Keine Reizüberflutung stört die Stille, in der das Kind sich konzentrieren darf auf was immer es will. Es kann seine Gedanken schweifen lassen oder sich den anderen Kindern anschließen. Verglichen mit konventionellen Kindergärten sind die Kosten geringer, der Appetit reichlicher, Infektionskrankheiten seltener.

2 Resilienz

Unter extrem schwierigen Bedingungen aufzuwachsen ist kein seltenes Kinderschicksal: Hierzu gehören z.B. Alkoholismus oder eine andere schwere Krankheit eines Elternteils oder Prügel, Vernachlässigung und dergleichen mehr: Häufig tragen die Kinder schwere psychische Schäden davon, die von Kriminalität bis hin zu Depression und Selbstmord reichen. Erstaunlich viele Kinder jedoch gehen aus derart besorgniserregenden Kindheitserlebnissen als gesunde, lebensfrohe oder sogar besonders tüchtige und belastbare Erwachsene hervor.

Die besondere Befähigung, all diese Katastrophen unbeschadet und sogar gestärkt zu überstehen, hat die kinderpsychologische Forschung **Resilienz** genannt. Lange Zeit hatte die medizinische Wissenschaft Erbfaktoren für die positive Entwicklung gefährdeter Kinder verantwortlich gemacht. Nun aber fanden amerikanische und neuerdings auch ein deutscher Forscher heraus, dass Umwelteinflüsse den Ausschlag geben. Sie haben auch spezielle Faktoren entdeckt, die resilient machen. Bei diesen Faktoren handelt es sich ausschließlich um erlernbare Fähigkeiten.

Gerlinde

Eine alte Freundin, die ich aus den Augen verloren habe – nennen wir sie Gerlinde –, hatte es als Kind nicht leicht. Ihre Familienverhältnisse waren derart schwierig und zerrüttet, dass sie sogar für ein Jahr in einem Kinderheim untergebracht werden musste. Damit waren ein Ortswechsel und ein Schulwechsel verbunden, und ihre vorher schon nicht besonders guten Noten sanken weiter ab. Sie war trotzdem ziemlich guten Mutes und ließ sich nach Möglichkeit die Butter nicht vom Brot nehmen. Wo immer es ging, setzte sie ihre Wünsche durch, und in der siebten Klasse war sie sogar Klassensprecherin. Darauf ist sie noch heute stolz. Ihre Eltern unterstützten sie nicht. Der Vater schimpfte, trank und prügelte; die Mutter war verängstigt und erledigte den Haushalt so gut es eben ging, obgleich sie zusätzlich zu allen anderen Übeln mit einer langen und lästigen Krankheit zu kämpfen hatte.

Nachdem Gerlinde die Hauptschule und eine dreijährige Friseurlehre sehr gut abgeschlossen hatte, blickte sie optimistisch in die Zukunft. Sie glaubte, das Leben habe ihr noch mehr zu bieten. Als Freunde sie ermutigten, sich weiterzubilden, folgte sie diesem Rat. Sie machte Abitur, studierte und ist jetzt als Mutter und Innenarchitektin erfolgreich. Sie war seit jeher eine starke Persönlichkeit und hat es – trotz schwieriger Bedingungen in ihrer Kindheit – geschafft, aus ihrem Leben etwas zu machen.

Aber wie kommt man zu einer solchen Persönlichkeit? Ist die Wesensart unveränderliches Schicksal oder kann man sie gezielt formen?

Forschung

1955 untersuchten Emmy Werner, Psychologin an der University of California in Davis, und ihre Mitarbeiter 700 Kinder von der Kindheit bis ins Erwachsenenalter. Sie kamen zu der Erkenntnis, dass etwa 30% von denen, die sie als hochgradig gefährdet betrachtet hatten, zu gesunden, leistungsstarken Erwachsenen heranwuchsen, während von den Kindern aus geordneten Verhältnissen erstaunlich viele ihr Leben nicht so gut meisterten.

Die Psychologen waren von der Prognose ausgegangen, dass Kinder in zerrütteten Familien Störungen entwickeln und dass umgekehrt aus einer glücklichen Kindheit ausgeglichene und zufriedene Erwachsene hervorgehen. Als die Forscher mit den inzwischen Dreißigjährigen wieder Kontakt aufnahmen, stellten sie erstaunt fest, dass sie sich in *zwei Drittel* der Voraussagen geirrt hatten.

> Die Experten hatten nicht nur die schädigende Wirkung einer bedrückenden Familiensituation überschätzt, sie hatten auch nicht erwartet, dass Kinder, die unter den besten Bedingungen aufgewachsen waren, sich als Erwachsene unglücklich und überfordert fühlen und als unreife Persönlichkeit erweisen würden.

Zu den belastenden Faktoren zählen: Armut, Arbeitslosigkeit des Vaters, Gewalt, Alkoholismus, enge Wohnverhältnisse, Ehekrisen, Misshandlungen, psychische Krankheit der Eltern, Missbrauch, Vernachlässigung. Diese Faktoren bringen umso mehr Nachteile, je mehr von ihnen gleichzeitig vorhanden sind. (nach Geo Wissen „Kindheit und Jugend", 23/95, S: 22 f.)

Desinteresse der Öffentlichkeit

Eine wissenschaftliche Arbeit aus dem Jahr 1955 gilt üblicherweise heute als überholt durch zahlreiche Nachfolguntersuchungen. Für die genannte Arbeit von Emmy Werner trifft das nicht zu. Nur wenige Forscher haben das Thema weiterverfolgt, die Allgemeinheit scheint sich nicht dafür zu interessieren. Weder in Lexika noch im Wortschatz des Computers findet sich das Wort „Resilienz". Es wird nur selten zitiert, wie etwa in dem Heft Geo

Wissen „Kindheit und Jugend" aus dem Jahr 1995, das einen umfassenden Einblick in die kindliche Entwicklung gibt. Auch Yolanda Cadalbert-Schmid zitiert Teile des Berichtes, um zu belegen, dass Mütter nicht jeden Schaden verursacht haben, der ihre Kinder ereilt (Cadalbert-Schmid, 1992, S. 137 f.).

Der Begriff Resilienz kommt also in der wissenschaftlichen Literatur vor, wird aber mit merkwürdigem Desinteresse behandelt. Warum nur? Möchte man nicht wahrhaben, wie relativ leicht man gefährdeten Kindern helfen könnte, wenn man sie nur nicht verachtete? Der Wunsch, andere zu verachten, besser zu sein als sie, ist eine elementare Triebfeder menschlichen Denkens und Tuns. Verhindert er die Auseinandersetzung mit Benachteiligten?

Möchte man nicht zur Kenntnis nehmen, dass weniger Abhängigkeit und Unselbständigkeit für Kinder zuträglicher wäre? Scheut man den Vergleich der eigenen „normalen" Kinder mit Heimkindern oder psychisch Kranken? Oder haben Erwachsene die Probleme der eigenen Kindheit so wenig überwunden, dass ihnen eine Auseinandersetzung mit vergleichbaren Missständen unerträglich erscheint?

Einige wenige Forscher haben sich des Problems weiter angenommen: 1976 untersuchte Norman Garmezy Umweltfaktoren der Entstehung schizophrener Erkrankung. Auch er fand, dass manche Kinder, die unter ungünstigen Umständen aufwachsen, psychisch schwer geschädigt werden, andere nicht. Er nannte sie verwundbare und unverwundbare Kinder (vulnerable and invulnerable children) (Garmezy, 1976).

Derzeit untersucht der Erlanger Psychologe Friedrich Lösel das Phänomen überwiegend an Heimkindern. Er stellte fest, dass widerstandsfähige Jugendliche im Heim besonders aktiv mit Problemen umgehen, sich sonst aber kaum von „normalen Jugendlichen" unterscheiden.

Emmy Werner fand ebenfalls heraus, welche Umstände den Kindern in ihrer Entwicklung helfen: „Alle Kinder können Belastungen besser ertragen, wenn von den Erwachsenen in ihrer Umgebung ihre Selbständigkeit gefördert und ihnen vermittelt wird, wie man mit anderen richtig redet und umgeht." Wir sollten „Hilfsbereitschaft und soziale Verantwortung vorleben" (nach Geo Wissen, „Kindheit und Jugend" 23/95 S. 22 f.).

Schutzfaktoren

Emmy Werner, Norman Garmezy und Friedrich Lösel haben sich nicht mit der Feststellung zufrieden gegeben, dass manche Kinder offenbar geschützt sind. Sie wollten auch wissen, was die Kinder schützt. Und sie sind einigen Elementen auf die Spur gekommen. Kinder, die diese Schutzfaktoren besitzen, entwickeln sich gut, trotz schwierigster Lebensumstände. Hier handelt es sich nicht um seltene, geheimnisvolle, schwer zu erlangende Himmelsgaben, sondern um erlernbare Fertigkeiten:

1. Überdurchschnittliche sprachliche und kommunikative Kompetenz,

2. ausgeprägte Tendenz, sich nicht durchgehend einer Geschlechterrolle gemäß zu verhalten, sondern weibliche und männliche Rollennormen flexibel zu benutzen,
3. Anwesenheit weiterer Personen im Haushalt oder ein Ausweichort, wohin sich das Kind in schwierigen familiären Situationen zeitweise zurückziehen kann (die ersten drei Punkte zitiert nach Cadalbert-Schmid, 1992, S. 138),
4. selbstbewusster, aktiver Umgang mit Problemen,
5. Entscheidungs- und Konfliktfähigkeit sind gefragt. Sie sind es, die den Menschen sowohl privat wie beruflich weiterbringen.

Schule kann alle angeführten Schutzfaktoren zur Verfügung stellen, lehren oder fördern, und zwar fast ohne zusätzlichen zeitlichen Aufwand. Was sie an Zeit einsetzt für die Stärkung der Persönlichkeit des Kindes, spart sie bei der Bearbeitung des Stoffes, denn die Lernbereitschaft wird sehr günstig beeinflusst, wenn die sonstige Persönlichkeit sich im Gleichgewicht befindet. Beständiges und erfolgreiches Lernen wird so überhaupt erst möglich, denn Kinder können sich umso leichter und freier für den Schulstoff interessieren, je wohler und sicherer sie sich in ihrer Haut fühlen und je weniger sie sich mit Problemen wie Minderwertigkeitsgefühlen oder Einsamkeit herumschlagen müssen. Das gilt natürlich auch für Erwachsene.

Nachteilige erste Lebenserfahrungen

Wie erlebt im ungünstigen Fall ein Säugling oder Kleinkind seine Umgebung und seine eigene Bedeutung in dieser Umgebung? Wir Erwachsenen können nicht ermessen, was in der Seele eines kleinen Kindes vor sich geht, denn es kann nicht in Worte fassen, was es sieht und erlebt. Und es kann seine Erlebnisse nicht bewerten.

Versuchen wir trotzdem, uns in die Lage eines Säuglings und Kleinkindes zu versetzen, und nennen wir es Marko. Sein Lebensraum besteht aus drei Zimmern, in denen außer ihm zwei riesengroße Personen leben – seine Mutter und sein Vater. Wenn Marko sich unwohl fühlt und schreit, eilt die Mutter herbei und wendet die Dinge zum Guten. So angenehm und hilfreich diese stets gegenwärtige Person oft ist, so unangenehm kann sie zu anderen Zeiten werden, sie wird ungeduldig, schreit, schlägt womöglich. Vielleicht aber wertet ein Säugling die kreischende und unglückliche Stimme der Mutter gar nicht als unangenehm, sondern nimmt sie einfach nur als normale Umwelt zur Kenntnis?

Marko

Marko wächst heran, erwirbt schrittweise ein Bild von seiner Welt und beginnt Worte und Vorkommnisse zu verstehen und zu ordnen. Er hat schon gelernt, sich so zu betragen, dass die Dinge eine erfreuliche Wendung nehmen. Wenn er schreit, bekommt er zu essen, wenn er still bleibt, wird er manchmal in den Arm genommen und gelobt. Von Zeit zu Zeit ergeht es ihm schlecht, es bricht Gezeter und Ablehnung über ihn herein, wenn er schreit oder sogar, wenn er leise vor sich hinbrabbelt oder spielt.

Vieles möchte er wissen, erforschen, anfassen, aber meistens bekommt er dann höchst unangenehmes Keifen von der Mutter zu hören oder einen Klaps. Deshalb sitzt er so oft wie möglich unauffällig in einer Ecke. Aber das hält er nicht fortwährend aus, er muss seinem Verlangen nach Aktivität nachgeben, und dann tut er das, was er kennt – er schreit und schlägt oder macht etwas kaputt.

Nach und nach versteht er die Welt und die Worte besser, und es dämmert ihm, dass er für die Umgebung, in der er lebt, und für seine Mutter ein Unglück ist, denn oft beschuldigt sie ihn: „Du bist ein schlimmes Kind. Gib doch endlich Ruhe, hör auf zu weinen, ich kann es nicht mehr ertragen, siehst du nicht, wie traurig du mich machst?" Natürlich muss Marko gestraft und geschlagen werden, denn er bringt seine Mami zur Verzweiflung – das begreift er.

Von ganzem Herzen wünscht er sich, so groß, stark und gescheit zu werden wie die Erwachsenen, und eines Tages darf er einen gewaltigen Schritt auf diesem Weg tun: Er darf zur Schule gehen.

Das tut er mit großer Freude und Erwartung und will alles lernen, was er im Leben braucht. Aber er fühlt sich unsicher und irritiert, weil er sich bisher allezeit unsicher und irritiert gefühlt hat, und weil eine große Menge Neues und schwer Verständliches auf ihn einstürmt. Er vermutet, dass er nicht besonders gut lernen kann, aber immerhin lernt er doch leidlich Lesen und Schreiben und was sonst verlangt wird. Aber die anderen Kinder können es besser. Nach und nach werden die Lehrerinnen und Lehrer unfreundlicher, tadeln ihn öfter, verhalten sich so aufgebracht und unzufrieden wie die unverständlichen Wesen zu Hause, seine Eltern. Stück für Stück versteht Marko, dass er wirklich eine Last darstellt, ein Unglück für sich und die anderen, nicht tauglich, das Notwendige zu lernen und zu leisten. Oft muss er hören: „Du könntest es besser, wenn du nur wolltest. Du bist faul und uninteressiert, nimm dich zusammen, bemühe dich, sonst nimmt es ein böses Ende mit dir." Er wird noch unsicherer und irritierter als zuvor und ist sich allmählich sehr sicher, dass er kein gutes Kind ist und nie ein guter Schüler sein wird.

Die Situation sieht so verfahren aus, dass man bei genauer Kenntnis von Markos Lebenserfahrungen vermuten muss, nur fachliche Hilfe könne noch etwas retten. In viel schlimmeren Situationen jedoch haben sich Kinder noch sehr gut herausgemacht, nur durch normalen mitmenschlichen Zuspruch in der Nachbarschaft oder von Verwandten. Der absolut zerstörerische Faktor ist, wenn solche Kinder mit keinem wohlwollenden Menschen sprechen können, fast ausschließlich Tadel, Ablehnung, Herabsetzung erfahren und wenn sich die Überzeugung, unwidersprochen hoffnungslos minderwertig zu sein, festsetzt.

Ein Kind wie Marko braucht vor allem Verständnis und eine Aufwertung seines Selbstbewusstseins. Es muss zuerst begreifen, dass es etwas taugt, Qualitäten hat, gut lernen kann und ein wertvoller Mensch ist – mit Fehlern, ja, aber wer hat die nicht? Fehler gehören dazu, sie sind menschlich, man muss mit ihnen zurechtkommen, die Qualitäten überwiegen schließlich. Wenn Marko das verstanden hat, ist viel gewonnen; er hat grundlegende Fortschritte gemacht, und es wird weiter bergauf gehen.

Sprachliche und kommunikative Kompetenz

Die Forschungen von Emmy Werner, Norman Garmezy und Friedrich Lösel haben ergeben, dass nicht etwa Kinderpsychologen geholfen haben, sondern z.B. Rückzugs- und Gesprächsmöglichkeiten. Ein ausschlaggebender Teil des verheerenden Unglücks von Kindern aus schwierigen Familien besteht darin, dass sie auf keinen Fall über die beschämenden Dinge sprechen dürfen, die ihr Leben ausmachen, dass sie völlig alleine gelassen sind mit allem, was sie denken und fürchten, und dass sie glauben, selbst die Schuld zu tragen an der Misere; sie sind überzeugt, das Übel verursacht und Schläge oder andere Strafmaßnahmen verdient zu haben.

Der Schlüssel zu den genannten Schutzfaktoren und Fähigkeiten heißt Kommunikative Kompetenz. Marko kann aus seinem Gefängnis der Ablehnung nur durch Worte befreit werden, durch freundliche, verständnisvolle Worte; und er selbst muss lernen, sich mit Worten und Gefühlsäußerungen mitzuteilen.

Zufluchtsort

Schule kann durchaus ein Rückzugsort aus der Familie sein, wenn das Kind dort freundlich und verständnisvoll behandelt wird. Aber Verständnis aufzubringen für ein unartiges Kind fällt schwer, und gestörte Kinder *sind* unartig. Sie haben nicht gelernt, ihre eigenen Wünsche mit denen der Umwelt in Einklang zu bringen. Sie wissen genau: Sie gelten als Störenfried und können das nicht ändern, es wird so bleiben. Sie alle haben das so lange und gründlich gelernt wie Marko. Erst wenn es gelingt, durch aufbauende Zuwendung diese Überzeugung aufzubrechen, ist für ein solches Kind der Weg frei in ein besseres und optimistisches Leben.

Es ist tragisch und es sollte nicht so sein, aber gar nicht so wenige Kinder haben einzig und allein Lehrerinnen und Lehrer als erwachsene Ansprechpartner. Überhaupt bringt das Schulkind in den ersten Jahren den Lehrpersonen überreichlich Vertrauen entgegen; umso schwerer wiegen deren anerkennende oder abwertende Worte. Mütter können ein Lied davon singen, wie das, was sie sagen, oftmals nicht zur Kenntnis genommen wird, wenn es nicht mit der Meinung der Lehrer übereinstimmt.

Max

Max wurde mit einer Teillähmung des rechten Armes geboren, war aber trotzdem kein Linkshänder. Wenn er etwas greifen wollte, versuchte er es jahrelang beharrlich zuerst mir der rechten Hand und setzte erst nach kurzem Nachdenken die linke ein. In der Schule gab es natürlich zahlreiche Schwierigkeiten, besonders beim Sport, denn er konnte mit dem rechten Arm fast alle Bewegungen ausführen, durfte ihn aber trotzdem nicht voll belasten.

Schreiben lernte er mit der linken Hand, weil rechts die Feinmotorik nicht ausreichte. Das klappte aber längst nicht so gut wie bei einem Linkshänder. Die runden Teile der Buchstaben, des kleinen a und d zum Beispiel, zog er nicht wie üblich gegen den Uhrzeigersinn durch, sondern mit dem Uhrzeigersinn.

Seine Mutter versuchte oft und mit viel Engagement, den Kleinen und die Lehrerin davon zu überzeugen, dass es besser wäre, diese runden Buchstabenteile gegen den Uhrzeigersinn auszuführen, und dass die Schrift dann leserlicher würde. Aber dies war ein hoffnungsloses Unterfangen. Sowohl Max als auch die Lehrerinnen und Lehrer wollten sich nicht belehren lassen. Das Kind quälte sich mit seinen Schreibproblemen, für die es natürlich reichlich getadelt wurde, durch seine ersten sechs Schuljahre. Im Gymnasium endlich betrachtete der Deutschlehrer kritisch die mageren Bemühungen des nun schon Zwölfjährigen an der Tafel, und er riet ihm, die runden Teile der Buchstaben doch andersherum auszuführen. Von Stund an änderte Max seine Schreibtechnik und die Schrift wurde leserlicher.

Max' Schreibproblem wurde nicht nur von einem Lehrer falsch beurteilt, sondern über fünfeinhalb Jahre an drei Schulen von allen Lehrkräften, und das, obwohl die Mutter immer wieder Versuche startete, eine Änderung herbeizuführen. Lehrerinnen und Lehrer sind nicht dafür ausgebildet, sich mit Normabweichungen zu befassen, und die Eltern sind absolut machtlos dem System gegenüber, trotz des angeblichen Mitspracherechtes. Eine Zusammenarbeit ist schon deswegen schwer, weil die meisten Eltern Angst vor Lehrerinnen und Lehrern haben.

Das häufig erwähnte und gelobte Mitspracherecht betrifft eventuell die Auswahl zwischen zwei von der Schule vorgeschlagenen Ausflugszielen, aber ein echter Einfluss der Eltern darauf, was mit ihren Kindern geschieht, wird vom Schulsystem unmöglich gemacht. Das Zwiegespräch zwischen Eltern und Lehrern soll den Eltern zeigen, wie sie ihr Kind an die schulischen Anforderungen anpassen können, nicht andersherum. Wenn ein Kind unsere Schulen besucht, dann ist es für alle Beteiligten einfacher, wenn es nicht an einer Teillähmung des rechten Armes leidet oder stärker als andere schwitzt; es sollte der Norm entsprechen.

Max hatte ein zweites Problem: Er schwitzte mehr als die anderen Kinder, obwohl er nicht dick war, sondern altersentsprechend dünn. Einige Lehrkräfte vermuteten aus diesem Grund, dass Max in einem nicht vertretbaren Übermaß herumtobte. Dieses vermeintlichen Fehlverhaltens wegen wurden sowohl Max wie auch seine Mutter des Öfteren gerügt. Das Kind war durch das übermäßige Schwitzen, das keineswegs krankhaft war, sondern nur etwas, wenn auch deutlich erkennbar über der Norm lag, noch ein wenig suspekter. Dies wurde nicht nur an einer Schule, sondern nacheinander an drei Schulen so beurteilt.

Auch andere Mütter können ein Lied davon singen, wie massiv ihre Kinder benachteiligt werden, wenn sie außerhalb der Norm liegen — seien sie zu intelligent, zu still, zu sensibel oder auf andere Weise nicht ganz normal. Schwere, eindeutig erkennbare Beeinträchtigungen wie mangelndes Mathematikverständnis oder ein türkisches Elternhaus, in dem nicht deutsch gesprochen wird, erfahren Beachtung und Behandlung, aber leichtere, seltenere Abweichungen können zu großem Nachteil für das Kind führen, eventuell, unter besonders ungünstigen Umständen, seine ganze Schullaufbahn in Frage stellen.

Manchmal kann, wie man an dem Beispiel des gelähmten Armes von Max sieht, eine geringe Hilfe zu großem Erfolg führen. Deshalb sollten die Verantwortlichen gemeinsam einen gangbaren Weg suchen – auch gemeinsam mit dem „Objekt" ihrer Erziehungsbemühungen, denn oft hilft es schon, wenn das Kind sich ernst genommen fühlt. Das ist fast so hilfreich wie verstanden zu werden, es kann die gefühlsmäßige Einstellung zum Problem entlasten und auf diese Weise den Gedanken eine neue Wendung geben.

Selbstbewusstsein

Das Selbstbewusstsein entscheidet über alles, was ein Mensch tut oder lässt. An jede, absolut jede Aufgabe, die das Leben mit sich bringt, geht er entweder mit der Einstellung heran: „Das kann ich" oder: „Vielleicht – wahrscheinlich kann ich es nicht." Je näher an der Realität diese Beurteilung liegt, desto ruhiger und sicherer geht er ans Werk oder informiert sich und probiert daraufhin aus, was erreichbar ist. Das gilt für alle Lebensbereiche, für das Einkaufen, für das Eisenbahnfahren, das Anbringen einer elektrischen Deckenleuchte und auch für Kontakt zu Mitmenschen.

Ohne mathematische Kenntnisse kann jeder Mensch leicht und glücklich leben, ohne ein gesundes, starkes Selbstbewusstsein nicht. Gutes Selbstbewusstsein bedeutet nicht, dass man sich besonders hoch, sondern dass man sich richtig einschätzt und mit sich zufrieden ist; dass man seine Fehler und seine Qualitäten kennt und sie handhaben kann; dass man nicht, wie Marko, die Hoffnung aufgegeben hat, ein guter tüchtiger Mensch zu sein oder werden zu können.

„Nur wer in sich hineinhört und seine Stärken und Schwächen erkennt, wer sich seine Fehler und Macken eingestehen kann und sich seiner Schokoladenseiten bewusst ist, hat die Möglichkeit zu wachsen" (Röschlau, 2001, S. 145).

Wenn das Kind gelernt hat: Ich bin gut, stark und tüchtig und das Leben ist eine Herrlichkeit, dann ist es gegen die meisten Fährnisse des Lebens gut gewappnet, und es wird auch Lesen, Schreiben und Rechnen lernen, soweit es dazu begabt ist. Es wird nicht kriminell oder maßlos aggressiv werden und auch keiner Sekte oder politisch extremen Organisation in die Hände fallen. Es wird seinen Weg gehen.

Ist es aber leicht depressiv, lernunlustig, unkonzentriert, dann kümmert es vor sich hin, mal laut, mal leise. Sein schulisches und berufliches Fortkommen leidet ebenso schwer wie durch eine geistige Behinderung. Manchmal sogar schwerer.

Bei geistig Behinderten bemüht man sich, ganz ohne Frage, das Selbstbewusstsein zu stärken. Das hat sich inzwischen auch bei jugendlichen Strafgefangenen bewährt. Im Hamelner Modell arbeitet Heilemann mit einem „Attraktivitätstraining"; das heißt, die jugendlichen Straftäter müssen systematisch lernen, dass sie neben ihren Fehlern auch Qualitäten besitzen – attraktiv sind. Eine Stärkung des Selbstbewusstseins ist hier wie bei jedem unglücklichen, gestörten Kind oder Jugendlichen fundamental wichtig (Heilemann/Fischwasser: Attraktivitätstraining). Aber genau das kommt in einer Schulklasse, wo Konkurrenz als Haupterziehungs- und Motivationsmittel benutzt wird, zu kurz.

Rollennormen

Weibliche oder männliche Rollennormen flexibel benutzen – großartig, kompliziert und geheimnisvoll hört sich das an. Aber bei näherem Hinsehen entpuppt es sich als einfache Angelegenheit. Es handelt sich nämlich wieder um Fähigkeiten, und selbstverständlich nützt es, Fähigkeiten zu besitzen. Schule sollte sie lehren und üben.

Mädchen interessieren sich typischerweise für Gefühle und äußern sie auch, sie haben Mitleid, reden viel und geben leicht nach. Jungen interessieren sich mehr für Technisches, setzen sich durch und kämpfen.

Es ist ganz gewiss ratsam, zur rechten Zeit einmal nachzugeben, sich andererseits auch durchzusetzen, wenn man auf seinem Recht oder seinem Vorteil bestehen will. Beide Verhaltensweisen ausgewogen zu handhaben, also die Rollennormen flexibel zu benutzen, zeugt von Reife und verlangt einiges an Selbstbewusstsein. Auch Lehrerin und Lehrer in ihrer Vorbildfunktion sollten das tun.

Was die Interessen betrifft, so ist Einseitigkeit auf alle Fälle von Nachteil. Erst wenn beide Seiten entwickelt sind, wird man zur abgerundeten Persönlichkeit. Schule sollte sich auch unter dem Blickwinkel der Resilienz diesen Aufgaben stellen und nicht der logisch-wissenschaftlichen Seite in dem Ausmaß, wie es jetzt geschieht, den Vorzug geben. Auch die Kreativität, die für seelische Kraft und Gesundheit so bedeutungsvolle, hat starke Seiten: „Die Fähigkeit, sich über geschlechtsrollenspezifische Zwänge hinwegzusetzen, scheint eines der Merkmale schöpferischer Menschen zu sein. Ausgeprägt schöpferische Mädchen zeigen ein hohes Maß an Ehrgeiz, Willensstärke und Durchhaltevermögen, ausgeprägt schöpferische Jungen Schönheitssinn, Intuition und Sensibilität für die Empfindungen anderer. Sehr kreative Menschen sind vor allem dadurch gekennzeichnet, dass sie die männliche und die weibliche Seite ihres Wesens miteinander in Einklang bringen können" (Cropley, 1979, S. 60).

Entscheidungsfähigkeit

Das Wort sagt es klar und deutlich: Es handelt sich um eine Fähigkeit, etwas, das man erlernen und üben kann. Aber gemeinhin wird die Entscheidungsfähigkeit als Charaktereigenschaft betrachtet, ihr Fehlen als Charaktermangel, der nicht durch Üben behoben, sondern durch Tadel bekämpft werden muss.

Wenn Jugendliche am Ende ihrer Schulzeit nicht wissen, für welche Laufbahn sie sich entscheiden wollen, so wird das lauthals beklagt, als Haltlosigkeit ausgelegt und mit verständnislosem Kopfschütteln kommentiert. „Wie ist es nur möglich, dass fast Erwachsene sich nicht entscheiden können? Was sind das nur für Menschen? Vergnügungssüchtig, faul, einfach unfassbar! Wir damals hatten es nicht so gut. Der heutigen Jugend stehen alle Wege offen, und dennoch wissen sie nicht, was sie wollen! Denen geht es einfach zu gut!"

Ein Körnchen Wahrheit steckt in dieser Auffassung. Der Charakter spielt mit, wenn es um Nachgiebigkeit oder Durchsetzungswillen geht, aber zum größeren Teil wird die Entscheidungsfähigkeit erlernt. Sie verlangt einen guten Überblick über alle Umstände, die eine Rolle spielen, Kenntnis der eigenen Möglichkeiten und das Selbstbewusstsein, sich eine fundierte Entscheidung zuzutrauen – unter Umständen auch gegen Einwände.

Wer all dies gründlich und unvoreingenommen bedenkt, wird von der Erkenntnis überrascht: Schülerinnen und Schüler haben vor allem diszipliniert und kooperativ zu sein und sollen sich keine überflüssigen Gedanken machen über eigene Vorlieben und Neigungen oder über Sinn und Zweck dessen, was sie zu lernen haben. Zehn bis fünfzehn Jahre lang üben sie ein, ihre eigenen Interessen hintanzustellen – kein Wunder, dass sie sie danach nicht mehr kennen.

Jedes Kind möchte sich selbst entscheiden und seinen Willen durchsetzen. Es kämpft mit allen Mitteln, die ihm zur Verfügung stehen: Lautäußerungen von herzzerreißend jämmerlichem Weinen bis zu wütendem Gebrüll, gekränktem Rückzug oder Um-sich-schlagen. Fast jedes Kind entdeckt die Schwachstellen seiner Eltern und bearbeitet diese so beharrlich, dass Eltern immer wieder in Notwehrsituationen geraten. Indessen möchten Eltern ihren Sprösslingen einen gewissen Entscheidungsspielraum einräumen und geben auch aus diesem Grund hin und wieder nach.

Schule jedoch ist unerbittlich. Der junge Mensch muss seine Grenzen kennen und akzeptieren lernen. Dies geschieht besonders gründlich und lückenlos in der Schule. Hier sind alle Entscheidungen bereits gefallen. Alles, was Schülerinnen und Schüler zu tun und zu lassen haben, ist genau festgelegt, von der Farbe der Hefte bis zur Anzahl und Art der zu lösenden Aufgaben. Eigenen Gedanken nachzuhängen ist verboten, ausschließlich die Gedanken der Lehrkraft zeigen den Weg.

Jede Entscheidungsmöglichkeit ist für lange Zeit dahin, denn auch zu Hause richtet sich die Zeiteinteilung nach den Hausaufgaben. Die Freizeitgestaltung hängt von den Zensuren ab; zumindest steht die Drohung im Raum: „Wenn du wieder eine so schlechte Note schreibst, ist es aus mit dem ewigen Fußballspielen!" (Oder was sonst die Wünsche des Kindes sind.) Die Schule übt heute eine nie gekannte Macht über das gesamte Familienleben aus, denn die Zensuren bestimmen vermeintlich alle späteren Möglichkeiten des Kindes, so dass auch zu Hause die Entscheidungsmöglichkeiten des Kindes – und leider sogar die der Eltern – drastisch eingeschränkt sind.

Wenn wir fordern, dass Jugendliche sich entscheiden können, dann müssen wir ihnen die Möglichkeit geben, sich darin zu üben. Die Kinder in einen goldenen Käfig zu sperren, sie ganztags zu behüten, mit jedem Luxus zu versorgen, alle Schwierigkeiten von ihnen fernzuhalten, lässt diese so wichtige Fähigkeit verkümmern.

Lehrerinnen und Lehrer sind Vorbild; wie sollen sie, die durch 100.000 Vorschriften der Allgemeinen Schulordnung (Ascho) und jährlich neu hinzukommende Vorschriften gegängelt werden, Schülerinnen und Schüler zu freien und selbständigen Entscheidungen führen? Einige schaffen das; sie haben es in ihrer Herkunftsfamilie gelernt. Die meisten aber finden aus dem Dschungel der Vorschriften nicht heraus.

Die Kosten

Jeder weiß es – und nimmt es mehr oder weniger gelassen hin –, dass unsere heute so behüteten Kinder lange unselbständig und unreif bleiben, umso länger, je länger sie zur Schule gehen, wenn sie studieren sogar bis zum Ende ihres Studiums. Diese Unreife wird unter hohem Kostenaufwand heraufbeschworen, indem man die Kinder in ein Reservat sperrt, wo sie wenig mehr tun dürfen als Fakten lernen. Diese liebenswerte Unreife ist nichts anderes als Mangel an Lebenstüchtigkeit, Unkenntnis dessen, was das Leben fordert, Unkenntnis über die eigenen Gefühle und Beweggründe. Über die zu sprechen hat man den Kindern keine Gelegenheit gegeben.

Wir dürften all dies gelassen hinnehmen, wenn wir von allen Jugendlichen bis zum dreißigsten Lebensjahr jede Gefahr abwenden könnten. Aber das können wir nicht, die Jugendlichen müssen sich selbst in Acht nehmen. Die Schule hat sie nicht in Widerstand, sondern in Manipuliert-Werden unterwiesen – und wir haben sie umgeben mit einer Legion von Verführern.

Schüler und Schulabgänger begegnen Rechtsradikalen, Sekten, Drogenhändlern. Sie haben ihnen wenig entgegenzusetzen, es sei denn, das Elternhaus hat ihnen genügend Kraft und Selbständigkeit mitgegeben. Aber wir alle wissen, dass es da oft weit fehlt. Manche Eltern beschränken sich darauf, die Schule zu unterstützen. Allzu viele tun auch das nicht, vernachlässigen oder schädigen ihre Kinder in jeder nur denkbaren Weise. Die Gesellschaft kann sich nicht auf das verlassen, was das Elternhaus leistet, sie muss andere Wege suchen.

„Und wer soll das bezahlen?" Diese Frage wird hier sicherlich von allen Interessierten und von den Verantwortlichen gestellt. Solche Frager bedenken aber nicht, wie teuer es werden kann, das nicht zu bezahlen.

Harry Dettenborn, Professor an der Humboldt-Universität Berlin stellt fest, dass in der Schule soziales Lernen stattfindet. Er hält es für unbedingt notwendig, dieses soziale Lernen zielstrebiger und sinnvoller zu gestalten, Fähigkeiten wie Achtung vor sich selbst und anderen und Konfliktfähigkeit zu pflegen und zu fördern. Dabei denkt er durchaus auch an die Kosten und schreibt:

„In Zeiten heftigen Sparens dürften kompetente Kosten-Nutzen-Vergleiche auch hier sehr sinnvoll sein. Was kostet mehr: Die Prävention kriminellen Verhaltens durch Gestaltung sozialen Lernens oder die reaktiven Auseinandersetzungen der Gesellschaft mit Kriminalität von Kindern und Jugendlichen? Wie kann verhindert werden, dass jetzt in der Schule eingesparte Mittel später der Polizei, der Justiz oder den Gefängnissen zugeteilt werden müssen?" (Dettenborn, 1997, S. 86)

Wir geben große Geldbeträge dafür aus, unseren Kinder immense Mengen an Wissensstoff zu vermitteln, den sie bald vergessen und nie verwenden werden und den sie sich bei Bedarf heutzutage kostenlos aus zahlreichen Medien schnell und einfach beschaffen können. Aber wir lehren sie nicht die verschiedenen für ihr Leben notwendigen Denkstrategien. Vor allem unterrichten wir sie zu wenig in Selbstbewusstsein, Entscheidungsfähigkeit und kommunikativer Kompetenz. Diese zu lehren wäre keineswegs teuer oder kompliziert. Es verlangt vor allem eine andere Einstellung zu den Werten des Lebens: Ist der Wissensbesitz allen anderen Werten so weit überlegen, dass ihm immer und überall der Vorrang gebührt? Oder könnte der Umgang mit den eigenen Gefühlen manchmal von vergleichbarer Wichtigkeit sein?

Was kann man tun?

Man könnte damit beginnen, dass nicht jeder Unterrichtsstoff vom Lehrer vorbereitet wird. Kinder sprechen oder schreiben lieber über Themen, die sie sich selbst ausgedacht haben.

Wenn ein Lehrer, pädagogisch durchdacht, eine Unterrichtseinheit über die Pflege neugeborener Katzen umsetzt, um Fürsorglichkeit und Verantwortungsgefühl zu schulen, so hat dieses Vorgehen hohen Wert; es ist interessant und lehrreich und auf die Bedürfnisse der Kinder zugeschnitten. Trotzdem ist es eines von den zahllosen Themen, die die Schule anordnet. Könnte ein Kind dagegen aus seinem eigenen Leben erzählen, dass z.B. die Katze der Familie Junge bekommen hat, und würde dann das Thema aufgegriffen und zum Gesprächsstoff der Stunde oder des Vormittags gemacht, so hätte dies eine ganz andere Erlebnisqualität. Auch wenn der Lehrer, auf das Thema nicht vorbereitet, weniger Fakten vortragen könnte als sonst, so würden die Kinder mehr lernen; die stärkere innere Anteilnahme gleicht so manches aus, ist ein kaum zu überschätzender Vorteil für das Lernen. Vielleicht könnte ein Kind aus der Klasse etwas beisteuern, was der Lehrer im Moment nicht so genau weiß. Wenn dies gar ein schwächerer Schüler wäre, so hätte er eine Menge Selbstbewusstsein gewonnen, was gerade ihm sonst nur selten möglich ist. Er wäre in diesem Augenblick nicht wie sonst der dumme Wissensempfänger, sondern der, der etwas Vernünftiges leistet.

Beim Schreibenlernen kann man zum Beispiel verfahren wie der New Yorker Lehrer Herbert Kohl. Er arbeitete in Schulen mit sozial besonders benachteiligten Schülern und machte sich Gedanken, wie man die größten Schwierigkeiten dieser Kinder anders und besser angehen könnte. Er hat darüber Bücher geschrieben, die häufig zitiert werden. Herbert Kohl hat seine Schüler und Schülerinnen Wörter vorschlagen lassen, die sie anschließend für ihre Schreibübungen verwendeten. Es kommen dabei Wörter heraus wie: Schmetterling, Lehrer, Angeber, Liebe, Hass (Kohl, 1971).

Ein Kind, das schreiben will: „Der Lehrer hasst mich", kann vielleicht begründen, warum der Lehrer es hasst und wer das außerdem tut; und wenn die Klasse darüber diskutieren darf, ist das auf jeden Fall besser, als wenn das Kind nie über Derartiges sprechen kann, zu keinem Menschen auf der Welt.

Kinder werden solche Wörter, die sie selbst vorgeschlagen haben, lieber schreiben als Wörter, die sie nicht besonders berühren, und sie können sich hinterher über diese Wörter unterhalten; sie haben dann eine ganz andere Beziehung zu dem, was sie tun und lernen sollen. Man kann sich leicht vorstellen, welch einen Unterschied für das Selbstbewusstsein es ausmacht, wenn das Kind Worte schreibt, die ihm wichtig sind und die es selbst vorgeschlagen hat.

Heute erfahren Jugendliche, dass man eigentlich über alles reden kann: aus den viel geschmähten Nachmittagstalkshows oder am Kindersorgentelefon. Wollen wir das länger so hinnehmen? Wollen wir die Kinder wirklich derart alleine lassen und nur den etablierten Bildungsinhalten weiterhin große Priorität einräumen?

Was kann man noch tun?

Die Möglichkeiten sind ohne Zahl. An bereits bewährten Projekten mangelt es nicht. Schulen, die soziale Brennpunkte versorgen, haben vielerlei erprobt und für gut befunden. Eine vielseitige Methode, die Probleme des Lebens kennen zu lernen, wird im Kapitel 13 „Helfen" vorgeschlagen. Diese Methode würde zwar auch Kosten verursachen, vor allem durch die Organisation, aber ein wesentlicher Teil der Organisation könnte auch durch ältere Schülerinnen und Schüler erledigt werden, so dass der Kostenfaktor sich in Grenzen hielte.

„Normale" Kinder, die allenfalls durch ihre No-Future-Einstellung auffallen, und dadurch, dass sie ihrem Leben durch Piercing und ausgefallene Frisuren einen Sinn zu geben versuchen, werden zwar mit Geringschätzung und Ablehnung betrachtet, ansonsten aber ignoriert. Erst wenn sie sehr tief in den Brunnen gefallen sind und dem Staat mit Sicherheit hohe Extrakosten verursachen werden, lässt die Gesellschaft sich herab, eines der bewährten Hilfeprojekte in Gang zu setzen, wie Erlebnis-Pädagogik, Täter-Opfer-Ausgleich – oder man lässt gar die Schülerinnen und Schüler selbständig ein Haus bauen.

Was ist mit Kindern, die in tiefer Verzweiflung stecken, ohne dass es irgendjemand bemerkt? Sie konsumieren den Schulstoff und Modeartikel und was man sonst noch an Konsum von ihnen erwartet, sind aber ansonsten in einem Ausmaß uninteressiert, das alle Verantwortlichen aufrütteln müsste, das absolut besorgniserregend ist – ein Zeichen tief gehenden Mangels. Erst wenn sie schwere Verhaltensstörungen zeigen, wenn sie zum Beispiel Drogen nehmen oder gar töten, sich selbst – oder auch andere, schenkt man ihnen die Beachtung und Hilfe, die sie schon seit langer Zeit gebraucht hätten. Aber dann ist es zu spät; dann wird ihnen meistens Gefängnis statt Hilfe zuteil.

Das eigentlich grundlegende und vermutlich am schwersten zu überwindende Hindernis, das einer Umstellung im Wege steht, sind nicht etwa anfallende Kosten, sondern die Notwendigkeit umzudenken. Menschen des gehobenen Schuldienstes müssen umdenken, und gerade sie sind es, die mit dem derzeitigen Schulsystem besonders gut zurechtkommen. Genau diese Personen kann man vermutlich am schwersten davon überzeugen, dass das bestehende System bei manchen Kindern tief greifende Schäden verursacht, dass es nicht genügt, den Idealen Alexander von Humboldts nachzustreben, dass man nicht alle Kinder an diesem Ideal ausrichten darf. Aber auch andere Menschen in unserem Staat, die die Schule mehr oder weniger erfolgreich überstanden haben und mit einigem Stolz auf diese Leistung zurückblicken, müssen umdenken. Sie müssen erkennen, welchen Schaden die kontinuierlich anwachsende Macht der so genannten „Bildung" unter Umständen anrichten kann. Dieses Umdenken ist weitaus schwerer zu erlangen als das notwendige Geld.

Zwischenkapitel: Schüler dürfen Sinnvolles leisten

Das Berufsbildungszentrum Neustadt bei Hannover galt als die gefährlichste Schule in ganz Niedersachsen. Eine Minderheit krimineller Jugendlicher vergiftete das Klima; Drogenhandel, Schlägereien und Erpressung waren an der Tagesordnung. Überwachung durch Videokameras wurde eingeführt und sinnvolle Angebote für Ausbildung und Freizeit. Einmalig in Deutschland: Auf dem Schulgelände können sich die Schüler ein eigenes Kommunikationszentrum selbst bauen. Vom ersten Ziegelstein über die Fliesen bis zum Anstrich, alles Eigenleistung. Später soll das Schülerhaus in Selbstverwaltung geführt werden. Diese Maßnahmen haben das gesamte Klima in der Schule deutlich entspannt.

3 Werte

Bedauerlicherweise ist das Geld in unserer Gesellschaft zum höchsten Wert avanciert. In der Politik hat diese Einstellung eine gewisse Berechtigung, denn die Aufgabe der Politiker ist es unter anderem, die Finanzen zu verwalten und gerecht zu verteilen; das Zusammenleben im Alltag aber wird zusätzlich durch andere Werte als durch Geld bestimmt. Das sollten wir uns klar machen.

Staat, Gesellschaft und Schule geben vor, sich nach ideellen Werten zu richten. In gewissem Ausmaß glauben die Menschen wohl daran, dass sie selbst sich anständig verhalten, auch wenn sie lügen, betrügen und stehlen. Steuerhinterziehung und Versicherungsbetrug gelten im Volksempfinden nicht einmal als Kavaliersdelikt, sondern als Selbstverständlichkeit. Wer nicht mitmacht, wird *nicht* wegen seiner moralischen Einstellung *geachtet*, sondern für seine Dummheit *belächelt*. Die Unterstellung, dass er betrügt, weist der Täter von sich – wen betrügt er denn? Eine riesige anonyme Einrichtung, die er persönlich finanziert, in die er wahrlich genug einzahlt.

Die Leute klauen, was nicht niet- und nagelfest ist, vom Babystrampler auf der Entbindungsstation bis zum Grabschmuck auf Friedhöfen. Wird es jedoch offenbar, dass ein Politiker sich unrechtmäßig bereichert, so erinnert sich alle Welt plötzlich wieder an moralische Grundsätze.

Wir leben in einem Meer von Lügen und genießen es. Werbung umgibt uns allerorten und erfreut uns durch sonst nur selten erreichte Schönheit und geistreiche Einfälle. Sie behauptet, dass ohne sie die Wirtschaft nicht funktionieren könne. Sie schafft zahllose interessante und hoch bezahlte Arbeitsplätze und ermöglicht das kommerzielle Fernsehen, das uns auf erfreuliche Weise die Zeit vertreibt.

All diese Wohltaten, die wir scheinbar kostenlos empfangen, basieren auf Lügen. Die Bilder lügen durch ihre Kombination wie durch die Begleitmusik, und wir wissen das. Wir reden uns ein, dass die zahlreichen privaten Sender unseren Geldbeutel nicht belasten. Wer bezahlt sie denn? *Wir* löhnen, wenn auch auf versteckten Wegen: zur einen Hälfte aus dem

Staatshaushalt in Form von Steuer-Mindereinnahmen, denn Werbekosten sind von der Steuer absetzbar (hier handelt es sich um Milliardenbeträge). Zum anderen werden diese Kosten den Produkten aufgeschlagen. Oft sind ein Drittel des Produktpreises oder sogar mehr Werbekosten. So bitten uns zuerst der Staat und dann die Firmen zur Kasse, um die bunte Vielfalt der privaten Sender zu finanzieren. Niemand fragt uns, ob wir das wollen und ob wir es uns leisten können.

Die zauberhaften Trickbetrügereien verführen uns zum Kauf von kostspieligen Markenartikeln, die wir nicht brauchen. Sie suggerieren, dass das Lebensglück von den angepriesenen teuren Dingen abhängt, und lassen uns vergessen, wodurch das Leben eigentlich lebenswert wird. Sie zerstören ideelle Werte auf besonders hinterhältige und unmerkliche Weise.

Gilt Lügen inzwischen als ehrenhaft? Man darf das fast vermuten, wenn eine wissenschaftliche Untersuchung behauptet, Lügen sei ein Zeichen von Intelligenz und notwendig um die Intelligenz zu trainieren; oder wenn nicht eingehaltene Wahlversprechen zwar lautstarke Kritik der jeweiligen Opposition erregen, von den wahlberechtigten Bürgern aber als alte Gewohnheit belustigt und billigend in Kauf genommen werden („Die Welt", 19.2.2003).

Schule und Lüge

In der Schule sollten andere Werte hochgehalten werden – moralische Werte. Tatsächlich aber geht es auch hier ums Geld. Der Schüler hat die Pflicht, eine möglichst große Wissensmenge anzusammeln, damit „etwas aus ihm wird", nämlich ein vortrefflicher Geldverdiener.

Schule erzieht zur Unehrlichkeit, wie Eva Maria Pegels in ihrer Studie über den Wert des Mogelns in der Schule feststellte:

Betrügen gehört ganz selbstverständlich zum Schulalltag und wird weit mehr belächelt als kritisiert. Schummeln ist eine gewohnte Strategie, gute Arbeiten zu produzieren; dass es zu den unehrlichen Verhaltensweisen gehört, wissen die Schülerinnen und Schüler zwar noch, tarnen diese Tatsache aber mit Begriffen wie z.B. Cleverness. Schülerinnen und Schüler, die täuschen, wollen nicht Mitschüler benachteiligen, sondern in der anonymen Institution Schule bestehen und gegen deren Sinnlosigkeit und Unverbindlichkeit aufbegehren. Mogeln stellt gewissermaßen eine Anpassungs- und Überlebensstrategie dar, nach dem Grundsatz: Wer nicht wagt, der nicht gewinnt. Diesem Motto folgend gehen Schülerinnen und Schüler das Risiko des Erwischt-Werdens ein und versuchen, durch Täuschung ihre Noten zu verbessern. Jeder hat die Möglichkeit zu schummeln, wer es nicht tut, ist selber schuld. (nach Pegels, 1997)

Nicht nur die tägliche Praxis des Bildungssystems ist unehrlich, sondern auch ihre Fundamente verschleiern die wahren Sachverhalte. Eine Mischung aus idealistischer Wahrheitsverleugnung, Irrtum und Lüge bildet die Grundlage des gesamten Bildungssystems. Es basiert auf einem undurchdringlichen Dickicht von Lügen, Wahrheiten und Halbwahrheiten.

„Nicht für die Schule, sondern fürs Leben lernen wir", ist eine der halbwahren Behauptungen, die das Schulsystem rechtfertigen. Lesen, Schreiben, Rechnen und einiges an Sachkunde und wissenschaftlichem Grundwissen ist absolut notwendig für Leben und Beruf. Der größere Teil des Schulstoffes aber ist Bildung: „… die bewusste Entwicklung der natürlichen Anlagen des Menschen durch Erziehung und eigenes Streben sowie deren Ziel, die sittliche Reife und geistige Fähigkeit, Wissensgehalte und ethische Werte zu integrieren" (Dudenlexikon, 2002). Sie hat grundsätzlich keinen Bezug zu den realen Aufgaben und Bedürfnissen des Menschen und schon gar nicht zur Berufsausübung. Darüber hinaus kümmert sich unsere moderne Schulbildung kaum um Entwicklung der natürlichen Anlagen und sittliche Reife, sondern überwiegend um Buchwissen, das weder für den Beruf, für Alltagsprobleme noch für Persönlichkeitsbildung von Nutzen ist. Dessen ungeachtet wird sie per Gesetz zur Voraussetzung für fast jeden Beruf erklärt, dient also dem Gelderwerb.

Dient Bildung nun der Entfaltung der Persönlichkeit oder dem Broterwerb? Und was nützt sie *den* Schülerinnen und Schülern, die sich durchaus nicht für Bildung interessieren? Diese Fragen werden eindeutig mit wechselnden Halbwahrheiten beantwortet.

Bildung gehört also definitiv nicht zum Beruf, wird aber andererseits vom Gesetz zur notwendigen Voraussetzung dafür erklärt.

> Das Gesetz hat etwas, das von allen als nicht berufsbezogen
> verstanden wird, zur Voraussetzung für Berufstätigkeit erklärt.
> Der Erwerb von Geld und hohem Ansehen
> hängt demzufolge mehr von „zweckfreier" Allgemeinbildung ab
> als von beruflichen Fähigkeiten.

Die Beherrschung der Kulturtechniken ist von allerhöchstem Wert für Beruf, Lebensführung und in einer ganzen Reihe weiterer Zusammenhänge. Auch Grundkenntnisse in allen Wissenschaften nützen in mancher Hinsicht. An jegliches Problem wagt man sich gedanklich heran, nachdem man schon mit so vielem konfrontiert wurde. Zwar lernt man leider, sich durchgehend nach Vorgaben zu richten und weniger seine eigene Meinung zu erwägen, aber auch das ist besser als gar nicht nachzudenken.

Der Fehler liegt in der Annahme, dass mehr des Guten auf jeden Fall besser sei. Hier, wie so oft, wäre weniger mehr – weniger Fakten und dafür mehr Vertrauen in die eigene „belanglose" Meinung und Aussprache darüber. Leuchtet es nicht ein, dass Diskussion der eigenen Meinung wichtig ist für effiziente Meinungsbildung, in politischen Angelegenheiten zum Beispiel?

Das Übermaß an Wissen hat ebenfalls einen Wert, wenn auch einen nicht selten fragwürdigen. Sobald man es in die Waagschale wirft, bewegt man sich auf dem sicheren Boden des Erwiesenen, man behält Recht. Umfangreiche Beschlagenheit blendet, gibt seinem Besitzer Macht, lässt ihn kompetent wirken, auch wenn sein Wissen mit seinen eigentlichen Aufgaben nichts zu tun hat. Dem betörenden Glanz dieser Macht verdanken wir es, dass heute alle Schülerinnen und Schüler mit einer Unmenge unnützen Wissens gequält werden, das die meisten ganz schnell vergessen, kaum dass es ihnen die notwendigen Zensuren eingebracht hat.

Der Wert der Zensuren fürs Leben ist ebenfalls zweifelhaft: Da das in der Schule erworbene Wissen nicht für die Berufsausübung bestimmt ist, kann sein Nachweis keine Aussage darüber machen, wie erfolgreich man später im Beruf sein wird. Zulassung ist zwar garantiert, nicht aber Fachkompetenz.

Gar nicht so wenige Schülerinnen und Schüler gehen an ihrer schlechten Beurteilung zugrunde, verlieren Lebensmut und Arbeitswillen, werden zu Asozialen erklärt und leben anschließend nach dieser Voraussage. Bei manchen kann es so weit gehen, dass sie zum Beispiel sich selbst oder ihre Lehrerinnen und Lehrer töten, wie am 26.4.2002 in Erfurt geschehen. Wenn solche Taten verhindert werden sollen, müssen wir die Werte anders setzen.

Versucht man, sich in die Erlebniswelt eines an der Schule Zerbrochenen zu versetzen, so kann man zu dem Ergebnis kommen, dass Schule ein mörderisches Wertesystem vorlebt. Sie zwingt den jungen Menschen in das System und hier zu Leistungen, die er nicht erbringen kann oder will. Sie berät ihn nicht über seine Möglichkeiten. Eines Tages verstößt sie ihn, was das gesellschaftliche Aus bedeutet.

Der Wertewandel

Drei Umwälzungen haben das alte Wertesystem in Frage gestellt. Der medizinische Fortschritt hat durch die „Pille" eine einschneidende sexuelle Revolution ermöglicht; Filmindustrie und Presse zeigen jedem die Gräuel des Krieges überdeutlich, so dass Kampfesfreude und Heldentum nicht mehr geschätzt werden; die industrielle Entwicklung hat in großem Stil Einwanderung angekurbelt, was den Hass gegen fremde Völker nach und nach relativierte. Wir haben kein geschlossenes, für alle gültiges Wertesystem mehr. Die Frage ist also: Welche Werte sollen wir die Kinder lehren?

Die Gesellschaft ist von Lüge durchtränkt, die Schule basiert auf unaufrichtigen Voraussetzungen und erzieht außerdem mit Hilfe des Notensystems zur Unehrlichkeit. Eine verzwickte Situation für eine Institution, die an der Kindererziehung mitwirken soll.

Trotzdem ist die Schule der geeignete Ort, um Werte zu diskutieren, denn hier sollte der heranwachsende Mensch das geistige Rüstzeug zur Auseinandersetzung mit Problemen jeglicher Art erwerben. Wir sollten das nicht, wie es heute geschieht, der „Bravo", den Soaps und bedenklicheren Produkten der Medienlandschaft überlassen.

Lösung des Dilemmas

Argumente wie: die Schule sei ein Spiegel der Gesellschaft und könne deshalb nicht moralischer sein als diese, greifen nicht. So einfach ist das nicht. Auch schwierige Themen muss Schule behandeln. Wer sonst soll mit unserer Jugend über diese unübersichtlichen Angelegenheiten sprechen? Der Hinweis auf die Eltern ist völlig irrational, denn die Eltern leisten es nicht, wie wir alle wissen.

Altbundespräsident Roman Herzog forderte in seiner „Bildungsrede": „Ich wünsche mir ein Bildungssystem, das wertorientiert ist. Ich weiß sehr wohl, dass jede Art von Wertekatalog seit Jahren unter dem Ideologieverdacht fällt, zumindest wenn er sich nicht auf Allgemeinplätze zurückzieht. Aber Bildung darf sich nicht auf die Vermittlung von Wissen und funktionalen Fähigkeiten beschränken!" (Herzog, 5.11.1997)

Wir sollten diese mahnenden Worte nicht in den Wind schlagen. Irgendetwas muss geschehen; an keinem anderen Ort als in der Schule ist gezielte Unterweisung möglich. Wer Werte vermitteln möchte, sollte sie vorleben. Vor allem aber muss er, um glaubhaft zu sein, sich streng an die Wahrheit halten.

> *Ein halb leeres Glas Wein ist zwar auch ein halb volles,*
> *aber eine halbe Lüge ist mitnichten eine halbe Wahrheit.*
> Jean Cocteau [1889–1963]; franz. Schriftsteller, Filmregisseur und Grafiker

Die Behauptung, dass wir nicht für die Schule, sondern fürs Leben lernen, ist mindestens eine halbe Lüge, wenn nicht eine Dreiviertellüge. Darüber und über andere brisante Punkte ist eine ernsthafte und ehrliche Diskussion mit Schülerinnen und Schülern notwendig.

Man kann mit Kindern über alles sprechen, sie vertragen alles, sie verkraften jede Wahrheit, sie sind jederzeit fähig, einen guten Lösungsweg zu finden. Nur – wenn man sie mit Lügen füttert, können sie keinen Weg finden.

Kinder können mit jeder Wahrheit besser umgehen als mit der Lüge. Grundsätzlich traut man ihnen das nicht zu. Man meint, sie mit wohlmeinenden freundlichen Schwindeleien vor der grausamen Wahrheit bewahren zu können und zu müssen.

Das hat man lange Zeit auch bei krebskranken Kindern getan. Eltern und Ärzte versuchten, so lange irgend möglich, oft bis zum Tod, vor dem Kind zu verbergen, dass es an einer sehr schweren Krankheit litt, an der es möglicherweise oder wahrscheinlich sterben würde. Das Kind lag auf einer Krebsstation zusammen mit anderen, denen es ähnlich erging wie ihm selbst. Es beobachtete tagtäglich, wie Mitpatienten schwächer wurden und am Ende starben, und es sollte glauben, dass es selbst einem anderen Schicksal entgegenging. Das funktioniert natürlich nur eine Zeit lang; nach und nach musste das krebskranke Kind seine wahre Lage erkennen. Von frommen Lügen umgeben, waren Kinder mit dem sicheren Wissen, dass sie bald sterben würden, alleine gelassen. Sie mussten einsam und ohne ihre

Gedanken über die Situation irgendjemandem anvertrauen zu können, dem sicheren Tod ins Auge blicken.

Nachdem einige Eltern Bücher über dieses Elend verfasst und so andere Eltern und Ärzte aufgerüttelt hatten, entschloss man sich, den todkranken Kindern die Wahrheit über ihren Zustand mitzuteilen. Mit großem Erstaunen stellten die besorgten Ärzte, Pfleger, Schwestern und Eltern fest, dass die Kinder weniger Probleme damit hatten als ihre Eltern und sonstige Erwachsene. Sie haderten nicht verzweifelt mit ihrem Schicksal, wie Erwachsene das häufig tun, sondern sie nahmen zur Kenntnis, wie es um sie stand und was sie erwartete, und stellten sich auf das Leben ein, das vor ihnen lag, so wie es war.

Die Probleme der Schule sind für so manches Kind nicht einfacher und nicht weniger zerstörend als die Probleme einer Krebserkrankung. Wir täten gut daran, auch hier ehrlich zu sein und das Kind an der Lösung mitwirken zu lassen. Ein solches Vorgehen verlangt allerdings eine gewisse Verlagerung mancher Werte. Das Kind und seine Würde müssten mehr gelten als z.B. Mathematik und andere Fachkenntnisse. Ein ungezogenes, lernfaules Kind müsste zuerst ernst genommen und dann gewissenhaft darauf untersucht werden, woran sein Unwille liegt. Ist all das abgecheckt, dann findet sich ein Weg zum guten Lernen.

Chancengleichheit

Der Mensch braucht einen sicheren Platz in dieser Welt, von dem aus er nach Besserem streben kann. Noch vor wenigen Jahrzehnten wusste jeder zuerst einmal, wohin er gehörte. Oft hat ihm das nicht gefallen, aber in mancher Hinsicht ist ein unerfreulicher Platz besser, als nirgendwohin zu gehören.

Heute ist es ein erklärtes Ziel unseres politischen Systems, das jedes Kind sich seinen Platz in der Gesellschaft selber sucht, wenn auch besser gestellte Familien ihren Kindern den Weg fast vollständig ebnen. Viele Familien geben ihren Kindern wenig Halt. Die Eltern verlangen, dass ihr Sohn oder ihre Tochter sich einen Rang erobert, welchen die Eltern für sich selbst gewünscht hätten, aber nicht erreichen konnten. Es muss vor allem eine gut bezahlte Position sein.

Zu jenen Zeiten, als der Berufsweg der Kinder noch durch ihre Herkunft bestimmt war und Sohn oder Tochter armer Eltern kaum eine Chance auf einen gehobenen Beruf hatte, forderten fortschrittliche Kräfte, dass jeder intelligente und interessierte Jugendliche, falls er fleißig genug ist, zum Studium und damit zu hoch angesehenen und gut bezahlten Berufen zugelassen werden muss. Dieses Ziel nannte man Chancengleichheit. Es ist erreicht. Wir sollten das zur Kenntnis nehmen und nicht nach weiterer Gleichheit streben. Das Streben nach Gleichheit hat sich verselbständigt und droht nun in Gleichmacherei zu münden.

Chancengleichheit in einem weiteren Sinn als dem historischen erreicht man – pointiert ausgedrückt – nicht dadurch, dass man jedes Kind das Gleiche lernen lässt, sondern dadurch, dass man jedes Kind etwas anderes lernen lässt. Hier ist gleichermaßen eine Umschichtung der Werte notwendig. Nicht das Wissen ist der höchste Wert und muss in jedes Kind gleicherweise hineingetragen werden, sondern das Kind ist der höchste Wert und muss das seiner Persönlichkeit entsprechende Wissen und Können erwerben dürfen.

Zwischenkapitel: Social Studies – Sozialkunde

Jürgen Zimmer berichtet aus dem Community College Groby, nahe Leicester: „In den Klassen wird gebüffelt, diskutiert, doziert – wie anderswo. Aber auch an diesem Vormittag findet Schule außerhalb der Schule statt. Der Werklehrer Phil arbeitet mit seiner Gruppe eine Meile entfernt auf dem Gelände eines Kinderheimes an der Renovierung eines Nebengebäudes. Einige Mädchen und Jungen machen sich gegen Mittag auf, um den Insassen eines Blindenheimes vorzulesen und sie spazieren zu führen. Andere gehen gebrechlichen Alten im Garten zur Hand. Zwei Mädchen helfen im nahe gelegenen Kindergarten. Social Studies – Sozialkunde heißt das Fach" (Zimmer, 1986).

4 Die Macht der Schule

Wer erzieht unsere Kinder? Die Eltern? Die Schule? Erziehung scheint Recht und Aufgabe der Eltern zu sein. Doch faktisch haben Gesellschaft und Schule einen weit größeren Einfluss auf die Erziehung unserer Kinder, als wir uns im Allgemeinen eingestehen.

Die Rechtschreibreform sorgte 1997 in Deutschland für große Aufregung. Als man sich nach vieljähriger Arbeit auf eine Vereinfachung der Rechtschreibregeln geeinigt hatte und schon zahlreiche Schulbücher in der neuen Schreibweise vorlagen, verweigerten manche Eltern ihre Zustimmung. In Lübeck zog ein Elternpaar sogar vor Gericht. Sie wollten ihre Erziehungsrechte nicht in der Weise beschnitten sehen, dass der Staat bestimmt, nach welchen veränderten Rechtschreibregeln ihr Kind nun erzogen und ausgebildet werden soll.

Erstaunlicherweise wird diese Einstellung ernst genommen, auch von der Justiz. Die Menschen vermuten, dass Eltern eine weitgehende Erziehungsgewalt über ihre Kinder besitzen. Die Wissenschaft in Gestalt der Psychoanalyse bestärkt uns in dieser Auffassung, denn sie hat erkannt und verbreitet, dass psychische Schäden in der ganz frühen Kindheit verursacht werden, zu einer Zeit, wo kein anderer als die Eltern verantwortlich sind, vor allem die Mütter.

Viele Kinder eignen sich heute nicht mehr für den Schulbesuch, jedenfalls nicht für den Besuch der Schulen, die wir haben. Sie sind aggressiv, unkonzentriert, unfolgsam, unaufmerksam und wollen nicht lernen. „Die Schülerinnen und Schüler seien eine Horde lernunwilliger, ungezogener, an Fernsehunterhaltung gewöhnter Bestien, die gar nichts anderes mehr im Sinn haben als Attacken auf die Würde der Lehrerinnen und Lehrer (3sat, „Grenzenlos", 20.9.2000).

Wenn es um die Frage geht, wer das verschuldet hat, werden die Eltern angeklagt. Von ihnen wird verlangt, dass sie für Abhilfe sorgen. „Das müssen die Eltern leisten!", heißt es, und alle sind etwas betreten, dass sie so weitgehend versagen, ihre Aufgabe so mangelhaft erfüllen. Und damit ist das Thema vom Tisch. Dass Schule einen wesentlichen Anteil hat an der Erziehung unserer Kinder, macht man sich nicht klar.

Für die Erziehung der Vorschulkinder kann man Schule aber wirklich nicht verantwortlich machen? Oh doch, man kann. Denn Eltern, soweit sie sich über die Erziehung ihrer Kinder Gedanken machen, wie auch der Kindergarten, richten ihre Bemühungen auf das Ziel, das die Schule vorgibt. Dazu kommt, dass die geistigen Möglichkeiten der Eltern zu einem nicht unerhebliche Teil durch die eigene Schulbildung geprägt sind, auch was die Erziehung betrifft.

Was versteht man unter Erziehung?

Über die Antwort auf diese Frage besteht keine Einigkeit, insbesondere ist es schwierig, Erziehung von Bildung abzugrenzen. „Durch Erziehung wird der zu Erziehende einerseits gezielt an die in seiner sozialen Umwelt als gültig anerkannten Normen herangeführt, andererseits, bei einer richtig verstandenen Erziehung, auch zu einer kritischen Haltung gegenüber seiner Umwelt und ihren Normen ermutigt. Ihm werden die in dieser Umwelt als notwendig und normal erachteten Verhaltensformen als Werte vorgestellt; er soll die Verhaltenserwartungen seiner sozialen Umwelt kennen und beurteilen lernen und gegebenenfalls als begründet anerkennen und in bewusster Entscheidung erfüllen lernen. Die Verhaltenserwartungen betreffen alle Arten menschlichen Verhaltens (kognitives, emotionales, moralisches usw.). Erziehung erfordert vor allem Einfühlungsvermögen von Seiten des Erziehenden. Erzwungener Gehorsam führt nicht zu echter, freier Menschenbildung, sondern entweder zu Autoritätsgebundenheit oder zu einer blinden Protesthaltung" (Meyers Lexikon, 1981).

Diese Erklärung lässt völlig außer Acht, dass auch Menschen erziehen, die wenig Einfühlungsvermögen besitzen. Eltern bekommen ihre Kinder nicht durch Verantwortungsbewusstsein und Erziehungskompetenz, sondern aus ganz anderen Gründen. Sie erziehen allemal, unabhängig von ihren diesbezüglichen Fähigkeiten. Auch für Lehrerinnen und Lehrer trifft das zu. Erziehung ist ein Vorgang, der sich nicht nur zwischen Eltern und ihren Kindern abspielt, sondern ein gesamtgesellschaftliches Ereignis, bei dem viele Einflüsse auf das Kind einwirken. So behaupten zum Beispiel amerikanische Forscher, dass Spielkameraden einen größeren Einfluss auf die Entwicklung des Kindes nehmen als die Eltern.

Pragmatischer sehen das Lionel Tiger und Robin Fox: „Die Erziehung hat nur wenig mit der Vermittlung objektiver Informationen zu tun. Ihr Ziel ist es – und die Verwirklichung dieses Ziels beginnt mit der Geburt und dauert bis ins hohe Alter an –, brauchbare Mitglieder der Gesellschaft hervorzubringen. Sie ersetzt den ‚Instinkt' durch die Einprägung festgelegter Denk- und Handlungsnormen" (Tiger & Fox, 1973). Erziehung verändert also Identität, Charakter und Willen.

Bei weitem nicht jede erzieherisch wirksame Maßnahme wird tatsächlich zum Zwecke der Erziehung eingesetzt, sondern meistens ergibt sich Erziehung nebenher, als Nebenwirkung des Verhaltens der Erzieher. Trotzdem verbindet man mit dem Wort Erziehung im Allgemeinen das bewusste Planen und Einsetzen bestimmter Maßnahmen, um eine Änderung im Seelenleben des Kindes, eine Veränderung seiner Einstellung und seiner Verhaltensweisen zu bewirken.

Die wichtigsten Erziehungsmethoden sind: Nachahmung – Vorbild, Autorität, Gewöhnung, Zwang, Manipulation und Einsicht.

Nachahmung – Vorbild

Nachahmung ist die erste und lebenslang wichtigste Form des Lernens. Das Kind ahmt Bewegungen und Handlungen nach, die seine Eltern ihm vorführen, wiederholt Laute und Worte, sogar Redewendungen und den damit verbundenen Sinn. Auf diese Weise erwirbt es dauerhafte Gewohnheiten, Vorlieben und Eigenarten, schließlich Überzeugungen und Werte. Menschen, die soziale Macht besitzen, werden besonders leicht nachgeahmt (nach Oerter, 1967, S. 121).

Die Lernform des Nachahmens geht, mehr als die anderen, mit warmen freudigen Gefühlen einher: Neugier, Bewunderung, Vertrauen, Dazugehören; sie wird nicht durch negative Gefühle wie Angst getrübt.

Gefühle des Zusammengehörens können Menschen tief bewegen und überzeugen. Das zeigen die Praktiken der Sekten. Eine ihrer Anwerbemethoden, vielleicht die wichtigste, lässt den Umworbenen erleben, dass er zu einer starken Gemeinschaft gehört, in der er sich wohlfühlen kann. Ist dieser Schritt vollbracht, folgt das neue Mitglied auch den merkwürdigsten und ungeheuerlichsten Anforderungen.

Das Gefühl der Geborgenheit und des Angenommenwerdens fördert Einsichten aller Art, vor allem den Glauben an die Wichtigkeit und Richtigkeit dessen, was alle zusammen tun. Diese Überzeugung breitet sich so leicht und glatt in einer Klasse aus wie die Begeisterung im Fußballstadion oder seinerzeit bei Hitlerreden. Gefühle übertragen sich ohnehin jederzeit auf alle Anwesenden, aber in einer Gruppe geschieht das mit elementarer Gewalt, fast wie die Ausbreitung eines Feuers.

Autorität

Da Kinder allezeit mit Begeisterung nachahmen und den Nachgeahmten als Vorbild anerkennen, ist Erziehung ohne Autorität nicht denkbar. Die vorherrschenden Gefühle sind Bewunderung und die Sehnsucht, so zu sein wie der Bestaunte. Das Gefühl einer gewissen Ferne und leicht angstgetönter Respekt stören normalerweise nicht, sondern erhöhen die innere Spannung. Wird Autorität aber zu sehr ausgespielt, dann kippt der Optimismus in den tiefen Graben der Entmutigung und wird dort im zähen Schlamm der Selbstunsicherheit festgehalten.

Das Mittel der Autorität ist bei Erziehern über Gebühr beliebt; es dient mehr deren eigenem Wohl als dem der Kinder. „Schon mit drei oder vier Jahren haben viele das Zutrauen zu ihrer eigenen inneren Führung durch das ständige Dazwischenfahren und Besserwissen der sie liebenden Erwachsenen verloren" (Wild, 1995, S. 39).

In der Schule werden wir vor allem daran gewöhnt, uns auf Autoritäten zu verlassen, eigene Meinungen hintanzustellen. Johannes Beck prangert den Expertenkult in seinem Buch „Der Bildungswahn" an: „Wir werden zu lebenslangen Wissensempfängern ausgebildet, die sich selbst nichts zutrauen" (Beck, 1994). Es ist schwer, sich als Erwachsener aus dieser lange gewohnten Geisteshaltung zu befreien.

Gewöhnung – Gewohnheit

Eine der erstaunlichsten Erfahrungen in meinem Leben war Talke. Als Studentin mit Geldbedarf führte sie meinen sonntäglichen Wohnwagenhaushalt. Es war eng. Drei Erwachsene und zwei kleine Kinder sorgten für Schmutz und Unordnung, obwohl wir fast den ganzen Tag im See badeten, segelten, oder draußen spielten.

Talke stammte aus Norddeutschland. Sie ging stets ruhig und ausgeglichen vor, niemals hektisch oder nervös, nie erweckte sie diesen überbeschäftigten Eindruck, mit dem Menschen ihren Fleiß demonstrieren. Aber sie sah jede Arbeit und erledigte sie sofort. Kein Teller blieb lange schmutzig und kein Spielzeug konnte lange herumliegen, wenn Talke in der Nähe war. Auf die Frage, wie sie zu dieser höchst erstaunlichen Lebensart gekommen sei, erzählte sie, dass sie sechs jüngere Geschwister habe und es nicht anders kenne.

Für mich war ihre Lebens- und Arbeitsweise deshalb so verwunderlich, weil ich selbst Arbeit erst anfasste, wenn sie nicht mehr zu übersehen war oder wenn ich darauf hingewiesen wurde. Auch ich habe während des Studiums im Haushalt gearbeitet, und ich war willens, um nicht zu sagen begierig, das Notwendige zu tun; aber ich erinnere mich gut, dass ich herumstand, bis man mir sagte, was ich tun sollte. Als Einzelkind hatte ich in meiner Kindheit und Jugend für niemand zu sorgen, außer für mich selbst, und auch das nur begrenzt. Wie fast jedes Kind konnte ich die Unordnung weit besser ertragen als die Arbeit, die es gekostet hätte, Ordnung und Sauberkeit wieder herzustellen, und meine berufstätige Mutter war nicht oft genug zu Hause, um mich zu steter Ordnung anzuleiten.

Der Vergleich zwischen Talke und mir ließ mich erkennen, welch geheimnisvolle, undurchsichtige, durchschlagende Macht die Gewohnheit über den Menschen besitzt, wie sehr sie sein Wesen formt, sein Denken, Wollen und Handeln

Keinen Tag könnte man sinnvoll gestalten, wenn man sich jede Handlung, jedes Wort, jeden Gedanken überlegen müsste, um von neuem zu entscheiden, wie man sich verhalten will. Nein, fast alles, was man tut, denkt oder sagt, geschieht aus Gewohnheit und daher schnell, ohne Verzögerung. Das funktioniert genauso schnell und zielsicher wie automatisierte Bewegungsabläufe beim Gehen, Radfahren oder Klavierspielen. Der Mensch ist ein Gewohnheitstier, und das ist gut so.

Gewohnheiten bestimmen das Leben, man ist ihnen ausgeliefert. Man verhält sich jeden Tag gleich, genauso wie das Leben es erfordert. Ein verwöhntes Kind verhält sich allzeit so, als ob ihm jede Vergünstigung zustehe, und es protestiert lauthals, wenn es nicht bekommt, was es will. Ganz anders ein vernachlässigtes, schlecht behandeltes Kind. Es ist still und bescheiden und hofft, nicht bemerkt zu werden.

Wir halten Gewohnheiten für unseren eigenen Willen – wir möchten ja genau dies und nichts anderes tun – und für das Ergebnis vernünftiger Überlegungen; dieser Wille wurde jedoch in der Vergangenheit von Erziehern oder formenden Umständen in uns hineingetragen. Wir konnten uns nicht wehren, ja oft nicht einmal etwas bemerken und überdenken. Nicht selten wird Kindern eine durchaus verabscheuenswerte Geisteshaltung eingegeben; sie sickert wie Wasser stetig und unaufhaltsam ein. Der Roman „Der Untertan" von Heinrich Mann beschreibt das in minutiöser Genauigkeit, in allen Einzelheiten verständlich und überzeugend. Keine psychologische Darlegung kann Erziehung je so exakt und lebendig erklären wie dieser Roman.

Zwang

Zwang hat seine Berechtigung. Er vereinfacht manches. Er befreit das Kind zeitweise von der Mühe der Entscheidung – die Konzentration auf das, was wirklich getan werden soll, bleibt ungestört. Kleinere Kinder können sich ohnehin kaum sinnvoll entscheiden, da sie zu wenige Möglichkeiten kennen. Zwang ist eine klare Sache.

Wird der Zwang von liebenden Erwachsenen und nicht zu oft ausgeübt, dann ist auch er mit angenehmen Gefühlen der Geborgenheit und Sicherheit verbunden. Aber häufiger geht er mit Strafen und Drohungen einher und erzeugt Angst, Unmut und Widerwillen.

So auch die gewaltigen Zwangsmaßnahmen der Schule: Tadel, Strafaufgaben, schlechte Zensuren, Zerstörung der Chancen auf Ansehen, Beruf und Verdienst. Die Schule benutzt jede dieser Strafen und Drohungen, um die Schülerinnen und Schüler gefügig zu machen. Außerdem führt sie über die Eltern Schläge, Hobbyverbot und andere Strafen herbei. Und doch erscheinen uns all diese Maßnamen nicht so schlimm, denn wir haben uns an sie gewöhnt. Sie gehören zum Alltag eines jeden Kindes.

Wen wundert es, dass unter diesen Umständen Angstkrankheiten immer mehr überhand nehmen und Kinder Drangsalierung und Erpressung durch ältere Kinder ungeprüft hinnehmen. Das Leben allzu vieler Kinder wird mehr von Angst als von unbekümmertem Draufgängertum, von begeisterter Neugier und fröhlich spielerischem Lernen beherrscht.

Manipulation

Die Königsdisziplin unter den Schulerziehungsmaßnahmen ist die Manipulation, eine sanfte und freundliche Erziehungsmethode. Sie bietet sich zum unbegrenzten Missbrauch an.

Manipulation hat das gleiche Ergebnis wie Zwang, wenn man nur den sichtbaren Hergang in Betracht zieht: Das Angestrebte geschieht unausweichlich. Der Unterschied liegt im

Kopf, genauer gesagt in den Gedanken, in der Meinung des Handelnden. Bei Zwang ist klar: „Das bin ich nicht, das will ich nicht. Ich tue es nicht, weil ich es für richtig halte, sondern weil andere es für richtig halten. Es ist mir aufgezwungen worden, ich möchte anders sein und anders denken, aber es gibt Gründe, dass ich gegen meinen Willen so handele, wie ich es tue." Der Manipulierte hat diese Möglichkeit nicht. Er wurde dahin gebracht, sein Denken und Tun für freiwillig und für kluge Einsicht zu halten. Der Wunsch, seine Entscheidungen zu überprüfen und eventuell zu ändern, wurde minimiert. Auf diese Weise raubt Manipulation die Entscheidungsfreiheit für lange Zeit. Der Manipulierte wird sich selbst entfremdet, weit mehr als dies durch Zwang möglich wäre.

Heutzutage scheint die Disziplin in den Schulen wesentlich weniger streng zu sein als noch vor 50 Jahren, körperliche Züchtigung ist doch verboten. Tatsächlich trügt dieser Schein. Die einheitliche Einzwängung des kindlichen Geistes in ganz bestimmte Lerninhalte und Denkschemata ist unerbittlicher geworden und sie dauert länger, bis mindestens zum sechzehnten Lebensjahr. Die Kontrolle geschieht nicht mehr durch Stockschläge, sondern durch Manipulation, zum Beispiel in Form von mehr scheinbar unverzichtbarem Stoff. Der Denkdrill beginnt bereits im Kindergarten.

Die Manipulation ist durchdachter, einer Gehirnwäsche ähnlicher als früher. Zu wissen, man bekommt Schläge, wenn man das und das nicht tut, ist einfach und ehrlich. Die unwägbare Kontrolle durch noch einen weiteren angeblich wichtigen Wissensstoff, den man unbedingt jetzt lernen, wiedergeben und für unentbehrlich halten muss, ist hinterhältiger und einengender, raubt mehr Freiheit als ein paar Schläge, und sie kann ebenso demütigend und verletzend gehandhabt werden wie diese.

Kinder brauchen jede Hilfe – Anleitung, Beeinflussung, Manipulation. Aber wenn Jugendliche noch mit 16, 18 oder gar 20 Jahren dahin gedrängt, gezwungen, manipuliert werden, Dinge zu lernen die sie nicht interessieren, in einem Ausmaß, das viele als „ankotzen" bezeichnen, dann läuft etwas verkehrt.

Einsicht

Leider werden zwei ganz ungleiche Vorgänge mit dem Prädikat „Einsicht" versehen: das Verstehen eines Sachverhaltes und das Anerkennen einer Notwendigkeit. (Wobei Letzteres in gewissem Ausmaß mit dem Verstehen eines Sachverhaltes verbunden ist, nämlich mit der Erkenntnis, dass man zu schwach ist, um sich zu wehren.)

Einsicht kann auf ganz verschiedenen Wegen entstehen: durch Nachdenken, Erfahrung, Vorstellungsvermögen, Besetzen einer Information mit positiven Gefühlen, aber auch durch Gewöhnung an eine erzwungene oder manipulierte Meinung. Die letztgenannte Methode ist leider in der Schule gang und gäbe.

Einsicht ist mit einem Gefühl eng, nahezu unlösbar verbunden – mit dem Gefühl der Sicherheit, beziehungsweise der Gewissheit. Gewiss hat man den Kern der Angelegenheit richtig erkannt; mit diesem Gefühl möchte man weiterleben. Man ist in zufriedener Stimmung, hat keine Zweifel, *man muss nicht mehr suchen* (die Gefahr dieses Aspektes wird in Kapitel 16 „Studium" ausführlich erörtert). Diese Gewissheit möchte die Schule möglichst oft herbeiführen.

Prachtentfaltung und Schönheit versetzen den Menschen in eine Hochstimmung, die ihn aufnahmefähiger und zustimmungsfreudiger macht. Religionen und Diktaturen beeindruckten ihr Fußvolk schon immer durch Prachtentfaltung; Schule betört hundertmal und öfter durch die bestechende Schönheit von Dichtung und mathematischer Logik. Sie macht durch diese Mittel Menschen blind für die Nachteile, die sich im Ausufern des Bildungsstromes verbergen. Das ist vor allem eine Diskriminierung von Menschen, die mit Literatur, Mathematik und Wissenschaft nichts zu tun haben wollen, und negiert gesamtheitliche Denkstrategien, die das Fundament des menschlichen Zusammenlebens bilden.

Die stärkste Waffe der Schule in der Verteidigung ihrer hohen Bildungsziele ist die Schuldzuweisung an die Eltern, mit der sie ihre eigenen erzieherischen Fehler wirkungsvoll leugnet; das gelingt zuverlässig, denn Mütter haben grundsätzlich ein schlechtes Gewissen.

Familie

Die Familie war einst der Ort, an dem das Kind leben lernte. Ein Kind, das mit zwei oder mehreren Geschwistern in der Familie aufwuchs und auch auf der Straße noch viele Stunden täglich mit anderen Kindern spielte, lernte in seinem täglichen Leben beim Essen und beim Spielen, wie man das Zusammenleben mit Gleichaltrigen gestaltet. Es schaute bei den Älteren Verhaltensmöglichkeiten ab und probierte sie aus. Es übte und lernte ohne Aufsicht der Erwachsenen und ohne ständige Belehrungen.

Vor der Zeit der Volltechnisierung gab es viel zu tun im Haushalt. Die Kinder halfen mit. Sie waren Teil des Geschehens. Es ergab sich, dass man über anfallende Begebenheiten redete und auch einmal etwas Neues ausprobierte. Oft ging etwas schief und man lachte oder weinte darüber. Heute finden die meisten Probleme eine maschinelle Lösung, das Zusammenleben reduziert sich auf ein Minimum. Gemeinsame Aufgaben fallen nicht oder kaum an. Zusammenleben findet infolgedessen in der Schule mehr als zu Hause statt, aber was ist das für ein Zusammenleben!

Maria Montessori war Kinderärztin und Pädagogin. Sie war durch ihre Ausbildung nicht einseitig auf den Wissenserwerb der Kinder fixiert, sondern hatte auch andere Anteile des kindlichen Wesens betrachten gelernt: Wohlbefinden, Gesundheit, Freude, Charakter, Begabung, Individualität, Kreativität des Kindes usw. Sie war entsetzt über das, was wir unseren Kindern antun und schrieb: „Das Kind ist ein Fremdling in der künstlichen Welt, die der Mensch sich aufgebaut hat. Es ist in der Tat dort, wo Erwachsene beisammen sind, ein Außenseiter, der immer störend wirkt, selbst im eigenen Elternhaus. Das Kind ist ein aktives Wesen und unfähig, auf seine Tätigkeit zu verzichten, darum muss man diese bekämpfen, muss das Kind dazu zwingen, sich zurückzuhalten, keinen Ärger zu erregen, muss es in die Passivität drängen. Also sperrt man es in besondere Räume, die zwar keine Gefängnisse sind, wie man sie für gewisse asoziale Erwachsene vorgesehen hat, aber etwas recht Ähnliches, und die man als Spiel- oder Kinderzimmer bezeichnet; oder man verbannt sie in die Schule, in jenes Exil, in dem der Erwachsene das Kind so lange hält, bis es imstande ist, in der Erwachsenenwelt zu leben, ohne zu stören." (gekürzt nach Oswald et al., 1967, S. 10)

Maria Montessori fällt hier ein hartes Urteil. Es klingt so, als ob die Eltern ihrer Kinder überdrüssig wären und sie deshalb wegsperrten. Yolanda Cadalbert-Schmid möchte den schwarzen Peter nicht den Eltern, das heißt der Mutter zugeschoben sehen. Sie beschuldigt die gesamtgesellschaftlichen Verhältnisse und hält dagegen: „Die Mutter soll in der isolierten Privatheit ihrer Wohnung ihrem Kind eine gesunde Kindheit inszenieren, während draußen alles zubetoniert wird" (Cadalbert-Schmid, 1992, S. 151). Sie meint, dass die Mutter das nicht leisten kann, auch wenn sie sich noch so sehr bemüht.

Die Familie kann ihre ursprünglichen Aufgaben, kommunikative Kompetenz und Selbstständigkeit betreffend, nicht mehr erfüllen, und es ist sinnlos, das von ihr zu verlangen. Nicht nur die Großfamilie ist abhanden gekommen, sondern auch das erforderliche Wissen. Die Schulbildung verhindert gekonnten Umgang mit Kindern und andern Mitmenschen, da sie das Denken zu sehr auf Wissenschaftlichkeit ausrichtet und das Kommunikative ausklammert und verkümmern lässt (siehe Kapitel 7 „Logik"). So konnte es geschehen, dass wir uns eine Kinderaufzucht zurechtgelegt haben, die man beim besten Willen nicht mehr als „artgerecht" bezeichnen kann. Zu wenig Freiheit, Bewegung, Verantwortung und Kommunikation. Und es fehlen kleine, greifbare Entbehrungen, die Kinder und auch Jugendliche zu eigener, Erfolg versprechender Bemühung herausfordern könnten. Das Ergebnis dieser Verhältnisse sind lebens- und schuluntüchtige Kinder.

Welche Macht hat Schule?

Auch für die Erwachsenen ist die permanente Beaufsichtigung der Kinder bis ins Erwachsenenalter unbequem. Weder Kinder noch Erwachsene haben jemals frei. Neben dem Bildungsauftrag ist dies der zweite und wohl ebenso ausschlaggebende Grund, warum Schule für die Eltern so wichtig ist, warum sie die Schule keinesfalls missen möchten. Die Schulpflicht enthebt sie der Verantwortung für das, was mit den Kindern dort geschieht. Sie verlassen sich nur zu gern auf das, was der Staat ihnen anbietet und vorschreibt. Aus diesem Grunde hat die Schule so große Macht, deswegen nehmen Eltern so vieles widerspruchslos hin.

„Der Staat wirkt als Vormund aller seiner Staatsbürger, insbesondere der heranwachsenden Jugend" (Dohse, 1963). Auch wenn die Eltern unter verschiedenen Schulformen wählen dürfen, so verändert sich das, was die Kinder lernen müssen, im Grundsatz nur wenig. Der Einfluss der Eltern auf die Bildung ihrer Kinder wird vom Staat auf ein Minimum reduziert. Reiche, gebildete Eltern mit Entschlusskraft und Zivilcourage können schon eher etwas ausrichten, aber auch sie sind im Wesentlichen den Zielen der schulischen Bildung unterworfen. Wenn sie ihr Kind vor unserem Schulsystem bewahren wollen, müssen sie ins benachbarte Ausland auswandern, zum Beispiel nach Österreich. Und das tun manche Eltern tatsächlich.

Das Zeugnis ist ein wichtiges Mittel der staatlichen Gewalt (Dohse, 1963). Es hebt die Macht der Schule und hält die Eltern wirksam in Schach, denn die berufliche Zukunft und damit ein wesentlicher Teil des Lebensglücks scheint vom Zeugnis abzuhängen. Dass berufliche Entscheidungen, auch Arbeitsplatzsuche und sogar die Zulassung zum Studium, nur bedingt vom Zeugnis abhängen, machen sich die Eltern nicht klar. Sie starren gebannt auf die Zensuren und stellen ihr Leben darauf ein (sofern sie sich um ihre Kinder kümmern). Die Planung des Alltags, Hausaufgabenzeiten und Nachhilfestunden haben Vorrang vor anderen Aktivitäten.

Fast täglich erklären die Eltern ihren Kindern, dass Schule sinnvoll ist und alles dort seine Richtigkeit hat, auch wenn sie es selbst nicht so recht glauben. Sie fügen sich, wie auch sie in der Schule gelernt haben, sich zu fügen. Und sie meinen, man könne das alles nicht vollständig verstehen, ebenso wie man die Bibel nicht in allem verstehen kann. Sie errichten ein Lügengebäude zwischen sich und ihren Kindern. Anders können sie mit dem Problem Schule nicht umgehen. Was sie in der Elternsprechstunde vorbringen, wird vorher gründlich geprüft, ob es die Lehrerin oder den Lehrer nicht verärgern könnte und so möglicherweise auf die Zensuren drückt.

Wie sehr die Stimmung zu Hause von der Schule diktiert wird, das wissen nicht nur die Eltern, sondern auch Lehrerinnen und Lehrer. Charlotte Zillmann schreibt: „Geht das Kind in die Schule, ist es jedoch leider häufig so, dass das elterliche Erziehungsklima und die freundliche Zuwendung von den guten oder schlechten Noten bestimmt werden und so dauernd schwanken. Wie sollen sich auf diese Weise ein gesundes Selbstbewusstsein und ein unbeschwerter Leistungswille ausbilden können? Ist es da nicht verständlich, wenn manche Kinder unter ihren Misserfolgen so leiden, dass sie sich gar nicht wieder zu besseren Leistungen aufschwingen können und in immer größere Entmutigung, Angst, Hoffnungslosigkeit und innere Einsamkeit geraten? Dies führt nur zu oft zu schweren psychischen und psychosomatischen Störungen, zu Suchtabhängigkeit, kriminellen Entgleisungen bis hin zum Selbstmord. Für nicht wenige Schulversager ist leider eine mehr oder weniger massive gemeinsame Ablehnung von Seiten der Eltern und Lehrer die tägliche seelische Nahrung. Das ist eine trostlose, jede positive Entwicklung erstickende Atmosphäre.

Die schulpsychologische- und Erziehungs-Beratungsstellen können die große Anzahl der verzweifelten und Rat suchenden Eltern kaum bewältigen. Die Sprechstunden der Kinderärzte sind überfüllt mit durch Schulstress psychosomatisch erkrankten Kindern. Die Lehrerinnen und Lehrer werden in ihren Sprechstunden von Eltern mit Schulnöten ihrer Kinder umlagert. Von Depressionen bei Jugendlichen bis hin zu Selbstmordversuchen oder gelungenem Suizid, zunehmend auch schon bei jüngeren Schülern, hören und lesen wir zutiefst beunruhigt immer häufiger." (Zillmann, 1981, S. 13)

Andererseits leiden auch enorm viele Lehrerinnen und Lehrer an psychosomatischen Krankheiten und geben den Beruf früh auf, weil sie der Schule und ihren zahllosen Vorschriften, die oft weit an den Bedürfnissen von Schülern und Lehrern vorbeigehen, zu viel Zeit und Kraft opfern müssen. Mehr dazu im Kapitel 6 „Lehrer".

Charlotte Zillmann beschäftigt sich in ihrem Buch besonders mit der häufig zu frühen Einschulung der Kinder, die großen Schaden anrichten kann, und sie stellt auch in diesem Zusammenhang fest, dass die Eltern kaum Entscheidungsfreiheit über das haben, was mit ihren Kindern geschieht. Sie fährt fort: „Und doch geht die Tendenz vieler Eltern weiter dahin, ihre Kinder so früh wie möglich in die Schule zu schicken, statt ihnen lieber noch ein unbeschwertes Spieljahr mehr zu gönnen, in dem sie zu größerer psychischer und physischer Festigkeit und zur vollen Schulreife gelangen können. Selbst wenn die Eltern das Gefühl haben, dass ihr Kind noch nicht schulreif ist, wird es eingeschult, um nicht ein ganzes Jahr bei der Ausbildung zu verlieren. Aber auch die Schulärzte und Lehrer raten häufig zur möglichst frühen Einschulung, damit die Kinder zeitig an Disziplin und Ordnung gewöhnt werden. Die Eltern stehen also einmal in Konkurrenz zu anderen Eltern gleichaltriger Kinder und werden auch noch von den Fachleuten falsch beraten. Sie haben so eigentlich nicht die Möglichkeit, sich wirklich für das Wohl ihres Kindes zu entscheiden." (Zillmann, 1981)

Straßenkinder

„Alle Straßenkinder haben, als sie noch zu Hause wohnten, irgendwann begonnen, die Schule zu schwänzen. Das fängt meist relativ harmlos an: da fällt eine Stunde aus, die nächste lässt man gleich mit ausfallen, die Klassenarbeit in einem ungeliebten Fach kann auch ein guter Grund sein, Ärger mit den Mitschülerinnen und Mitschülern ... es gibt unendlich viele Anlässe, der Schule fernzubleiben.

Wenn Kinder die Erfahrung machen, dass Schwänzen problem- und folgenlos ist, werden sie sich öfter einen lustigen Vormittag im Park oder im Kaufhaus machen. Aufmerksame Lehrerinnen und Lehrer sind die Ersten, die die Abwesenheit der Kinder bemerken. Sie sind auch die Ersten, die etwas unternehmen können und müssen. Sie sind qua Gesetz angehalten, Schwänzer wieder in die Schule zu holen. Leider sind besonders die Lehrerinnen und Lehrer in größeren Städten entweder überfordert, gleichgültig oder auch den Tricks der Kinder nicht gewachsen." (Edler & Moser, 2001, S. 110)

Christiane Edler führte in einem Radio-Interview aus, dass etwa die Hälfte der betroffenen Kinder überwiegend durch Schulschwierigkeiten zum Weglaufen getrieben wurde. Allerdings konnten die Eltern jeweils nicht genügend Hilfestellung leisten.

Eine häufige Ursache für die Abneigung der Kinder gegen die Schule ist eine Lese-Rechtschreibschwäche. Diese wird offenbar in der Schule oft nicht erkannt und nicht rechtzeitig und ausreichend behandelt (Edler & Moser, 2001, S. 115). Der Staat zwingt diese Kinder in das Schulsystem. Dort werden sie getadelt, gedemütigt, ihre Lernfreude wird zerstört. Manchmal geht das so weit, dass ein Kind aus Verzweiflung zum Straßenkind wird. Eine vergleichbare Karriere machen nicht nur lese-rechtschreibschwache Kinder, sondern auch solche, die auf andere Weise von der Norm abweichen, zum Beispiel hochintelligente oder ungewöhnlich sensible Kinder.

Zwischenkapitel: Erlernte Hilflosigkeit

Die Erkenntnis, dass man in einer bestimmten Situation nichts zustande bringen kann, prägt sich unter Umständen schnell und gründlich ein. Die Vermutung liegt nahe, dass es sich hier um ein Relikt aus der Entwicklungsgeschichte handelt, eine sinnvolle Überlebensstrategie. Die besagte Einsicht schützt davor, dass man sich zu oft in eine aussichtslose Situation begibt und seine Kräfte am falschen Ort einsetzt. Wenn ein Kind zum Beispiel begriffen hat, dass es Lesen und Schreiben nicht lernen kann, dann findet es sich mit dieser Tatsache ab und bemüht sich nicht mehr. Zehn Prozent der normal intelligenten Schüler verhalten sich bekanntlich so.

Seligman hat dieses Lernschema „erlernte Hilflosigkeit" genannt. Er beschreibt in seinem gleichnamigen Werk zahllose Versuche an Ratten, Tauben, Studenten und Kindern, die zeigen, wie verblüffend schnell und sicher die Erfahrung „Das kann ich nicht" Denken und Handeln beeinflusst. Eines der Experimente ist folgendes: Wenn ein Lehrer den Schülern zuerst unlösbare und dann lösbare Aufgaben stellte, so gelang es den Kindern nicht, diese zu lösen, selbst wenn sie identische Aufgaben, die ihnen von anderen Leuten gestellt wurden, rasch lösten (Seligmann, 1972).

Schulversagen beruht nicht selten auf erlernter Hilflosigkeit. Es mag unglaublich klingen, aber man hat Kindern, die nicht in der Lage waren Lesen und Schreiben zu lernen, erfolgreich in chinesischer Schrift unterrichtet und so ihre Einstellung durchbrochen, so dass sie danach auch in ihrer Muttersprache Lesen und Schreiben lernen konnten.

Auch ein so genanntes Attributionstraining (Charakterisierungstraining, das Versagen wird umcharakterisiert von „nicht können" auf „zu wenig Anstrengung") führte zu durchschlagendem Erfolg in scheinbar aussichtslosen Fällen. Die Kinder erhielten einfache Aufgaben, die sie lösen konnten, und zweimal am Tag auch solche, denen sie nicht gewachsen waren. Ihnen wurde dann gesagt: „Die Zeit ist um. Du bist nicht rechtzeitig fertig geworden. Du solltest drei Aufgaben schaffen, aber du hast nur zwei gelöst. Das heißt, dass du dich mehr hättest anstrengen müssen." Die Kinder wurden also darin geschult, Misserfolge ihren eigenen ungenügenden Anstrengungen zuzuschreiben, und nicht grundlegender Unfähigkeit. Die Methode verbesserte die Leistung der Kinder und minderte ihre Prüfungsangst.

Man kann in fast allen noch so aussichtslosen Fällen viel erreichen, aber dazu muss man zuerst wissen, wodurch eine Lernstörung verursacht ist. Die Unfähigkeit eines bestimmten Kindes kann zum Beispiel auf erlernter Hilflosigkeit beruhen. Das kommt laut Seligman häufig vor (Seligman, 1972).

> Man darf Faulheit eines Kindes niemals als Charakterschwäche auffassen,
> bevor man nicht alle Möglichkeiten einer Beeinträchtigung ausgeschlossen hat.
> Kein Kind ist von sich aus faul, es wurde immer dazu gemacht.

Dem Leser und der Leserin, die jetzt sagen: „Die Schule muss beileibe nicht alle Störungen reparieren, die bei einem Kind vorkommen", antworte ich: „Doch, sie muss, denn es ist das bei weitem billigste Verfahren. Schleifen lassen kommt teurer. "

5 Kommunikative Kompetenz

Das Leben der Kinder findet zu einem sehr großen Teil in der Schule statt. Hier lernen sie Relevantes und Interessantes. Sie finden Freunde, machen Ausflüge, verabreden sich. Ganz einfach und natürlich üben und vervollkommnen sie auch ihre kommunikative Kompetenz und festigen ihr Bild von sich selbst. Unabhängig von den Eltern sammeln sie Erkenntnisse über ihre eigenen Fähigkeiten und Besonderheiten. Sie finden die Rolle, die sie in einer Gemeinschaft spielen, Mitläufer oder Führer, Clown oder Kamerad. In den Pausen und nach der Schule pflegen sie Freundschaften und Feindschaften. Jedoch nur Kinder, die bereits zu Hause kommunikative Kompetenz erworben haben, können in dieser Gemeinschaft ihren Platz finden und ihre kommunikativen Fähigkeiten ausbauen.

Einigen gelingt mit Hilfe ihrer Lehrkräfte und Klassenkameraden noch der Sprung in ein erfolgreiches Zusammenleben mit ihren Mitschülerinnen und Mitschülern. Aber manche werden nicht erreicht, verharren in Einsamkeit und Außenseitertum. Dabei fallen sie nicht auf. Hilfe erhalten vorzugsweise die Auffälligen, Lauten. Diejenigen, die sich still zurückziehen und erträgliche bis gute Schulleistungen abliefern, werden alleine gelassen. Für sie wäre systematischer Unterricht in Kommunikation unbedingt notwendig – und auch für die Geübteren äußerst nützlich. Alle verschließen die Augen vor der Erkenntnis, welch unvorteilhaftes Zusammenleben Schule einübt.

Etwas pointiert gezeichnet sieht das so aus: Im Unterricht spricht überwiegend die Lehrerin beziehungsweise der Lehrer; die Schülerinnen und Schüler verharren auf ihren Plätzen und lauschen. Eine halbe Minute bis höchstens zwei Minuten pro Unterrichtsstunde dürfen auch sie etwas sagen.

Mitschülerinnen und Mitschüler werden im Unterricht erst interessant, wenn sie öfter aufgerufen werden als man selbst, mehr wissen oder weniger als man selbst, wenn der Lehrer sie besser bewertet. Das hat Einfluss auf die eigene Note, auf das Fortkommen im Leben und auf das Bild, das Schülerinnen und Schüler von sich gewinnen. Sie sprechen im Unterricht nicht, um zu diskutieren oder um sich mit anderen auseinander zu setzen, sondern um bewertet zu werden. Das tun sie zehn Jahre lang oder länger an jedem Schultag, und manche haben nur wenige andere Möglichkeiten ein Gespräch zu führen.

Gaffer

Ein befremdliches und in beunruhigender Zunahme begriffenes gesellschaftliches Phänomen ist das Gaffertum bei Autounfällen und sonstigen Unglücken. Menschen schauen zu, wenn andere verunglücken oder tätlich angegriffen werden. Alle beobachten, niemand hilft. Bei Unfällen auf der Autobahn bilden sich auf der Gegenfahrbahn Staus durch Neugierige. Niemand kann sich dieses Verhalten erklären. Es besteht jedoch eine bemerkenswerte Parallele zum kommunikativen Geschehen im Unterricht.

Mitschülerinnen und Mitschüler spielen normalerweise im Unterricht keine Rolle, erst als Konkurrenten und als Opfer von Zurechtweisung gewinnen sie an Bedeutung. Ist jemand durch eine Unbotmäßigkeit aufgefallen, zum Beispiel Schwätzen, aus dem Fensterschauen oder eine falsche Antwort, dann hat das oft laute, herabsetzende Schelte oder gar Strafaufgaben zur Folge. Die anderen verhalten sich still, lauschen mit gespannter, ängstlicher Anteilnahme und sind froh, dass diesmal der Kelch an ihnen vorübergeht. Helfen kann man nicht, auch Freundinnen und Freunden nicht; man bedauert sie zwar, verspürt aber dieses leicht prickelnde Gefühl, gemischt aus Gleichgültigkeit und gespannter, ängstlicher eventuell schadenfroher Aufmerksamkeit, Hoffnung, man selbst möge möglichst lange verschont bleiben, und vollkommener Machtlosigkeit.

Derartiges kommt in fast jeder Schulstunde vor, ist deshalb in der Schule und in der gesamten Kindheit und Jugend die am häufigsten geübte Reaktion auf Mitmenschen und das, was ihnen widerfährt: ein genüssliches Erschauern über ihr Unglück. Eine sicher allgemein menschliche Reaktion. Sie wird aber in der Schule mehr als nötig kultiviert, mit der Dreingabe, dass Hilfeleistung absolut unmöglich ist und oft auch noch bestraft wird.

Das Kind sitzt neben seinen Schulkameraden und Freunden. Fast in jeder Schulstunde wird Stoff abgefragt, und einige leiden furchtbar unter der Prüfungssituation, besonders wenn sie nicht aufgepasst und zu Hause nicht gelernt haben. Die anderen müssen zusehen, wie die Versager sich in Verzweiflung winden und dürfen ihnen nicht helfen. Vorsagen wird geahndet, Trösten ist nicht vorgesehen und wird als unnötiges Schwätzen ebenfalls mit Tadel oder Strafe belegt.

In eine Geisteshaltung, die man so lange und gründlich geübt hat, fällt man immer wieder zurück – ja man sucht sie geradezu. Heute ist sogar erforscht, welche Strukturen im Gehirn das verursachen: Die Nervenzellverbindungen. Die Gedanken bewegen sich vorzugsweise auf den ausgebauten Hauptstraßen unseres Verstandes, die durch häufiges Benutzen immer breiter und bequemer werden.

Zunehmende Kälte

Lehrer, Politiker und andere bedeutende und unbedeutende Menschen beklagen den Niedergang mitmenschlicher Fähigkeiten in unserer Gesellschaft; nicht selten machen sie das Fernsehen als Schuldigen dingfest. Dass die Kinder im Schulunterricht jahrelang ein ganz bestimmtes, unkommunikativ kaltes Sozialverhalten einüben, scheint niemandem aufzufallen. Mit der Behauptung, dass dies zum Wissenserwerb notwendig sei, werden die Kinder und ihre Eltern dazu gebracht, es als Notwendigkeit zu akzeptieren.

Auch der Club of Rome macht darauf aufmerksam, dass die Menschen ihre technischen und wissenschaftlichen Fähigkeiten und Kenntnisse in atemberaubender Geschwindigkeit entwickeln, die menschlichen, zwischenmenschlichen, ethischen, moralischen Belange aber nicht Schritt halten. Der Club of Rome nennt diese Sachlage das „menschliche Dilemma" (Peccei, 1979). Dieses menschliche Dilemma ist in der Schule entstanden, denn hier wird das Kind systematisch in wissenschaftlichem Denken trainiert, während das kommunikative Denken nicht geübt, sondern als weniger wichtig gehandelt wird.

Definition: Was genau ist kommunikative Kompetenz?

Sie ist nicht eine einzelne Fähigkeit, wie etwa Mathematikverständnis, sondern ein vielschichtiger Komplex, der sich aus der Beschlagenheit in mehreren Erlebnisbereichen zusammensetzt.

1. Die Kenntnis der Sprache einschließlich der Bedeutungsvielfalt einzelner Worte und zahlreicher Feinheiten, wie zum Beispiel dem Wissen, ob etwas ernst oder ironisch gemeint ist, was oft schon aus der Wortwahl hervorgeht oder nur aus dem Tonfall. Computerprogramme können das zum Beispiel nicht erkennen.
2. Die so genannte Metakommunikation, die Auskunft gibt über die genauere Bedeutung des Gesagten: Tonfall, Mimik, Gestik.
3. Menschenkenntnis: Wenn zwei das Gleiche sagen, bedeutet es noch lange nicht das Gleiche. Oder, wenn zwei das Gleiche sagen wollen, tun sie das oft auf ganz verschiedene Weise.
4. Selbsterkenntnis, Selbstbewusstsein – eine möglichst genaue Kenntnis der eigenen Persönlichkeit, das Wissen z.B., unter welchen Umständen man selbst zu Fehleinschätzungen neigt, etwas zu ernst oder zu locker nimmt.

Elternpflicht

Zillmann findet unbeschreiblich viel an Rücksichtslosigkeit, ja Brutalität bei Schülern. Sie meint: „Nur wenn es den Eltern gelingt, ihre Kinder zu sozial gesinnten, wirklichen Mitmenschen zu erziehen, werden die Aggressionen keine so schlimmen Ausmaße annehmen" (Zillmann, 1981, S. 22).

Bekanntlich gelingt dies nicht allen Eltern. Sollte Schule da völlig machtlos sein? Selbstverständlich kann Schule Kommunikation lehren und Werte vermitteln. Doch erst wenn die Verhältnisse an einer Schule katastrophal sind, tut sie das auch. Warum geschieht dies nicht präventiv, wenn die Aggression noch keine bedrohlichen Ausmaße angenommen hat? Warum fordern wir nicht alle, dass Kinder mehr Kommunikation lernen sollen? Das wäre für die gesamte Gesellschaft von enormer Wichtigkeit. Bisher lehrt Schule nicht nur fast keine Kommunikation, sie erzeugt sogar Aggression (siehe Kapitel 12 „Aggression").

In vielen Köpfen herrscht die Meinung, die Fähigkeit zu kommunizieren entstehe in den Kindern wie von selbst, wenn sie mit Menschen umgehen. Erstens ist das nicht richtig, Kinder brauchen Vorbilder, Verständnis, Ratschläge, Hinweise, wie man am besten mit anderen zurechtkommt, und zweitens haben heutige Kinder zu wenig Übung in Kommunikation. Sie gehen überwiegend mit Wissensinhalten und mit Fernsehgeschichten um. Und „von selbst" lernen sie den vernünftigen Umgang mit Mitmenschen nicht, sondern in der einzig möglichen Weise: Durch Üben, Üben, Üben, verbunden mit Schmerz und Frustration und neuerlichem Bemühen nach Misserfolgen.

Nur die Unterstützung durch Eltern und andere Erwachsene führt zum Erfolg. Kleine Kinder kommen täglich mehrmals heulend zur Mutter gelaufen: „Karen, Alexander, Fiona ... hat mich geschlagen! ... oder hat mich geärgert!" und es folgt ein tröstendes und analysierendes Gespräch. „Worum ging es? Hast du nicht selbst angefangen? Hast du sie geärgert?" usw.

In vielen Haushalten fehlt diese tägliche Anleitung, es ergeben sich nur wenige Gespräche. Ein Kind oder zwei bewohnen je ein eigenes Zimmer mit Stereoanlage und Fernseher. Großeltern wohnen auswärts. Deshalb sprechen die Kinder heute zu wenig und bei zu wenigen unterschiedlichen Gelegenheiten. Sie lernen über den privaten Gebrauch der Sprache nicht genügend, sogar wenn die Eltern kompetente Erzieher sind.

Sehr oft aber wissen die Eltern gar nicht, wie sie sich als Erzieher verhalten sollen, können nicht einmal einen guten Kontakt zu ihren Kindern herstellen. Wenn sie erkennen müssen, dass sie mit der Elternrolle überfordert sind, ist es schon sehr spät. Im Alltagsstress überwiegt Fehlverhalten, und Probleme schaukeln sich auf.

Die beiden Einrichtungen, die den größten Einfluss auf die Entwicklung der Kinder und somit der zukünftigen Eltern nehmen, führen überwiegend negative Kontakte vor: Im Fernsehen wird vor allem Aggression und Gewalt gezeigt, zu freundliche Filme gelten sogar als minderwertig, das heißt kitschig. In der Schule überwiegen ebenfalls negative Kommentare zum Verhalten der Kinder: Jeder Fehler muss korrigiert und Fehlverhalten getadelt oder bestraft werden. Es fehlt Eltern also nicht nur an positiven Informationen, sondern die Vorbilder für negatives Verhalten überwiegen – leider auch in der Schule.

Eine effektive Methode, die verfahrene Situation zu korrigieren, ist das

Video-Home-Training

Familienhilfe mit der Kamera – eine neue Methode aus den Niederlanden. Video-Home-Training (VHT) ist eine zeitlich eng gefasste, intensive Hilfe für Familien. Mit dieser Methode können Eltern erlernen, besseren Umgang mit ihren Kindern herzustellen. Zielgruppen sind Familien mit Erziehungsproblemen, mit Schrei- und Heulbabies, mit hyperaktiven, verhaltensauffälligen, schwer erziehbaren Kindern und Jugendlichen, Kinder mit Ess- und Schlafproblemen oder psychosomatischen Beschwerden.

„Eltern sind meist fest entschlossen, ihren Kindern eine gute, unbeschwerte Jugend zu geben. Obwohl sie genau wissen, wie sie es nicht machen wollen, fehlt ihnen die Information darüber, wie es wohl gut klappen kann. Wenn es zwischen Eltern und Kindern keinen positiven Kontakt gibt, werden zwischen beiden letztendlich allerlei Formen von negativem Verhalten entstehen. Beispiele dafür sind: Nichtbeachten, Ablehnung, Aggression usw."[*]

Hilfe suchende Eltern haben häufig eine lange Liste von Beratungsgesprächen bei unterschiedlichen Experten hinter sich und sind trotzdem weiterhin auf der Suche nach der wirklichen Hilfe für den Alltag. Die Schwierigkeit von Beratungsgesprächen besteht zum einen häufig darin, dass nicht ganz klar ist, worüber gesprochen wird, welcher Ausschnitt aus dem Alltag genau Thema für die Eltern bzw. den Berater ist. Zum anderen werden Ratschläge gegeben, die sich nicht oder nur schwer umsetzen lassen.

Der Video-Home-Trainer macht jedesmal, wenn er mit der Familie arbeitet, eine Videoaufnahme des alltäglichen Familienlebens, die er anschließend gemeinsam mit den Eltern anschaut. Er wählt dabei die erfolgreichen Kontaktmomente aus und zeigt anhand der Bild-für-Bild-Zeitlupenanalyse, warum diese erfolgreich waren. Auf den nachfolgenden Aufnahmen, jeweils eine Woche später, können die Eltern sehen, wie sie sich in kurzer Zeit (meist acht Beratungseinheiten) die Prinzipien des erfolgreichen Kontaktes aneignen. Zunächst muss jedoch klar werden, aus welchen Elementen der positive Kontakt zwischen Eltern und Kindern besteht.

Die Erfahrung zeigt, dass Eltern und Kinder sich nicht für den negativen Weg entscheiden, wenn sie bessere Möglichkeiten kennen. Kinder, vor allem junge Kinder, laden ihre Eltern immer wieder zu positivem Kontakt ein. Diese Versuche gilt es zu beachten und auszubauen.

Die Begründer dieser Methode, die Niederländer Harrie Biemans und Saskia von Rees, haben sich darum zunächst auf das Analysieren von Videofilmen über unproblematische Erziehungssituationen konzentriert. Es stellte sich heraus, dass in Familien, in denen die Mitglieder ein gutes Verhältnis zueinander haben, bei allen Kontakten die folgenden Elemente eine Rolle spielen:

---

[*] SPIN Deutschland Region NRW e.V., Darstellung der Methode Home-Video-Training® und Selbstdarstellung des Vereins; Manuskript zur Präsentation im Internet, 1998–2003.

➤ Aufmerksamkeit füreinander haben (Zuwendung und Augenkontakt);
➤ einander mit Zustimmung folgen (bejahen und den Empfang bestätigen);
➤ sich auf eine angenehme Art miteinander unterhalten (fortlaufender Austausch);
➤ natürliche Verteilung der Aufmerksamkeit zwischen den Familienmitgliedern;
➤ kooperativ miteinander umgehen (geben und nehmen können);
➤ abwechselnd die Initiative übernehmen in Bezug auf Vorschläge machen;
➤ Pläne schmieden und nach Lösungen suchen.

Mit Hilfe der Videoaufnahme kann der Home-Trainer die Eltern auf die Kontaktinitiativen ihrer Kinder aufmerksam machen. Die Eltern werden danach dazu übergehen, auch im Alltag die Initiativen aufzugreifen und sie zu bejahen. Auf diese Weise entwickeln sich dann die so genannten Ja-Serien. Das ist der Beginn eines freundlichen Beziehungsaufbaus. Die Eltern brauchen sich dabei nicht länger auf ihr Gefühl oder auf das Urteil des Fachmanns von außen zu verlassen, sondern können selbst ihre Fortschritte ausmachen.

Im Video-Home-Training sind die Eltern, wenn sie sich in gelungenen Kontakten mit ihren Kindern sehen, selbst ihre besten Verstärker. Eltern erleben sich selbst als wirksam! Diese Selbstwirksamkeit trägt die Eltern in neue, stabile „Ja-Serien". So sind die Eltern die besten „Therapeuten" ihrer Kinder.

Schule als Reparaturbetrieb?

Oft heißt es, dass Schule nicht zum Reparaturbetrieb der Nation werden könne. Wenn aber Schule den Missstand mitverursacht hat, dass Eltern nicht mehr erziehen können, dann sollte sie ihn selbstverständlich zu beheben suchen. Auch wenn sie völlig unbeteiligt ist an der Entstehung des Übels, sollte sie dagegen angehen. Denn sie bildet die Kinder. Und jedes Kind wird vom Staat gezwungen, sich bilden zu lassen. Es kann sich nicht aussuchen, ob es zum logisch denkenden oder zum kommunikationsfähigen Erwachsenen herangebildet werden möchte.

Ein guter Schritt, dies zu ändern, wären z.B. Rollenspiele, eines pro Woche. Schon ein Rollenspiel pro Monat wäre wesentlich mehr an Kommunikation, als die meisten Schülerinnen und Schüler bisher lernen dürfen. Rollenspiele können in fast jedes Fach integriert werden, denn es gibt nur wenige Themen, die sich nicht auf diese Weise vertiefen lassen. Im Fremdsprachenunterricht haben sich Rollenspiele bereits als sehr förderlich erwiesen, sowohl was die Fremdsprachenkenntnisse betrifft als auch im Hinblick auf die kommunikative Kompetenz (Holden, 1982).

Zwischenkapitel: Fürs Hotel lernen

„Was für ein Tag! In der Schule war die Hölle los. Nach diesem Stress wird mir dein Mittagessen gut tun. Wie herrlich es duftet!"

„Es steht schon auf dem Tisch. Hattest du wieder viel Ärger mit deinen Schülern?"

„Ärger ist geschmeichelt. "

„Diese Schulen! Ein Hotel, das so schlecht wirtschaftet, in dem so viel Unzufriedenheit herrscht, wäre bald pleite. "

„Mutter, eine Schule ist kein Hotel. Deine schlechten Zeugnisse hätten auch kaum zur Lehrerin gereicht, zur Managerin schon. Und jetzt willst du alles besser wissen. "

„Ich weiß, was sich im wirklichen Leben abspielt. Die 100.000 Vorschriften der Schule wissen das offenbar nicht. "

„Ach ja, diese Vorschriften, eine einzige Plage!"

„Wenn man studiert hat, kann man anscheinend nichts mehr selbständig tun. Man braucht dann für jeden Pups eine Anweisung. Und doch lernen die Kinder nicht richtig. "

„Was sollen sie denn noch lernen? Es ist ihnen doch jetzt schon zu viel. Bitte gib mir die Bohnen rüber. "

„Weniger sollten sie lernen! Weniger Prüfungskram. Weniger zum Vergessen. Es kann doch nicht gut sein, tausend Sachen zu vergessen, weil man sie hasst, weil man sie nicht wissen will. Sie wollen es nicht wissen, weil sie es nicht brauchen, nicht im Leben und nicht im Beruf. Sie können nicht lesen, weil sie nicht wollen. Weil sie diesen ganzen unwiderleglichen Wissenschaftskram nicht lesen wollen. "

„Nicht auf das Wollen kommt es an, sondern auf eine umfassende Menschenbildung. "

„Was heißt da umfassend. Einseitig ist das, was ihr da macht, total einseitig. "

„Wieso einseitig, es kommt doch wirklich jedes Fach dran. "

„Jedes Fach schon, aber nicht die Menschen und nicht das Geld. Mit Menschen umgehen und mit Geld umgehen, das wollte ich immer. Danach suchte ich in der Schule vergeblich. "

„Wie hast du diese Bohnen gewürzt? Die schmecken ganz anders als sonst. "

„Gut?"

„Ja, ganz hervorragend. "

„Ingwer ist dran, zusätzlich zu den übrigen Gewürzen. Ein Gast hat mir die Vorzüge von Ingwer gepriesen. Jetzt probiere ich das aus. "

„Du meinst also, wir sollen all die überflüssige Wissenschaft vergessen und mit unseren Bildungszielen wieder ins Mittelalter zurückkehren? Sagen das deine Hotelgäste? Oder wie kommst du auf so etwas?"

„Ich bin nur eine einfache Managerin und habe mir von keiner deiner furchtbar intelligenten Wissenschaften Scheuklappen und Bretter vor den Kopf nageln lassen. Ich sehe noch, was ich sehe, und ich höre, was mir meine Gäste erzählen. "

„Und die wissen, wo es lang geht?"

„Sie berichten zum Beispiel von Konferenzen, von Verkauf, von Maschinen. Was die alles wissen, ist völlig unglaublich. Als ich ein Kind war, kam so etwas allenfalls in Zukunftsromanen vor."

„Du meinst Satelliten, Mondlandungen und so weiter?"

„Und die Waschmaschine. Die hat sich so entwickelt, wie das vor fünfzig Jahren niemand für möglich gehalten hätte. Fernsehapparate gab es damals noch gar nicht. Jetzt haben wir die fünfte oder sechste Generation. Fotoapparate sind Wunderwerke, und Erkenntnisse über die tiefsten Meere und den entlegensten Urwald verfolgen uns auf Schritt und Tritt."

„Da müssen wir den Kindern doch wenigstens Grundbegriffe von diesen Dingen mit auf ihren Lebensweg geben. Es ist ein Jammer, wie viele Jugendliche das nicht lernen und erfahren. Wir müssen unbedingt dafür Sorge tragen, dass sie einigermaßen auf dem Laufenden sind."
„Ja, ich habe gehört, dass alle Kinder kleine Wissenschaftler werden sollen, damit die Wissenschaft sich weiter so rasant entwickeln kann wie bisher! Und was ist mit Menschlichkeit, Ethik, Moral? Sind die nicht wichtig?"

„Also Mama, dafür ist die Familie zuständig."

„Du meinst, die Familie kann das? Kind! Als Lehrerin weißt du doch wirklich, wie viele Familien das nicht können. Darüber klagst du tagein, tagaus."

„Die Eltern müssen sich mehr bemühen."

„Und woher sollen sie wissen, wie das geht?"

„Wie man sich bemüht, das lernt man in der Schule."

„Wie man sich um Fakten bemüht. Aber nicht wie man sich um Menschen bemüht. Das ist etwas ganz anderes. Man muss zum Beispiel zuhören."

„Aha, und Zuhören lernt man nicht in der Schule? Was tun die Kinder denn da täglich?"
„Sie nehmen Fakten zur Kenntnis – richtige Fakten, unbestreitbare Fakten. Gefühle sind anders. Sie können einerseits helfen, andererseits einen Menschen kaputt machen. Da muss man zuhören, erfassen, was der Mensch vielleicht meint. So etwas erfahren die Schüler im Unterricht nie."

„Beim Lernen stören Gefühle."

„Ja, ja, Gefühle und Geld verderben den Menschen. Beides ist unschulisch. Es lebe die Wissenschaft! Sie blüht und gedeiht, expandiert und herrscht. Sie wird gefördert vom Kindergartenalter an."

„Und das gefällt dir nicht? Was spricht dagegen?"

„Die Einseitigkeit. Themen, die wir nicht lehren und fördern, können sich natürlich weniger entfalten. Du brauchst nur unser soziales Klima zu betrachten. Da siehst du, was dabei herauskommt, wenn man eine Sparte unterdrückt und vernachlässigt – während der gesamten Kindheit und Jugend."

„Mutter, du bist ungerecht. Es gibt z.B. Täter-Opfer-Ausgleich an Schulen und Modelle, wo Kinder anderen mit Verständnis aus der Patsche helfen."

„Ja, das gibt es. Manche Kinder dürfen das lernen, die meisten nicht."

„Logisch denken müssen wir alle können, das wirst du doch nicht bestreiten."

„Ich glaube, dass Erziehen wichtiger ist als Dreiecke und Fremdsprachen. Erst wenn alle mehr über Kommunikation als über Dreiecke lernen, kann unsere Gesellschaft wieder menschlich werden. Und erst dann können Schüler Texte verstehen, die nicht im unpersönlichen Lehrbuchstil gehalten sind, sondern solche, wo einer dem anderen etwas sagen will."

6 Die Lehrer

Ein Lehrer kann einer Schülerin oder einem Schüler zum Schicksal werden, zu einem guten oder zu einem schlechten. Es kommt vor, dass Kinder, die in ihren Schulleistungen lange auf keinen grünen Zweig kamen, bei einem neuen Lehrer oder einer neuen Lehrerin plötzlich besser arbeiten, oder dass umgekehrt ein Kind in seinen Leistungen rapide nachlässt, weil es mit einem neuen Lehrer nicht zurechtkommt. Wohl jeder hat in der Schule erlebt, dass das Lernen bei dem einen Lehrer interessanter ist und mehr Spaß macht als bei einem anderen.

Aufgrund dieser Erfahrungen liegt es nahe, die Schuld an allem, was in der Schule nicht so gut läuft, bei den Lehrern zu suchen. Das Schulsystem wird auf den ersten Blick als Ursache nicht wahrgenommen. Die Lehrer aber und ihre Schwächen liegen im Blickfeld.

> Das Feindbild Lehrer
> verhindert die Auseinandersetzung
> mit dem Problem Schule.

Wenn man sich eingehend darüber informiert, was Lehrerinnen und Lehrer zu tun und auszuhalten haben und wie sie für diese Aufgabe ausgewählt und ausgebildet werden, dann urteilt man vielleicht weniger leichtfertig über diese meist hoch motivierten und idealistischen Leute, die es sich zur Aufgabe gemacht haben, unsere Kinder zu lehren und zu erziehen.

„Mit Recht wünscht man dem Lehrer die Gesundheit und Kraft eines Germanen, den Scharfsinn eines Lessing, das Gemüt eines Hebbel, die Begeisterung eines Pestalozzi, die Wahrheit eines Tillich, die Beredsamkeit eines Salzmann, die Kenntnisse eines Leibnitz, die Weisheit eines Sokrates und die Liebe Jesu Christi" (Diesterweg, zitiert nach Tent, 1976).

Ja, wären Lehrerinnen und Lehrer mit all diesen Vorzügen ausgestattet, so könnten sie zweifellos den an sie gestellten, nahezu übermenschlichen Anforderungen gerecht werden und die enormen Belastungen unbeschadet ertragen. Gibt es keine Möglichkeit, die nötigen Fähigkeiten in einer Ausbildung zu fördern?

Die Überlastung der Lehrer

Die Schule ist heute ein Ort der Überforderung für alle. Der Leistungsdruck hat zugenommen, und die Lehrpersonen werden ständig mit höchsten Anforderungen konfrontiert. Sie arbeiten mit zu großen Klassen, unterrichten Schülerinnen und Schüler aus mehreren Nationen, sie tragen die Folgen von Schulreformen aus und sind im Alltag schwersten Problemen ausgesetzt.

Schon die ganz normalen Anforderungen, die ein Schulalltag an die Lehrerinnen und Lehrer stellt, sind eigentlich nicht zu erfüllen. Er/Sie muss 20 bis 30 ganz und gar unterschiedliche Kinder dazu bringen, still zu sitzen und sich für die gleiche Sache zu interessieren. Während dieses Unterrichtes müssen die Lernfortschritte dieser Kinder überprüft und beurteilt werden. Die Beurteilung muss nicht nur exakt, sondern auch gerecht sein, und sie muss den Vergleich eines Schülers mit jedem anderen Schüler in Deutschland ermöglichen, da sie über die Berufsaussichten entscheidet.

All das muss die Lehrperson durchziehen – egal wie gut oder schlecht es den einzelnen Kindern geht. Leidet etwa ein Kind unter der Scheidung seiner Eltern, oder ist die Katze der Familie gestorben: Solche Ereignisse und die zu leistende Trauerarbeit belasten Kinder sehr, können aber in der Unterrichtsgestaltung kaum berücksichtigt werden. Manche Kinder sind zufrieden und interessiert, andere unausgeschlafen oder unglücklich. Manche folgen dem Unterricht mit Leichtigkeit, andere schaffen das nur mit Mühe oder gar nicht und wieder andere sind völlig unterfordert und deswegen gestört in Aufmerksamkeit und Verhalten, empfinden schmerzhafte Langeweile.

Erziehungsbücher für Eltern erklären, dass man jedes Kind individuell, ganz unterschiedlich behandeln muss. Lehrer aber sollen alle gleich behandeln. Das kann nicht glücken. Schwierige und aufmüpfige Kinder z.B. (das sind überwiegend Jungen) bekommen selbstverständlich mehr Zuwendung als andere.

Wenn wir verstehen wollen, was Lehrerinnen und Lehrer wirklich leisten müssen, dann sollten wir sie selbst zu Worte kommen lassen:

„Der Problematik von Schülern und Schülerinnen ausgesetzt zu sein, die suizidgefährdet sind oder an Bulimie leiden, und ihnen nicht helfen zu können, belastetet enorm. Solches nehme ich am Abend mit nach Hause. Es ist auch am Wochenende noch präsent. Es lässt einen nie los."

„Fünfzig bis sechzig Arbeitsstunden in der Woche sind der Normalfall – vorbereiten, unterrichten, korrigieren, Gespräche mit den Eltern, Dienstbesprechungen, Konferenzen. Doch es sind nicht nur die hohen Stundenzahlen, die an die Substanz gehen. Die Last, die einen an den Abgrund bringt, so dass man zusammenbricht, ist nicht primär durch die Arbeits- oder Präsenzzeit begründet. Wichtiger ist, was psychisch abläuft. Man fragt sich, ob man genügt, ob man seine Arbeit richtig macht, ob man im Lehrerteam richtig funktioniert usw. Und wenn weiterhin gelten soll, dass das Ziel nicht nur ist, den Lehrstoff zu vermitteln, sondern die Schüler insgesamt zu fördern, dann werden oft die Grenzen erreicht."

„Was ich für drei oder vier Schüler aufzuwenden habe an Zeit, liegt oft bei siebzig oder mehr Prozent. Dadurch habe ich nur noch sehr wenige Kapazitäten frei für Schüler, die wirklich etwas erreichen möchten und mit denen man auch sehr gut arbeiten könnte."

Die Schulleiterin einer innovativen Schule in Bremen, Dorothee Wassener, berichtet über ein Fortbildungsprojekt: „Die Lehrer haben sich in einigen Bereichen fortgebildet, zum Beispiel in Computer- und Wirtschaftskenntnissen und in Kommunikation. Im Zentrum aller Bemühungen standen die Supervisionsgruppen. Wir haben alle gelernt, dass wir, obwohl wir es glaubten zu können, überhaupt nicht kommunizieren konnten. Wir haben überhaupt erst einmal gelernt, was es heißt zu kommunizieren und zuzuhören, den anderen wahrzunehmen und zu verstehen. Die Stimmung im Kollegium wurde besser, Meinungen wurden artikuliert und diskutiert. In einem zweiten Schritt haben wir das, was wir gelernt haben an Umgangsmöglichkeiten, an Kommunikationsmöglichkeiten, natürlich auch in unserer Arbeit mit den Schülern und Schülerinnen eingebracht. Und auch da hat sich für uns alle die Art und die Umgangsweise ganz stark positiv verändert." (3sat, „Grenzenlos", 20.9.2000)

Die Isolation der Lehrer

Projekte wie das eben genannte sind eine seltene Ausnahme. In aller Regel steht die Lehrerin beziehungsweise der Lehrer in seiner höchst unbefriedigenden Situation allein, ohne sich von Kollegen oder von außen Rat und Hilfe holen zu können. Er sucht auch nicht nach Hilfe, sonst würde er ja mangelnde Fähigkeit zugeben. Dementsprechend finden Lehrerinnen und Lehrer sich isoliert in einer feindlichen Umgebung. Ihr Rückhalt ist die Macht, die sie durch das Recht gewinnen, Anordnungen zu treffen und Schülerinnen und Schüler zu maßregeln und zu bestrafen.

Hören wir dazu aus New York einen bekannten Lehrer, dem man Unfähigkeit ganz sicher nicht nachsagen kann – Herbert Kohl: „Die autoritäre Struktur der Schule, an der ich unterrichtete, erzeugte eine Atmosphäre der Unaufrichtigkeit, in der alle – ausgenommen die Schüler – so taten, als sei alles in bester Ordnung. Man redete sich ein, die Lehrer ‚machten ihre Sache gut' und es komme doch etwas dabei heraus. Über Unterrichtsschwierigkeiten zu sprechen oder gar Misserfolge zuzugeben, das galt als unschicklich.

Ich hatte niemanden, mit dem ich mich aussprechen konnte, dem ich mich in meiner Ratlosigkeit und Verzweiflung anvertrauen konnte. Ich kam und kam mit dem Stoffplan, mit meinen Schülern, mit dem bürokratischen Kram, mit andern Kollegen und vor allem mit mir selbst nicht zurecht. Die Erwartungen, die an mich gestellt wurden, machten mich kopfscheu und bereiteten mir Ärger; und wenn ich vor den Schülern stand, bekam ich Beklemmungen. (...) Die Anforderungen waren so zahlreich wie unersprießlich. Aber sie waren noch harmlos im Vergleich zu der unausweichlichen Forderung, diejenige Funktion auszuüben, die als entscheidend für den Erfolg eines Lehrers gilt, nämlich: Disziplin zu halten.

Das ganze Lehrerkollegium war geradezu versessen auf ‚Disziplin‘; und allem, was in den Lehrerkonferenzen geredet wurde, lag unausgesprochen, aber unüberhörbar die Auffassung zugrunde: Die Schülerschaft ist der Widersacher, hemmungslos, sittenlos, unberechenbar und gefährlich." (Kohl, 1971, S. 10)

Lehrer sind öffentliche Menschen

Den Lehrerinnen und Lehrern wird vorgehalten, sie hätten einen gemütlichen Halbtagsjob, jede Menge Ferien und eine ungerechtfertigt gute Altersversorgung. Sie dürfen keine Fehler machen, auch nicht in ihrem privaten Leben, das wird ihnen übel genommen. Manche wagen es nicht, in ihrer näheren Umgebung abends auszugehen oder sich in eine Kneipe zu setzen, weil das von den Eltern ihrer Schülerinnen und Schüler beobachtet und negativ kommentiert werden könnte. Sie versuchen beharrlich, so perfekt wie möglich zu sein, vor allem jede Wissensfrage beantworten zu können, sonst werden sie unweigerlich mit empörter Schadenfreude kritisiert. Jede ihrer Verhaltensweisen müssen sie rechtfertigen. Und das können sie. Sie üben es so lange, bis es ihnen in Fleisch und Blut übergegangen ist.

Resignation

Das alles hält kaum ein Lehrer und kaum eine Lehrerin unbeschadet aus. Knapp die Hälfte lässt sich frühzeitig pensionieren. Immer wieder brechen einige mit dem System. Ein Pädagoge, der mit dem System nicht einverstanden ist, handelt seiner Persönlichkeit entsprechend auf ganz verschiedene Weise: Er tut seine Arbeit, so gut es eben geht, und im Bereich der ihm durch seine Anstellung gesteckten Grenzen versucht er, für die Schülerinnen und Schüler und für sich das Bestmögliche zu erreichen. Oder er verkündet wie so mancher Universitätsprofessor mündlich und schriftlich, dass das Notensystem abzulehnen oder abzuschaffen sei, richtet sich aber ansonsten auf seinem Lehrstuhl bequem ein. Oder er findet das System ganz und gar unerträglich und steigt aus, geht in einen anderen Beruf oder an eine freie Schule. Oder er kommt – wie die meisten – nach einigen Jahren zu der Erkenntnis, dass er nicht erreichen kann, was er erreichen möchte, gibt seine hehren Ziele auf und erledigt seinen Job, so gut es eben geht: „Ich bin länger hier als jeder Schüler. Ich muss lange überleben, die Schüler aber bringen es in absehbarer Zeit hinter sich", denkt er. Diese Lehrerinnen und Lehrer haben – ohne besonders aufzufallen – die innere Kündigung vollzogen.

Wen zieht das Lehrerstudium an?

In meiner Abiturklasse waren wir achtzehn. Die Hälfte von uns wollte Lehrer werden, und das waren nicht die Schlechtesten. Auch unser Klassenprimus hatte dieses Ziel. Er liebte die Botanik mehr als alle anderen Fächer und trug stets ein Pflanzenbestimmungsbuch mit sich herum. Häufig gab er Nachhilfeunterricht, denn er war Flüchtling und arm, sein Vater gefallen, er brauchte das Geld. Er war in jedem Fach Spitze. In Mathe hatte er stets alles sofort verstanden und konnte es auch uns weniger Begabten erklären. Im Gegensatz zum Mathelehrer beantwortete er nämlich genau die gestellten Fragen. Dieser konnte offenbar nicht zuhören: Seine Antworten waren zwar richtig und verständlich, lagen aber meistens neben den Fragen, was mich jedes Mal sehr verwirrte.

Auch meine anderen Mitabiturienten, die das Lehramt anstrebten, gehörten zu den besseren in der Klasse. Keiner von ihnen war hochmütig, aggressiv oder fiel sonst negativ auf. Damals gab es bei uns eigentlich keine wesentliche Aggression. All diese intelligenten, umgänglichen und viel versprechenden jungen Männer (ich war das einzige Mädchen in der Klasse) wurden Lehrer. Ich habe keine Ahnung, ob sie gute Lehrer wurden, aber statistisch gesehen sind nur ganz wenige Lehrerinnen und Lehrer wirklich gut und beliebt; zwischen dem Abitur und dem Start des Lehrerdaseins müssen unheilvolle Einflüsse liegen, sonst könnten aus all diesen ziemlich hervorragenden Jugendlichen nicht so unzulängliche Lehrer werden.

Es ist doch erstaunlich, wie wenige gute Lehrkräfte wir in Erinnerung haben. Für die meisten Menschen sind es nur ein bis zwei auf ihrem langen Weg durch die Schule. Warum hat die Ausbildung den Großteil nicht zu besseren Pädagogen gemacht? Kann nicht gelehrt werden, was einen guten Lehrer ausmacht?

Ausbildung

Die Schieflage des Lehrerdaseins beginnt mit der Ausbildung, genauer gesagt mit dem Studium. Nein, eigentlich schon vor Studienbeginn, denn das Studium ist so angelegt, dass es nicht die Jugendlichen anzieht, die sich für Kinder interessieren, sondern solche, die sich ihr Leben lang mit der Wissenschaft beschäftigen möchten, die sie in ihrem Schulleben am meisten fasziniert hat. Wer sich auf eine Universitätslaufbahn keine Hoffnung macht, strebt in die Schule und studiert einige Jahre lang zwei oder drei Wissenschaften. Auch die Examina während und am Ende des Studiums prüfen nicht die Fähigkeit mit Kindern umzugehen, sondern die Fähigkeit zu wissenschaftlichem Arbeiten.

Sind die angehenden Pädagogen schließlich zu Schmalspurwissenschaftlern in zwei bis drei Fächern ausgebildet, so werden sie vor eine Klasse gestellt. Erst jetzt können sie feststellen, ob ihnen ihr erwählter Beruf wirklich liegt oder ob sie sich falsche Vorstellungen gemacht haben.

In der Referendarzeit bemühen sie sich nach Kräften, alles richtig und so gut wie möglich zu machen. Sie bereiten mit großem Aufwand den Unterricht vor, besprechen ihre Unterrichtsplanung mit einem Mentor und halten sich möglichst an die Planung. Außerdem nehmen sie an Seminaren teil, wo sie etwas über das real existierende Schulleben lernen können. Ihre ganze Zeit ist ausgefüllt mit diesen Bemühungen. Kritik am System steht insoweit auf dem Plan, dass kleine Verbesserungen immer noch Vorteile bringen können, aber tief greifende Änderungen nicht notwendig erscheinen.

In der Referendarzeit steht die Kritik an der eigenen Person, an den eigenen Mängeln im Vordergrund. Denn die angehenden Lehrkräfte müssen noch lernen und sie wollen und werden lernen, wie sie diesen Beruf, den sie so lange und mit so großen Mühen angestrebt haben, gut ausfüllen können, besser als früher die eigenen Lehrerinnen und Lehrer.

Sprechen

Um dieses Ziel zu erreichen, müssen sie vor allem reden, das heißt Gedanken formulieren, Schülerinnen und Schüler interessieren und überzeugen. Worte und Argumente gehen einem Lehrer nie aus. Er hat sich hundertmal genau überlegt, was er zu welchem Thema sagen kann und wie er auf jeden einzelnen Einwand oder Vorwurf eingehen könnte. Das Sprechen und Argumentieren wird den Lehrern zur zweiten Natur. Worte sind das wichtigste Mittel, um die Schülerinnen und Schüler bei der Stange zu halten. Es stehen zwar noch Drohungen im Raum – Strafarbeiten, Zensuren –, aber diese sollten nicht der Schwerpunkt der Überzeugungskraft sein, sondern die freundlichen, interessanten und stets richtigen Worte.

Leider ist es trotz aller Mühe unmöglich, alle Kinder einer Klasse gleicherweise mit ein- und denselben Worten zu erreichen, auch wenn jedes Argument in mehreren Variationen dargeboten wird. Diese Tatsache wird vom Schulsystem nicht zur Kenntnis genommen. Das System glaubt – und die Lehrerinnen und Lehrer glauben –, es müsse möglich sein oder möglich gemacht werden, dass alle Kinder gleichermaßen von den Worten des Lehrers profitieren. Hier liegt einer der grundlegenden Irrtümer der Schule. Dieser Irrtum zieht das, was zwischen Lehrern und Schülern geschieht, in einen Sumpf aus Unwägbarkeiten, in dem keiner mehr klar sehen kann, aus dem heraus dann die Kinder der Unzulänglichkeit geziehen werden – und auch ihre Eltern.

Lehrerinnen und Lehrer müssen vorrangig den vorgegebenen Stoff abhandeln. Aus diesem Grunde kommt die Rücksicht auf das Gegenüber, das Eingehen auf seine Bedürfnisse und Fragen, häufig zu kurz. Oft müssen Lehrerinnen und Lehrer, speziell in der gymnasialen Oberstufe, völlig an den Interessen der Schülerinnen und Schüler vorbeireden. Diese wollen es definitiv nicht wissen, sträuben sich mit Händen und Füßen, erklären dem Lehrer, dass sie der Stoff nicht interessiert und dass sie ihn niemals wieder brauchen werden, aber der Lehrer muss weiter über das ungeliebte Thema sprechen.

Einige Schülerinnen und Schüler kommen mit Redeweise und Lautstärke der Lehrperson und mit den angebotenen Inhalten ausgezeichnet zurecht (das sind vor allem Mittelklassekinder). Wenn eines von ihnen interessiert am Unterricht teilnimmt, über ein Teilgebiet dann aber mehr wissen möchte und Fragen stellt, die über den geplanten Unterrichtsrahmen hinausgehen, so wird es meistens mit der Auskunft beschieden: „Das nehmen wir im Augenblick nicht durch." Denn der Stoff, der vom Lehrer vorgetragen wird, muss wiederholt, memoriert, wiedergegeben und geprüft werden. Es bleibt kaum Zeit für Abschweifungen, die nicht zum Prüfungsstoff gehören. Lehrer müssen sich also Tag für Tag, Jahr um Jahr darauf einstellen, dass sie Interessantes formulieren, aber zu Menschen sprechen, die das nicht hören wollen, die einiges darum gäben, jetzt nicht hier sitzen und zuhören zu müssen. Lehrkräfte gewöhnen sich daran, ständig gegen einen heftigen inneren Widerstand des Gegenübers anzureden. Auch das wird ihnen zur zweiten Natur.

Die Gründe, warum ein Kind von den Lehrerworten nicht erreicht wird, unterscheiden sich so stark voneinander wie die Kinder im Klassenraum. Die erstaunlichste Geschichte erzählte mir eine Freundin über ihre eigene Grundschulzeit: „Das, was der Lehrer da vorne an der Tafel schrieb und was er erzählte, hatte mit meiner Erfahrungswelt nichts zu tun und hat mich deswegen auch nicht interessiert. Das kam einfach gar nicht an. Unter anderem auch aus dem Grund, weil es bei uns zu Hause viel lauter zuging. Wenn da einer was von mir wollte, hat der laut gebrüllt, und die freundliche Aufforderung des Lehrers hat mich irgendwie nicht berührt. Deswegen galt ich dann als verstockt." In derselben Klasse saß aber unweigerlich auch ein Kind, das durch die Wortgewalt des Lehrers völlig eingeschüchtert war und kaum piep zu sagen wagte. Diese beiden Kinder gleich zu behandeln ist absurd, das kann nur schief gehen.

„Lehrers Kind und Pfarrers Vieh geraten selten oder nie." Soweit in diesem wohlbekannten Sprichwort etwas Wahres steckt, liegt das vermutlich genau an diesem übermäßig perfektionierten Reden, das jede Einzelheit in Betracht zieht, die zur Sache gehören könnte, den Menschen aber, der dieses Reden ertragen muss, nur bedingt zur Kenntnis nimmt. Ein Kind, das diesem übermäßigen Schwall richtigen und vernünftigen Redens von Geburt an ausgesetzt ist, kann sich wohl nicht so optimal entwickeln wie eines, dessen Mutter nicht ganz so ausdauernd und etwas ungeschickter spricht, auch einmal Unsinn redet und nicht immer das Richtige zu sagen weiß. Eine Mutter sollte, wie alle Menschen, auch einmal fehlbar sein.

Die bereits zitierte Schulleiterin aus Bremen hat es beschrieben: Die Lehrerinnen und Lehrer haben offenbar im Lauf der Zeit die normale Kommunikation verlernt, das menschliche Miteinander, von dem ein wesentlicher Teil aus Zuhören besteht, das Zur-Kenntnisnehmen des anderen. Lehrerinnen und Lehrer haben die eine Hälfte der Kommunikation perfektioniert und die andere Hälfte vergessen.

Wenn man die richtigen Worte und den richtigen Tonfall finden möchte, muss man zuerst einmal zuhören. Das scheint in unserer Gesellschaft weitgehend unbekannt zu sein. Von Psychologen und Psychotherapeuten einmal abgesehen, weiß das offenbar kaum jemand mehr. Ganz besonders die Lehrerinnen und Lehrer nicht. Deshalb bleibt es auch den meisten Schülerinnen und Schülern verwehrt, diese wichtige Fähigkeit zu entwickeln.

Was müsste man ändern?

1. Illusionen, Vagheit, fromme beschönigende Lügen über die Aufgaben der Schule helfen nicht weiter. Die Aufgaben der Schule und der Lehrer müssen klar und ehrlich abgesteckt und jedem bekannt sein.
2. Der Lehrer muss für diese Aufgaben ausgebildet werden.
3. Die Ausbildung muss früh beginnen.
4. Der Lehrer muss Mensch bleiben dürfen, auch wenn er die Rolle des Wissensvermittlers ausfüllt.
5. Ein Lehrer in der Klasse ist zu wenig. Es müssen – nicht in jeder Unterrichtsstunde – unbedingt zwei Lehrer sein, denn nur so ist es möglich, sich um ein einzelnes Kind zu kümmern, wenn es einmal ernsthafte Schwierigkeiten hat.

Ehrlichkeit über die Aufgaben der Schule

Schule ist eine wunderbare und absolut notwendige Einrichtung. Stellen wir uns vor, wie das Leben ohne Schule aussähe. Dazu müssen wir unsere Fantasie nicht bemühen, sondern an vergangene Zeiten oder Dritte-Welt-Länder denken. Im Geschichtsunterricht lernt man leider zu wenig darüber, wie Kinder früher erzogen wurden. Jeder, der mit Schule zu tun hat, sollte unbedingt bedenken und genau darüber informiert sein, was Schule leistet.

Sie leistet wesentlich mehr als nur Wissensvermittlung. Sie organisiert zum Beispiel eine Form des Zusammenlebens der Kinder. Die Forderung, Kommunikation müsse in der Familie gelernt werden, geht an der Realität vorbei, denn in Familien findet heute zu wenig Kommunikation statt, während in der Schule auf jeden Fall Zusammenleben praktiziert wird. Allerdings wird der Kommunikation zu wenig Beachtung geschenkt. Dem Wissenserwerb untergeordnet, besteht sie zu großen Teilen aus Anpassung, Unselbständigkeit, Autoritätshörigkeit, Konkurrenz, Unehrlichkeit, Gefühlsverleugnung.

Schule beeinflusst das Leben der Kinder in hohem Maße. Durch die täglichen Hausaufgaben und den Vorrang, den das Wissen hat, bestimmt sie einen großen Teil ihrer Aktivitäten. Es gibt aber auch Kinder, die sich verweigern, denen ihre Eltern sagen, was in der Schule gelernt wird, sei alles Quatsch. Deren Leben wird durch die Schule nur wenig festgelegt. Ob wir dies als Staat und Gesellschaft so hinnehmen wollen, müsste geprüft werden.

Man könnte den Kontakt zu den Eltern durch Sozialarbeiter herstellen – ein Aufwand, der vermutlich wesentlich billiger wäre als das Abgleiten der Jugendlichen ins soziale Abseits. Mancherorts leisten Sozialarbeiter solche Arbeit mit erfreulichen Ergebnissen, aber insgesamt zu selten an deutschen Schulen. Hier wird am falschen Ende gespart. Man zwingt die Kinder zu zehn und mehr Jahren Schulbesuch, das verursacht große Kosten, hat jedoch in Problemfällen ein klägliches Ergebnis. Die 20 oder 50 Stunden Sozialarbeit, die den Schulbesuch erst sinnvoll werden ließen und dem Kind tatsächlich eine Chance gäben, will man nicht bezahlen.

Ein zweiter Faktor, der großen Einfluss auf das Leben der Kinder hat, ist das Fernsehen. Das Fernsehen erzieht konsequent zur Passivität. Man sitzt davor, unterhält sich, isst und trinkt ein wenig. Man konzentriert sich, soweit Spannung herrscht, dann schweift man wieder ab zu Crackern, Sprudel oder Saft und zu den anderen Kindern. Fernsehen ist das absolute Gegenteil von Bemühen. Nichts, was Kinder sonst je tun, funktioniert so mühelos wie Fernsehen – abgesehen vom Schlafen natürlich. Ganz nebenher erfahren sie aber interessante Dinge, zum Beispiel wie die verschiedensten Gegenstände hergestellt werden, wie wunderschöne exotische Tiere leben und jede Menge Geschichten aus dem Leben, reale und fiktive. In Konkurrenz dazu steht der Unterricht.

Bedingt durch das Fernsehen, den Bewegungsmangel und sonstige gesellschaftliche Veränderungen sind die Kinder, die heute die Schule besuchen, nicht mehr so wie noch vor zehn oder zwanzig Jahren. Das wird von Schule und Lehrern lautstark beklagt. Aber Klagen hilft hier nicht: Für die Kinder von heute müsste die Schule einfach anders sein, als sie es damals war. Schule müsste zusätzliche Aufgaben übernehmen wie: kommunikative Kompetenz lehren und üben, für mehr Gemeinschaft sorgen, mehr Kreativität fördern, den Kindern Verantwortung und Selbstbewusstsein geben, Bewegung mehr und anders fördern usw. Teilweise tut sie das zwar, aber sie erklärt es zum Notbehelf und nicht zu ihrer eigentlichen Aufgabe.

Der Lehrer als Mensch

Ein merkwürdiges Phänomen ist, dass beliebte Lehrer fast immer streng sind. Zum Teil liegt das wohl daran, dass sie ehrlicher sind. Sie tun nicht so, als ob in der Schule irgendetwas ohne Zwang geschähe, sondern sie üben klar erkennbar Zwang aus: Der vereinfacht vieles. Zwang ist bei weitem nicht so schlecht wie sein Ruf, nur zu viel davon schadet. Die Kinder wissen, woran sie sind und müssen nicht zwischen Wünschen und Notwendigkeiten auf dem Weg der Einsicht zu einer Entscheidung steuern. Die Entscheidung ist bereits gefallen. Der Lehrer hat das Sagen.

Lehrerinnen und Lehrer stehen im öffentlichen Leben – so ähnlich wie Politiker – und werden unentwegt kritisiert. Es würde ihnen helfen zuzugeben: „Ja, ich bin ein Mensch, und ich mache Fehler. Ich habe zum Beispiel einen Porsche-Fimmel, und ich weiß manches nicht – auch nicht in meinem Fach. So bin ich, und so müsst ihr mich nehmen. Ein anderer soll es erst einmal besser machen." Wenn der Lehrer zu seinen Schwächen steht, finden sich sicher Schülerinnen und Schüler in der Klasse, die ihn unterstützen, so wie es in jeder Klasse Schüler gibt, die gerne anderen helfen. Aber wenn er vorgibt, perfekt zu sein, steht er mit dem Rücken an der Wand und wird bei jeder sich bietenden Gelegenheit angegriffen.

Herbert Kohl macht Vorschläge, wie Unterricht stattfinden kann, ohne die massive Reglementierung des Verhaltens und mit mehr persönlicher Freiheit aller Beteiligten, vor allem der Lehrer: „Beim freien Unterricht wird vom Lehrer genauso wenig verlangt, dass er sich als ‚Lehrer' in Szene setzt, wie es von den Schülern verlangt wird, dass sie sich als brave Kinder geben, die sich willig einfügen. Der Lehrer braucht nicht dauernd vor der Klasse zu stehen und die Zügel allein in der Hand zu halten, (...) braucht nicht derjenige zu sein, der die Weisheit über ‚richtig‘ und ‚falsch‘ gepachtet hat. Er darf sich auch im Unterricht so geben, wie er ist, ein Mensch mit seinem Widerspruch, ohne die krampfhafte Anstrengung, die vorgeschriebene Rolle einer Lehrperson nur ja richtig zu spielen. Es tut seiner Stellung keinen Abbruch, wenn die Schüler seinen Vornamen kennen lernen; und er vergibt sich nichts, wenn er ihnen etwas aus seinem Leben erzählt, von persönlichen Erfahrungen, von seinen eigenen Schwierigkeiten, Misserfolgen und Erfolgen. Solche Mitteilung von Erfahrungen kann den Schülern bei der Auseinandersetzung mit ihren eigenen Erlebnissen eine große Hilfe sein“ (Kohl, 1971, S. 33).

Es wäre eine Erleichterung für alle, wenn Lehrerinnen und Lehrer ihren Unfehlbarkeitsanspruch aufgeben könnten. Warum sollten sie keine Fehler machen dürfen? Sie machen auf jeden Fall welche, so wie jeder Mensch. Ein Schüler oder eine Schülerin muss besser und intelligenter sein dürfen als der Lehrer, denn das kommt vor. Mancher Lehrer hat die menschliche Größe zuzugeben, dass ein Schüler etwas besser weiß oder dass er selbst sich geirrt hat, aber das ist die Ausnahme. Wenn solches Verhalten zur Regel würde und jeder seine Vorzüge und Schwächen kennen würde, wäre ein Großteil der Last von den Schultern der Lehrer genommen.

Vorschriften reduzieren

Ein wirklich schweres, von Jahr zu Jahr anwachsendes Übel im Schulsystem ist die Flut der Vorschriften. Lehrkräfte bemühen sich, alle zur Kenntnis zu nehmen und in die Tat umzusetzen. Jede zu beachten ist aber kaum möglich, weil es zu viele sind. Manche Richtlinien räumen eine gewisse Entscheidungsfreiheit ein, aber ein Großteil der Lehrpersonen wird von der Last der Vorschriften so niedergedrückt, dass ihnen die Möglichkeiten ihrer Entscheidungsfreiheit zu selten auffallen und schnell wieder vergessen werden, wenn das nächste Bündel auf sie zurollt.

Diese Lehrerinnen und Lehrer sind Vorbild für unsere Kinder. Sie werden bis an das Ende ihres Berufslebens vom Staat gegängelt und ihrer Freiheit beraubt. Wie können sie unsere Kinder zu mündigen Bürgern erziehen? Auch darum bemühen sie sich nach Kräften, aber das kann in einem derartigen System der Unfreiheit nur mangelhaft gelingen, eigentlich nur bei Schülerinnen und Schülern, die auch im Elternhaus in ihrer Selbständigkeit unterstützt werden.Mehr Freiheit, mehr Eigenverantwortung für alle sind notwendig.

Schulischer Ausdruck durchgeführter Vorschriften ist der Frontalunterricht; hier kann der Lehrer eine große Menge von Vorschriften einbeziehen. Sogar in Summerhill wurde Frontalunterricht gehalten, weil es wohl keine andere Form gibt, die sich zum Lehren und Lernen so gut eignet. Die Kinder sind mit anderen zusammen in einer großen Gruppe und hören gemeinsam zu. Und sie unterhalten sich später darüber.

Frontalunterricht hat also Vorzüge. Nur, in unseren Schulen gibt es zu viel davon. Frontalunterricht im Übermaß ist nicht gut, schon gar nicht für fernsehverwöhnte Kinder. Die Kinder werden den Lehrervortrag schnell leid. In der Lehrerausbildung müssten unbedingt noch andere Unterrichtsformen gründlicher als bisher studiert und praktiziert werden. Zum Beispiel Unterricht in Kleingruppen, mit Spielen, Rollenspielen und Diskussionen, Freiarbeit, Wochenplanunterricht. Diskussionen wären vor allem in den höheren Jahrgängen wichtig, wo die Schülerinnen und Schüler als gleichberechtigte Diskussionspartner ihre Meinung beisteuern und feststellen könnten, dass sie etwas zu sagen haben, wo Lehrpersonen nicht unbedingt alles besser wissen müssten.

Zwei Lehrer pro Klasse

Ein Lehrer in der Klasse reicht nicht aus. Es sollten unbedingt zwei Lehrer sein, denn nur so können sie sich um ein Kind ausreichend kümmern, wenn es ernsthafte Schwierigkeiten hat. Im Kurssystem der gymnasialen Oberstufe ist das wohl kaum in jeder Stunde notwendig, aber in der Grundschule und in der Hauptschule, wo im Unterricht noch ganz andere Probleme behandelt werden müssen als die reine Wissensvermittlung, wäre das oft sinnvoll. Auch in dieser Hinsicht fehlt es nicht an Vorbildern. In unserem Nachbarstaat Österreich unterrichten je zwei Lehrer in Klassen, in denen mehrere Kindern einen besonderen Förderungsbedarf haben, oder in manchen Schulen im Fremdsprachenunterricht. Ausländerkinder haben unter solchen Verhältnissen bessere Integrationschancen.

Das müsste nur in besonders schwierigen Fällen ein zweiter voll ausgebildeter Lehrer oder vielleicht Sozialarbeiter sein. Häufig würde ein Praktikant oder ein Fachmann auf einem Spezialgebiet – Zeichnen oder Kochen etwa – ausreichen. Oder in der Grundschule eine engagierte Mutter. Für viele Kinder wären persönliche Zuwendung und Verständnis enorm wichtig, wozu es keiner speziellen Ausbildung bedarf, wenn die Lehrperson sich jederzeit Rat holen kann. Eine solche Maßnahme würde auch für den Arbeitsmarkt eine gewisse Entlastung bedeuten. Die Wirtschaft lechzt nach neuen Jobs – hier sind sie!

Andere Ausbildung

Für die Aufgabe der Wissensvermittlung ist die Lehrerausbildung nicht die bestmögliche, denn wie man Kinder versteht und erzieht, ihnen Werte vermittelt und ihre Kreativität fördert, stand zu selten im Studienplan. Entwicklungspsychologie, Psychoanalyse und Psychopathologie kamen in der Lehrerausbildung nicht oder kaum vor.

Lehrerinnen und Lehrer müssten unbedingt mehr über Kinderpsychologie lernen, denn ohne diese Kenntnisse können sie Kinder, die stark von der Norm abweichen, allzu oft weder beurteilen noch fördern; ja oft bemerken sie die Normabweichung nicht einmal, halten sie für Ungezogenheit. Lehrerinnen und Lehrer müssten im Übrigen besser darüber informiert sein, welche Wirkung das Vorbild hat und welches Vorbild sie selbst darstellen. Sie sollten auch wissen, welchen Schaden es anrichten kann, wenn man von einem Kind eine schlechte Meinung hat, wie suggestiv das wirkt. Sie müssten wissen, was mit dem Selbstverständnis eines Kindes geschieht, wenn es Mathe lernen muss, obwohl ihm Begabung und Neigung für dieses Fach fehlen, dass ein gutes Selbstbewusstsein wichtiger ist als so manch andere Kenntnisse. Dass man wissenschaftliche Kenntnisse überhaupt nur dann nutzen kann, wenn man ein einigermaßen gutes Selbstbewusstsein hat, den eigenen Wert kennt. Wie wichtig es für die Selbstachtung des Kindes ist, dass es geachtet wird.

„Behandelt die Menschen so, als ob sie schon so gut wären, wie ihr sie haben wollt. Es ist der einzige Weg, sie dazu zu machen", meinte Johann Wolfgang von Goethe, und wie so oft steckt Wahres in seinem Ausspruch. Wird ein Kind verachtet, dann ist die Gefahr groß, dass es sich für verachtenswert hält und sich entsprechend aufführt, es vertraut nämlich den Worten der Erwachsenen. Glaubt auch nur ein Mensch aus der Umgebung des Kindes an seinen Charakter und seine Fähigkeiten, so kann ihm das Flügel verleihen.

Die Stützung und Förderung des Selbstbewusstseins – vor allem der nicht so hervorragenden Schülerinnen und Schüler – kommt in unserem Schulsystem zu kurz. Manche Lehrerinnen und Lehrer bemühen sich darum, aber die stete Notwendigkeit des Beurteilens und Einteilens der Kinder in Güteklassen behindert den bestmöglichen Umgang mit ihrem Selbstbewusstsein. Erst wenn das Kind ganz tief in den Brunnen gefallen und therapiebedürftig ist, eilen unter günstigen Umständen Psychologen herbei. Man könnte eine Menge Schäden vermeiden, indem man das Selbstbewusstsein früher stützt und vor allem weniger schädigt. Ein wertvoller Beitrag dazu wäre, wenn Lehrerinnen und Lehrer offen zugäben, dass sie etwas nicht wissen oder in anderen Dingen unvollkommen sind.

Über die Bedeutung des Selbstbewusstseins lernen Lehrerinnen und Lehrer zu wenig. Desgleichen über manche anderen psychologischen Grundtatsachen, und sie lernen es nicht früh genug. Zwar haben neuere Forschungen ergeben, dass das Lernen keineswegs auf die Jugend beschränkt ist und dass man in höherem Alter noch eine ganze Menge gut und schnell lernen kann, aber Dinge, die man früh gelernt hat, haften tiefer, und man benutzt sie mit größerer Selbstverständlichkeit.

Früherer Beginn der Ausbildung

Spätestens mit 16 Jahren sollte ein zukünftiger Lehrer seine ersten Erfahrungen in der Betreuung von Kindern machen, zum Beispiel als Babysitter, Nachhilfelehrer oder Hilfslehrer – zweiter Lehrer in der Klasse. Vielleicht sollte der Lehrerberuf zu einem gewissen Anteil – zum Beispiel ein Fünftel der gesamten Studienzeit – ein Ausbildungsberuf werden. Z.B: mit Praktika in einem Sportverein oder Behinderten-Sportverein, um Einsichten in den Wert des sportlichen Wettkampfs zu gewinnen (Drogenprävention etc.), in einem Jugendzentrum, um die Probleme der Pubertierenden kennen zu lernen, und einem Praktikum bei der Behandlung und Betreuung psychisch gestörter Kinder, um sich einige Gedanken darüber zu machen, wie psychische Störungen entstehen und wie man sie vielleicht in einem frühen Stadium erkennen und verhindern kann. Auf jeden Fall gehören Lehramtsanwärter häufiger in Einrichtungen für Kinder und Jugendliche und in die Schule, als es bisher der Fall ist.

Mathematiker, Physiker, Banker und andere, die einen mehr wissenschaftlich-rationalen Beruf ausüben, werden spätestens nach Schuleintritt – meistens schon früher – in dem für diese Berufe notwendigen Denken ausgebildet. Eltern sowie Lehrerinnen und Lehrer hingegen erhalten in ihrem gesamten Schulleben keine ausreichende Unterweisung in dem für sie notwendigen Denken. Die staatlichen Verwalter der Erziehung meinen, erzieherische Fähigkeiten stellten sich irgendwie von alleine ein, hätten vielleicht mehr mit Gefühlen als mit dem Denken zu tun. Das erzieherische Denken findet aber nicht – wie fälschlicherweise oft angenommen wird – im Bauch statt, sondern ebenfalls im Gehirn. Es gibt eine Menge wissenschaftlicher Erkenntnisse darüber, wie man mit Gefühlen besser umgehen kann. Diese Erkenntnisse sind eine Grundlage jeder psychologischen Beratung und Behandlung, und man kann einiges über sie nachlesen in Lebenshilfebüchern, in psychologischen Lehrbüchern und zum Beispiel zusammenfassend in dem Buch „Emotionale Intelligenz" von Daniel Goleman.

Es wäre von großem Vorteil, wenn jedes Kind bereits in der Schule etwas über psychische Mechanismen lernte. Es könnte dadurch sich selbst besser verstehen und würde sich seltener verurteilen und aufgeben. Und es würde auch andere nicht so leicht verurteilen, sondern verstehen. Möglicherweise befürchten manche, dass Kinder, die mehr über sich selbst und die Menschen wissen, weniger lenkbar sind, aber die Lenkbarkeit der Kinder ist schon lange nicht mehr das, was sie einmal war. Die Kinder sind doch in vieler Hinsicht nicht mehr so unwissend wie vor fünfzig Jahren (was wir wohl dem Fernsehen zu verdanken haben).

Es wäre zu begrüßen, wenn Lehrerinnen und Lehrer, ebenso wie Mathematiker und Banker, bereits in den ersten Schuljahren in die Grundzüge des für ihren Beruf notwendigen Denkens eingeführt würden. Dächte man in der gymnasialen Oberstufe über die Möglichkeiten der Kommunikation nur ein Zehntel so häufig nach wie über Zahlen und mathematische Formeln, so wäre es um die Erziehung und den Umgang zwischen Menschen bald besser bestellt.

Zwischenkapitel: Dummheit ist lernbar

Die Vorstellung von uns selbst bestimmt alles, was wir tun und denken. Ein miserables Selbstbewusstsein, das Wissen, dass man nichts taugt, kann Frechheit, Faulheit und Zerstörungswut hervorrufen. Jürg Jegge beschreibt das in seinem Buch „Dummheit ist lernbar" auf eine so einleuchtende Weise, dass wirklich jeder Lehrer und Erzieher es versteht und in seinem Innersten aufgerüttelt wird:

Einmal nach Schulschluss schlich Hans in die Schule zurück und brachte die Einrichtung eines Zimmers gewaltig durcheinander. Er kippte Tische, leerte Kästen aus und demolierte das Büchergestell. Es sah aus, als hätte „allhier ein ganzer houff lanzknecht" gehaust. Ich holte den Buben zu Hause ab („Darf Hans mir etwas helfen?" – „Selbstverständlich."), und in gemeinsamer anderthalbstündiger Arbeit „restaurierten" wir das Ganze wieder.

Plötzlich fragte er:

„Wissen Sie, weshalb ich das getan habe?"

„Nein."

„Weil Sie ein ganz blöder Kerl sind."

„Da bist du nicht der Einzige in unserem Dorf, der das findet."

„Wissen Sie, weshalb ich das finde? Sie sagen immer, ich sei kein schlechter Mensch. Dabei bin ich doch einer." Und er fügte bei: *„Ich werde jetzt robotern, bis Sie das auch sagen."*

Ich sagte ihm damals ungefähr Folgendes: „Du wirst erleben, dass ich hin und wieder die Nerven verliere, dass ich dich anschreie. Aber das liegt dann vielleicht daran, dass ich am Vorabend zu spät ins Bett gegangen bin, dass ich schlecht geschlafen habe usw. Das heißt nie, dass ich dich für einen schlechten Menschen halte."

Hans hielt Wort. Eine Zeit lang provozierte er mich mit allen Mitteln, vorwiegend dann, wenn Schulbesuch da war. So konnte er beispielsweise in einem solchen Augenblick sagen: „Der Jegge ist ein unglaubliches Bubi. Dem dürft ihr nichts glauben." Einmal sagte er zu mir: *„Sie haben mir überhaupt nichts zu befehlen. Sie sind ja nicht stark genug, um mich zusammenzuschlagen."*

Später, als seine Aggressionen schon seltener geworden waren, sagte er einmal mit glücklichem Lachen zu mir: „Sie sind eigentlich der größte Löli, den ich kenne." Ich: *„Wie meinst du das?"* Er: *„Weil sie mich leiden mögen"* (Jegge, 19/6).

7 Logik allein genügt nicht

Wie umfassend und vielseitig ist Schulbildung? Lehrt Schule das Wesentliche? Genaue Erforschung des Gehirns und der Verstandesleistung bringt es zu Tage: Unsere Bildung ist einseitig im gegenständlichen wie im übertragenen Sinn; sie beansprucht nämlich ganz überwiegend die linke Gehirnhälfte und lässt die rechte ruhen. Da Schule sich des wissenschaftlichen Denkens annimmt, es lehrt, benotet und zur Voraussetzung für jeden Beruf erklärt, genießt dieser Teil des menschlichen Verstandes weit höhere Wertschätzung als alle anderen.

Schule darf sich heute nicht mehr auf die reine Wissensvermittlung beschränken, sie muss auch die soziale Komponente und weitere Intelligenzleistungen berücksichtigen; Eltern bewerkstelligen dies nicht mehr.

Die beiden Gehirnhälften

Das menschliche Gehirn ist das bei weitem komplizierteste Gebilde im Universum. Es enthält mehr Nervenzellen als der Kosmos Sterne und zehnmal so viele Verbindungen zwischen diesen Nervenzellen.

Unsere beiden Gehirnhälften stimmen nicht überein. Die linke steuert die außerordentlich komplizierten Bewegungen der rechten Hand und die Sprache. Da das Bewegen von Muskeln mehr Arbeitsplatz, das heißt Nervenzellen, beansprucht als das Bewegen bloßer Gedanken, hat die linke Gehirnhälfte ein dichteres, engmaschigeres Nervengewebe als die rechte.

Die rechte Hand arbeitet mit märchenhafter Genauigkeit. Sie kann zum Beispiel eine Nadel einfädeln und Maschinenteile justieren. Beim zielgenauen Werfen muss das Gehirn räumliche Gegebenheiten millimetergenau einschätzen, den Winkel einer Wurfbahn auf Bruchteile von Winkelgraden berechnen und die Spannung aller beteiligten Muskeln akribisch steuern, sonst liegt der Ball oder der Pfeil nach fünfzig oder hundert Metern recht weit vom Ziel entfernt. Diese Berechnung und Umsetzung in Muskelimpulse liegt beim Rechtshänder links.

Die Steuerungszentrale der Muskelwinzlinge, die Laute und Worte bilden, sitzt ebenfalls überwiegend links. Beim Sprechen arbeiten in schneller Folge zahlreiche, zum Teil sehr kleine Muskeln in Kehlkopf, Zunge und Rachen. Die Artikulation des Wortes „einundzwanzig" zum Beispiel dauert etwa eine Sekunde. Beobachten Sie einmal, wie viele Muskelbewegungen dafür ablaufen müssen. Das alles funktioniert traumhaft sicher – nicht für ein Wort, sondern für tausende von Worten.

Ebenfalls wichtige Aufgaben übernimmt die rechte Hirnhälfte. Sie dirigiert die Muskeln der linken, weniger geschickten Körperhälfte und erledigt ein umfangreiches Denkprogramm: gewisse Aspekte der Musik, gefühlsmäßiges Verhalten, Verständnis, Toleranz, Aufmerksamkeit, räumliche und bildliche Vorstellung.

Obwohl die Sprachregionen bei der weit überwiegenden Zahl der Menschen in der linken Hemisphäre angesiedelt sind, gibt es auch Ausnahmen. Bei etwa fünf Prozent der Rechtshänder befinden sich die Sprachareale in der linken und bei dreißig Prozent der Linkshänder in der rechten Hirnhälfte. Man kann also nicht für jeden Menschen behaupten, seine linke Gehirnhälfte leiste dies und die rechte jenes; trotzdem hat es sich als nützlich und sinnvoll erwiesen, die Denkweise der linken von der der rechten Hälfte abzugrenzen, wobei es nicht nur um Geschicklichkeit und Sprache geht, sondern noch um weitere Denkvorgänge.

Man spricht auch vom L-Modus (linke Hirnhälfte) und R-Modus (rechte Hirnhälfte) des Denkens. Typische Funktionen im Vergleich:

L–Modus	R–Modus
gebraucht Wörter zum Benennen, Beschreiben und Definieren;	benutzt nonverbale kognitive Mittel, um Wahrnehmungen zu verarbeiten;
Wahrnehmungen werden schrittweise und Teil um Teil zergliedert;	Wahrnehmungen werden zu einem Ganzen zusammengefügt;
wählt einen kleinen Teil der vorhandenen Informationen und benutzt ihn zur Darstellung des Ganzen;	nimmt Ähnlichkeiten wahr, erkennt und nutzt metaphorische Beziehungen;
achtet auf Zeit und Reihenfolge, tut stets eins nach dem anderen;	arbeitet ohne Zeitgefühl;
zieht Schlussfolgerungen auf der Grundlage von Vernunft und Fakten;	ist bereit, eine Beurteilung zurückzustellen;

zieht Schlussfolgerungen auf Grund logischer Überlegungen: Eins folgt in logischer Ordnung aus dem anderen, z.B. ein mathematischer Lehrsatz oder eine gut aufgebaute Argumentation;

hat sprunghafte Erkenntnisse, die oft auf unvollständigen Mustern, Gefühlen oder bildlichen Vorstellungen beruhen;

verkettet Gedanken miteinander: Ein Gedanke folgt unmittelbar aus dem anderen, was oft zu konvergenten (eindeutigen, das Resultat vollständig bestimmenden) Schlüssen führt.

erfasst etwas als Ganzes auf einmal; nimmt durchgehende Muster und Gesamtstrukturen wahr, was oft zu divergenten (mehrere Möglichkeiten offen lassenden) Schlüssen führt (nach Edwards, 1997).

Die Gegenüberstellung der beiden Denkweisen zeigt: Sie unterscheiden sich stark, aber beide sind sinnvoll und notwendig, ja lebenswichtig. Ein Thema wird im L-Modus ganz anders angegangen als im R-Modus. Der L-Modus arbeitet überwiegend logisch, der R-Modus mit bildlicher Vorstellung und Vorstellungsverknüpfungen (Assoziationen).

In der Schule wird der L-Modus bevorzugt, vor allem weil er zu eindeutigen und daher benotbaren Ergebnissen führt und sich zum Beweisen und Erklären eignet.

Erklärung

Erklären heißt, den wahren Sachverhalt verständlich darlegen, sich der Wirklichkeit ein gutes Stück annähern, ihr Innerstes erfassen – hoffen und vermuten wir.

Leider zu Unrecht, denn tatsächlich verhält es sich anders: Eine Erklärung beruht nicht unbedingt auf einem hohen Gehalt an wissenschaftlicher Richtigkeit und sachlicher Durchdringung, sondern auf kollektiven bildlichen Vorstellungen. Wenn zu einem solchen Bild eine plausible Verbindung gefunden wird, dann ist die Erklärung vollzogen.

Im Laufe der Jahrhunderte haben sich die Bilder gewandelt, über die alle Menschen verfügen. So wussten die Germanen noch nichts von Elektrizität. Sie standen staunend und tief beeindruckt vor Blitz und Donner. Ein kluger Priester erahnte vielleicht während eines langen schweren Gewitters in den Wolken ein mächtiges Menschenwesen, das wütend mit Feuerscheiten um sich warf. Daraufhin erklärte er seiner Gemeinde, dass ein Gott, den er Donar nannte, in den Wolken wohne und Blitz und Donner zur Erde schleudere. Jeder konnte so nachvollziehen, was dort im Himmel geschah.

Wir modernen Menschen sehen täglich, wie durch das Umlegen eines Schalters Licht in der Glühbirne aufblitzt. Infolgedessen können wir auf der Stelle verstehen, wie in den Wolken ein Energiestrom rast und den Blitz hervorbringt. Aus welchem Grund hier Lärm entsteht, während die Glühbirne geräuschlos aufleuchtet, habe ich zwar noch nicht begriffen, immerhin kann ich mir vorstellen, dass in den Wolken mit großem Getöse ein Energie-damm bricht.

Ausgesprochene Glücksfälle für das Erklären sind Sonnensystem und Atom. Die unend-lich große Ebene mit Flüssen und Gebirgen, auf der wir uns immerfort bewegen können, ohne an ein Ende zu gelangen, ist die Oberfläche einer riesengroßen Kugel. Diese Kugel schwebt langsam durch den Weltraum um eine andere noch größere Kugel herum, eine helle, heiße Feuerkugel. Sie braucht für diesen Weg ein Jahr, was uns lange erscheint. Tatsächlich schwebt sie in einer Geschwindigkeit vorwärts, die wir uns überhaupt nicht vorstellen können. Bilder von diesem Kugel-System haben wir hundert- und tausendmal gesehen, in Modellen, Büchern und im Fernsehen. Deswegen können wir uns genau vor-stellen, wie sich die Erde um die Sonne dreht – wir haben es „verstanden".

Nun möchte der Mensch auch verstehen, wie ein Atom aussieht. Das ist schon schwieriger, denn hier herrschen Verhältnisse, die von dem, was wir um uns sehen, stark abweichen. Wissenschaftler haben jedoch gewisse Parallelen entdeckt und uns gesagt: Ein Atom sieht so ähnlich aus wie ein Sonnensystem, nur kleiner. Tatsächlich bewegen sich hier zwar keine Körper, sondern Quarks, und *bewegen* ist vielleicht auch nicht die richtige Bezeichnung für das, was sie da tun, aber der Mensch hat ein Bild, an das er sich halten kann, und ein Gefühl der Sicherheit: Er hat die Sache verstanden.

Ein wundersames Rätsel ist das Innenleben von Computern. So oft ich jemanden fragte, wie diese Ordnung funktioniert, bekam ich zu hören: wie im Bücherregal; Seiten werden in Ordner geheftet und diese in Regale gestellt. Der Computer kennt Ordner und Regale und legt alles in nummerierte Fächer, in denen es augenblicklich gefunden werden kann. Ich bin mir sicher, dass im Computer kein Gegenstand existiert, der einem Holzregal auch nur entfernt ähnlich sieht. In meiner Vorstellung jedoch wohnt das Bild des Bücherregals und ist jederzeit abrufbar. So kann ich stets auf ein sinnfälliges Bild zurückgreifen und mich in meinem Verständnis der Computerordnung sicherfühlen.

Eine mathematische Erklärung ist anders geartet. Sie führt zu den tatsächlichen Vorausset-zungen. Haben wir sie verstanden, so haben wir den Kern des Problems erfasst, den wahren Sachverhalt erkannt und in allen Teilaspekten begriffen. Die Mathematik hat ganz spezi-elle, eng begrenzte Denkregeln. Hier beherrscht die Logik tatsächlich jeden Gedanken-gang. Da wir mit dem Begriff Erklärung die absolut richtige mathematische Erklärung ver-binden, sind wir uns der Ungenauigkeit und Bildhaftigkeit üblicher Erklärungen nicht bewusst.

Der Mensch versteht die Welt in Bildern. Er verallgemeinert diese und macht Symbole daraus. Sobald er sich an ein Symbol gewöhnt hat, kann er nach Belieben damit hantieren.

Problemlösung

Man muss sich fragen, ob das logische Denken sich zur Problemlösung überhaupt eignet. In der Logik folgt ein bekannt richtiger Denkschritt auf den anderen, in korrekter und sinnvoller Folge. Aber erst wenn man den tauglichen Lösungsweg kennt, kann man beurteilen, ob ein bestimmter Gedankenschritt folgerichtig zum Ziel führt.

Was tun, wenn man den Lösungsweg nicht kennt? Suchen ist hier die zweckmäßige Methode. Am häufigsten und wirkungsvollsten mit Hilfe von bildlichen Vorstellungen fahndet man nach einem Einfall, nach einer ausgefallenen Idee, die die Dinge auf andere Weise als bisher beleuchtet und die letztlich zum Ziel führt. Erst wenn die Idee gefunden und das Ziel greifbar ist, tritt wieder die Logik in Aktion. Sie muss den Gedankengang verständlich machen und seine Richtigkeit beweisen.

Ein interessantes Beispiel ist der Weg Einsteins zur Relativitätstheorie. Das Problem erhob sich, als Einstein sechzehn Jahre alt und Gymnasiast war. Der Physiker Michelson hatte festgestellt: Das Licht pflanzt sich relativ zu einem bewegten Körper nach allen Seiten gleich schnell fort. Die Art, wie Einstein darüber nachdachte, folgte nicht nur den Gesetzen der Logik, sondern beschritt noch andere Wege. Einstein stellte sich vor, hinter einem Lichtstrahl herzulaufen oder auf ihm zu reiten. Wenn man einen Lichtstrahl verfolgt – nimmt dann seine Geschwindigkeit ab? Wenn man schnell genug liefe – würde der Strahl sich dann relativ zum Beobachter gar nicht mehr bewegen? Wäre er noch *Licht*?

Solche Fragen müssen einem erst einmal einfallen. Nach sieben Jahren hatte Einstein die entscheidende Idee: Er stellte den gebräuchlichen Zeitbegriff in Frage und kam zu dem Schluss, dass Raum und Zeit nicht konstant, sondern veränderlich sind. Als er sich dieser Annahme sicher war, dauerte es nur noch fünf Wochen, bis er seine Relativitätstheorie formuliert hatte (nach Wertheimer, 1964).

Ein weiteres Beispiel ist Kekulés Traum von einer Schlange: Im 19. Jahrhundert erschien dem deutschen Chemiker Friedrich August Kekulé im Traum eine Schlange, die sich in den eigenen Schwanz biss. Gleich nach dem Aufwachen wandte er sich wieder dem Problem zu, das ihn seit langem beschäftigt hatte: das merkwürdige Erscheinungsbild und Verhalten von Kohlenstoffketten. Er überprüfte die Idee, ob eine Kohlenstoffkette einen Ring bilden kann. Sie erwies sich als richtig. Kekulé entwickelte aus dem Traumbild den Benzolring, eine bis dahin unbekannte Molekülstruktur.

Sie sehen also: Sogar in der Naturwissenschaft reicht die Logik zur Problemlösung keineswegs aus. Man ist zuerst auf sie angewiesen, um die Fragestellung zu formulieren, und später, um zu erkennen, ob die Lösung in der Tat richtig ist, endlich, um die Lösung anderen Menschen verständlich zu machen. Das eigentliche Nachdenken über das Problem jedoch, die Suche nach einer Lösung, geschieht ganz überwiegend auf anderen Denkwegen, vor allem mit Hilfe der bildlichen Vorstellung.

Nutzen und Grenzen der Logik

Logik fasziniert die Menschen seit jeher. Sie überzeugt durch ihre Ergebnisse in Technik und Wissenschaft, die fast jeden Menschheitstraum verwirklichen helfen, und durch die Durchschlagskraft ihrer unwiderlegbaren Gedankengänge. Jeder Denkschritt ist glasklar durchschaubar und absolut fehlerfrei. Der gesamte Aufbau einer logischen Überlegung kann nachvollzogen und überprüft werden.

Die strenge, klare Schönheit logisch-schlüssiger Beweise fasziniert. Fast alle Spiele, ganz besonders das Schachspiel, folgen logischen Regeln; mit logischen Rätseln kann man seinen Verstand stundenlang anregen und unterhalten; am Ende kennt man das Ergebnis exakt und steht auf sicherem Boden.

Diese stete Sicherheit verführt dazu, die Logik unangemessen zu bevorzugen. Kann man denn die Logik wahrhaftig überschätzen?

Ja, das kann man: nicht indem man einzelne Leistungen der Logik zu hoch einschätzt, sondern indem man kein anderes Denken als gleichwertig neben ihr duldet. Es gibt Lebensbereiche, in denen das logische Denken nicht viel zu suchen hat, bestimmt nicht an erster Stelle steht. Das sind vor allem Kommunikation, Erziehung, Kreativität.

Ein wesentlicher Grundsatz der Logik ist der folgende: Wenn eine Behauptung richtig ist, dann ist eine abweichende oder gar gegenteilige falsch. Dieser Schluss funktioniert sehr oft, aber nicht einmal in der Mathematik gilt er ausnahmslos: Auch hier gibt es bisweilen verschiedene geeignete Wege zum Ziel. Indem die Logik das Andersartige als falsch ausschließt, festigt und rechtfertigt sie sich selbst, macht sich unangreifbar, verteidigt ihre Alleinherrschaft.

Das logische Denken zeichnet sich durch folgende Besonderheiten aus:

1. Jeder einzelne Denkschritt wird bewusst gemacht. Bei anderen Denkformen verhält sich das nicht so: Beim Abschätzen oder Kommunizieren laufen fast alle Denkschritte unbewusst ab.

2. Jeder dieser Denkschritte hat allgemeine Gültigkeit, wurde oft durchdacht und klar bewiesen. Viele Menschen haben sich darauf geeinigt, dass ein bestimmter Denkschritt richtig ist; die meisten haben wir aus dem antiken Griechenland übernommen.

3. Im logischen Denken wird gleichgesetzt. Wenn A gleich B und B gleich C, dann ist auch A gleich C.

4. Beim logischen Denken müssen die Voraussetzungen genau definiert sein; andernfalls führt das logische Denken zu falschen Ergebnissen.

5. Deshalb schließt die Logik das Falsche oder Unwichtige aus.

6. Logik konzentriert sich auf wenige wichtige Punkte. Diese erwägt sie langsam, genau und zielstrebig. So bewegt sie sich auf dem schmalen Weg eines einzigen Aspektes der Wirklichkeit. Alle anderen Aspekte muss sie auf Grund ihrer inneren Gesetze ignorieren. Im wirklichen Leben läuft das auf Ablehnen hinaus, das heißt: Eingrenzen bzw. Ausgrenzen sind Grundfunktionen der Logik.

Mit Logik allein lässt sich das tägliche Leben nicht bewältigen; wenn nicht alle notwendigen Bedingungen eingehalten werden, kommt es zu Fehlern!

Die Logik verfügt nicht über die nötigen Mittel die Welt zu beschreiben, vor allem weil die Dinge, die Menschen, die Landschaften nicht gleich, sondern ähnlich sind. Gefühle und Schönheit kann man nicht durch klare, eindeutige Sätze verständlich machen; hierzu bedarf es mehrdeutiger Worte und Bilder, die andererseits als Grundlage logischer Operationen völlig ungeeignet sind.

Im täglichen Leben bewährt sich Logik nur manchmal, nämlich in klaren Fällen. Bei vielschichtigen Problemen wie z.B. Kochen, Kindererziehung, Planung eines Ausfluges müssen sehr viele Umstände, aus völlig verschiedenen Bereichen, gleichzeitig abgewogen werden – ein Denkvorgang fern aller Logik.

Unter nicht-wissenschaftlichen Bedingungen muss die Logik scheitern. Die Gedankengänge folgen zwar bekannten Regeln, und man gewinnt deswegen den Eindruck, logisch gedacht zu haben, aber da die Voraussetzungen den Anforderungen der Logik nicht entsprechen, ist das Ergebnis falsch. Werden in einer Gedankenabfolge Begriffe in wechselnder Bedeutung angewendet, so kann man fast alles und auch das jeweilige Gegenteil beweisen. Logisches Denken führt nur dann zu einem vernünftigen Ergebnis, wenn die Voraussetzungen haargenau geklärt sind.

Sprache

Unterricht in der Muttersprache ist allerorts Hauptfach. Selbstverständlich wird erwartet, dass Schülerinnen und Schüler hier lernen, sich auszudrücken und Texte zu verstehen. Gelehrt und geübt wird gleichwohl anderes: leicht abfragbares Faktenwissen in Grammatik und Literatur. Welcher Dichter hat von wann bis wann gelebt, welches sind seine Werke und seine Meinung, und wie kann man seine Texte verstehen?

Fasst man den Begriff Logik nicht allzu eng, beschränkt ihn nicht auf die mathematisch zwingende Logik, dann finden sich in der Sprache logische Elemente; auf jeden Fall arbeitet sie nach Regeln. In zwei Punkten allerdings unterscheiden sich diese Regeln von den eigentlich logischen:

1. Sie sind nicht für alle Menschen und alle Umstände zwingend: Es gibt Sprachen, die (wie die unsere) in jedem Satz einen Satzgegenstand verlangen – eine der wichtigsten Sprachregeln überhaupt. Manche Sprachen hingegen bilden Sätze auch ohne Satzgegenstand.

2. Sprachliche Regeln haben Ausnahmen, die keiner logischen Notwendigkeit verpflichtet, sondern völlig willkürlich durch Gewohnheit entstanden sind. Trotzdem müssen sie eingehalten werden, zum Beispiel in der Bildung der Vergangenheit:
    kaufen, kaufte, gekauft;
    saufen, saufte, gesauft – nein, hier wird stark gebeugt: *soff, gesoffen.* Wenigstens sind noch zwei Konsonanten in dem gebeugten Verb verblieben.

Sein, ist, war, gewesen – kein Buchstabe des ursprünglichen Verbs findet sich in dem gebeugten wieder.

Sie sehen: Die Regeln der Grammatik gelten nur eingeschränkt, folgen einer grundlegend anderen Logik als der streng mathematischen. Die Grammatik gehorcht Regeln, die ein von der formalen Logik begeisterter Mensch nicht mehr als logisch anerkennen kann. Trotzdem versucht man den Kindern in der Schule weiszumachen, dass sie hier Logik lernen. Ein schwer entwirrbares Denkknäuel.

Grammatik ist wichtig. Jedes Kleinkind ist ganz versessen darauf, sie möglichst schnell und umfassend anzuwenden. In der Schule aber wird sie zur Plage. Nur ganz wenige Schülerinnen und Schüler wünschen stets darüber informiert zu sein, ob sie derzeit einen Adverbialsatz sprechen oder ein Präpositionaladverb benutzen. Weitaus interessanter wäre es zu wissen, mit welchem stilistischen Mittel man eine bestimmte Wirkung erzielt. Was macht einen Text langweilig oder spannend? Wie kann man überzeugen und überzeugt werden, manipulieren oder manipuliert werden? Warum und wann sollte man Adjektive vermeiden und lieber aussagekräftige Verben benutzen? Solche Fragen sind wesentlich, wenn man ein Gefühl für Sprache bekommen möchte, werden in der Schule wenig beachtet.

Die Bedeutungsvielfalt von Worten wirkt geradezu antilogisch. Sie verhindert logische Schlüsse, ermöglicht hingegen den Ausdruck von Gefühlen, Schönheit und Poesie. Sprache kann in wenigen Worten Stimmungen erfassen und damit Vielsagendes ausdrücken. Dazu gehören nicht nur Worte, sondern auch Mimik und Tonfall. In einem Gespräch entscheiden die Gesprächspartner in Sekundenbruchteilen, welche Information sie wie interpretieren wollen. Für logisch geregelte Gedankengänge bleibt keine Zeit. Erst später kann man sie zu Hilfe nehmen, um künftig für ähnlich gelagerte Gespräche besser gerüstet zu sein.

Latein

Da die Logik sich in so vielen Bereichen bewährt hat und da Gebildete sich oft nicht vorstellen können und wollen, dass eine andere als die logische Denkweise gut und nützlich sein könnte, versuchen sie zu beweisen, dass auch die Sprache logisch funktioniert. Dies ist ein Grund, warum so ungemein viel Grammatik in der Schule gepaukt werden muss. Je mehr Grammatik, desto mehr Logik ist vorhanden und nachweisbar. Wenn grammatische Regeln auch nicht ganz so logisch sind wie mathematische, so sind sie jedenfalls genauso eindeutig. *Saufte* ist eindeutig falsch und *soff* ist eindeutig richtig.

Und dann gibt es noch Latein! Mit dieser Disziplin soll endgültig bewiesen werden, dass Sprache etwas Logisches wäre. Da Latein an unseren Schulen nicht gesprochen, sondern übersetzt wird, ergibt sich reichlich Möglichkeit, die Logik zu erkennen, die in dieser Sprache steckt. Tag für Tag übt der Lateinschüler das Zerlegen von Sätzen nach grammatischen Regeln, er bestimmt den Fall der einzelnen Wörter und kann daraus und aus der Wortfolge schließen, was der Satz aussagt. Er schließt Schritt für Schritt, exakt den Regeln folgend; die Art des Nachdenkens ist dem Nachdenken in der Mathematik sehr ähnlich.

Trotzdem ist es ein grober Irrtum zu glauben, diese Sprache sei logisch. Latein ist genau so wenig logisch wie jede andere Sprache, die Wörter benutzt, da Wörter fast immer mehrere Bedeutungen haben und Grammatikregeln willkürlich sind. Im Lateinischen kann man an dem konjugierten oder deklinierten Wort Fall, Zahl oder Zeit weit besser ablesen als im Deutschen, sie sind also eindeutiger zu erkennen, aber nicht logischer. Weil der Schüler diese Sprache nur sehr rudimentär lernt, bleibt er stets auf das Analysieren der Sätze angewiesen. Spricht jedoch jemand Latein fließend, so unterlaufen ihm genau wie in seiner eigenen Sprache Vieldeutigkeiten und Unschärfen, oder er benutzt sie absichtlich als Stilmittel.

Logische Irrwege der Sprache

Ein Beispiel für die nahezu unüberwindlichen Schwierigkeiten, die durch Mehrdeutigkeit von Wörtern entstehen können, liefert die jahrzehntelange Diskussion über antiautoritäre Erziehung. Von dem Begriff Autorität wurde der Teil herausgegriffen, der die maßlose Autorität bezeichnet – nämlich autoritär. Da Autorität und autoritär sehr ähnlich klingen, hat man sie kurzerhand gleichgesetzt. Man hat also völlig unzulässige logische Operationen durchgeführt:

1. Ungleiches hat man gleichgesetzt: Autorität = autoritär.
2. Den ersten Grundsatz der Logik hat man auf nicht genau definierte, bedeutungsreiche Begriffe angewendet: Wenn A gleich B und B gleich C, dann ist auch A gleich C. Wenn autoritär schlecht ist, und Autorität gleich autoritär, dann ist auch Autorität schlecht.

Autorität richtet (manchmal) Schaden an, also ist Autorität schädlich. Das logische Denken behandelt Autorität, als ob sie mit autoritär in jedem Fall identisch sei. Dies ist aber keineswegs der Fall: Autorität wirkt je nach ihrer Handhabung und der Umgebung, in der sie stattfindet, völlig verschieden.

In der Physik bleibt eine bestimmte Härte, die man mit einer eindeutigen Maßzahl belegen kann, immer die gleiche Härte. In der Erziehung kann man die Härte nicht mit einer exakten Maßzahl belegen. Es kommt zum Beispiel auf das Kolorit der Stimme an: Intonation, Lautstärke und Gestik geben dem autoritären Verhalten eine andere Wirkung und verschiedene Kinder reagieren verschieden auf die gleiche Härte; des Weiteren reagiert ein und dasselbe Kind ganz unterschiedlich, je nach seiner Stimmungslage. Wenn kürzlich seine Katze gestorben ist, reagiert es anders als nach einem überraschenden, ersehnten Geschenk.

Die Fehlinterpretation hat jahrelange heftige Diskussionen heraufbeschworen. Intelligente Menschen, bedeutende Wissenschaftler behaupteten, Autorität sei autoritär und deshalb abzulehnen. Manche Eltern glaubten, dass Autorität in Gänze schlecht sei. Sie haben daraufhin Einrichtungen geschaffen, die möglichst ohne Autorität auskommen sollten – die so genannten „Kinderläden". Man hat tatsächlich angenommen, dass man die Autorität aus der Erziehung entfernen kann. Und nicht wenige Eltern hoffen das heute noch.

Der Bildungsüberfluss

Seien wir einmal ganz ehrlich zu uns: Auf 70 Prozent dessen, was wir vom fünften Schuljahr an in der Schule lernen, können wir verzichten, ohne irgendeinen Schaden zu nehmen. Wir wollen es nicht wissen und wir merken es uns nicht; wir vergessen es bekanntlich. Der Zweck der Schule ist es nicht, die Kinder auf das Leben vorzubereiten, sondern ihnen ein angenehmes Leben ohne Erwerbsarbeit zu verschaffen, sie fortwährend zu beaufsichtigen und die Zeit Gewinn bringend zu nutzen. Diesem Zweck soll die wissenschaftliche Bildung dienen.

Es wäre auch nichts gegen sie einzuwenden, wenn die Sache nicht in eine einseitige Bildung ausartete, die den Verstand missgestaltet. Sie lässt die eine Seite wuchern und die andere verkümmern. Ergebnisse sind unter anderem Lebensuntüchtigkeit und Erziehungsunfähigkeit. Wir kennen den Wert der rechtshirnigen Denkwege nicht mehr. Das ist gefährlich, denn Kommunikation, Toleranz und Erziehung sind auf die rechtshirnigen Denkformen angewiesen, auf das Nichturteilen, auf das lockere Verbinden von unterschiedlichsten Bildern.

In der Erziehung gilt die Logik oft nicht und in punkto Toleranz schon gar nicht. Toleranz beurteilt das Andersartige nicht als falsch. Logik dagegen ist ganz grundsätzlich in ihrem innersten Wesen intolerant. Sie billigt, akzeptiert und liebt das Abweichende nicht. Sie lehnt es ab, merzt es aus. Das Alternative gilt als falsch und darf nicht sein. In Kommunikation, Toleranz und Erziehung aber muss es sein, muss seine Existenz begrüßt werden.

Die Vorherrschaft der Wissensvermittlung in der Schule und damit in der gesamten Kindheit und Jugend hat schädliche Auswirkungen, wie auch Frederic Vester in seinem Werk „Leitmotiv vernetztes Denken" meint: „Für mich liegt das Dilemma aber noch tiefer. Meine Anklage ging schon 1973 in meinem Fernsehfilm *Denken – Lernen – Vergessen* dahin, dass uns die Lernformen unserer Schulen und Universitäten ja nicht nur der Wirklichkeit unseres Lebensraumes als komplexes System entfremdet haben, sondern auch der Wirklichkeit unserer sozialen Beziehungen. Gerade jenes Abfragen und Zensierenmüssen, trägt auch dazu bei, dass wir zum Einzelkämpfer erzogen werden: nicht helfen, nicht vorsagen, nicht helfen lassen – ein lebensfeindliches Prinzip, das dem Gruppenwesen Mensch widerspricht, es zu einer nichtüberlebensfähigen Spezies erzieht. Je länger die Schule dauert, desto tiefer rutschen wir in die Isolierung, in die Lebensuntüchtigkeit. Der Praxisschock wird immer größer. Die Freude am Helfen, am sinnvollen Tun müssen wir, da sie uns während der Ausbildung ausgetrieben wird, nun erst mühsam wiedererlernen. Oft ist es zu spät dazu." (Vester, 1991, S. 57)

Erziehung

Wenn vor dreißig bis fünfzig Jahren Mütter sich über Erziehung unterhielten, so hieß es in fast jedem Gespräch, nach Erziehungsbüchern könne man sich nicht richten. Man erhalte zwar Anregungen aus ihnen, aber letztlich seien jede Mutter und jedes Kind anders und man könne nur nach seinem eigenen Gefühl richtig handeln. Heute scheint diese Lebensweisheit vergessen zu sein, wissenschaftlich fundierte Ratschläge scheinen bedingungslos und ausschließlich zu gelten, und das Gefühl der einzelnen Person gilt nichts. Wir haben gründlich gelernt unsere eigenen Gefühle gering zu schätzen, ihre Informationen zu missachten und uns nach fremden Menschen zu richten.

Für die Kindererziehung eignet sich das logische Denken nur begrenzt. Wenn eine Maßnahme sich hervorragend bewährt hat, so kann die gegenteilige ganz genauso wertvoll sein. Es kommt auf die Menschen und die Situation an. Was einem Kind nützt, kann unter Umständen einem anderen schaden. Das Urteil *richtig* oder *falsch* folgt in der Erziehung völlig anderen Gesetzmäßigkeiten als in der Mathematik.

Sehen wir uns das Beispiel „Verletzung" genauer an. Selbstverständlich möchte die Mutter, dass ihr Kind sich nicht verletzt. Aber andererseits muss ein Kind sich einmal verletzen, um die Gefahr zu erkennen. Je länger man ein Kind vor Gefahr bewahrt, desto weniger kann es später mit Gefahren umgehen. Vor Gefahren bewahren kann gefährlich werden.

„Messer, Gabel, Scher und Licht sind für kleine Kinder nicht." Aber irgendwann müssen sie mit diesen Dingen zurechtkommen. Ich habe die Erfahrung gemacht: Je früher, desto besser.

Ein eben dem Babyalter entwachsenes Kleinkind von einem Jahr kann das Messer nicht so geschickt benutzen, dass es z.B. in der Lage wäre, einen Pfirsich zu zerschneiden. Ebenso wenig kann es sich selbst schlimm schneiden. Aber es kann lernen, sich vor einem Messer in Acht zu nehmen, weil es manchmal weh tut. Es lernt mit Interesse und Begeisterung, wie man ein Messer richtig anfasst, ohne sich zu verwunden. Ich bin sicher, dass es für jedes Kind das Beste wäre, mit den Eigenschaften des Messers möglichst früh Bekanntschaft zu machen. Allerdings ist das nicht für das Kind jeder Mutter das Richtige. Eine überängstliche Mutter kann ihr Kind stark verunsichern, so dass es gefährlich hektisch mit dem Messer hantiert und die Gefahren nicht mit der nötigen Ruhe und Konzentration betrachten kann. Das Kind einer solchen Mutter sollte das Messer länger meiden als andere.

Verletzung und Schutz davor sind simple Angelegenheiten. Fast alle anderen Erziehungsfragen sind unübersichtlicher und komplizierter. Soll man ein Kind strafen, wenn ja, wie? Wann ist es schulreif? Zu wie viel lesen soll man es anhalten, was darf es lesen oder im Fernsehen anschauen? Wie viel Gewalt in Märchen oder Fernsehen schadet oder schadet nicht? Wie lange darf es heute aufbleiben? Tausende solcher Fragen müssen entschieden werden.

Kommunikation

„Durchtrieben, verschlagen, sinnlich, böse und jäh, so nennen ihn die einen, wohlgebaut und stattlich von Person, von heiterem Wesen gilt er anderen. Aber welches ist sein wahres Gesicht?" (über Kaiser Friedrich II.)

Solche Fragestellungen und Urteile über Menschen sind gang und gäbe, führen aber in die Irre. Eine stattliche Person kann gleichzeitig durchtrieben und von heiterem Wesen sein. Aus der Tatsache, dass ein Mensch eine Eigenschaft hat, zu schließen, dass er auch die dazu passende andere habe, ist zwar oft richtig, ebenso oft aber auch falsch. Diese Art Einschätzung verstellt den Blick und schürt Vorurteile.

Im Zusammenhang mit Vorurteilen gegen Ausländer ist das bekannt, aber bei Lehrveranstaltungen über geschichtliche Personen oder Literatur findet diese Argumentationsweise offiziell Anwendung. Die logische Färbung verleiht ihr den Anschein von Vernunft – fälschlicherweise.

Für die Kommunikation haben wir ein ganz anderes, äußerst effektives Denksystem, das in kurzer Zeit große Mengen von Informationen verarbeitet. Besuchen wir zum Beispiel eine Familie, die wir noch nicht kennen, und wollen herausfinden, in welchem Verhältnis wer zu wem steht, dann dauert eine brauchbare Einschätzung durchweg, wenn man einigermaßen fit ist, weniger als eine Minute, allenfalls ein paar Minuten; und wenn man unbegabt ist, eine halbe Stunde. Die Informationsmenge, die man da verarbeitet, ist gigantisch; es sind tausende Einzelinformationen über Worte, Tonfall, Mimik, Gestik.

Wie ist es möglich, in so kurzer Zeit diese Flut von Informationen zu verarbeiten? Man fasst sie zusammen in ein Bild. Das gesamte Bild des Menschen steht vor dem inneren Auge, wird betrachtet und überprüft. Die Aufmerksamkeit richtet sich auf Besonderheiten, die dem geübten Betrachter auffallen. Auf diese Weise denken wir unglaublich effektiv mit den Informationen, die uns zur Verfügung stehen.

Bei dem Versuch, logische Probleme zu lösen, arbeitet man in der Regel mit einer geringen Informationsdichte. Man verfügt über zehn bis zwanzig exakte Informationen und arbeitet eine Stunde oder länger, um sie logisch korrekt zu verknüpfen und zu einen Ergebnis zu kommen. In der bildlichen Vorstellung läuft das, wie beschrieben, ganz anders ab, weniger kontrollierbar, aber höchst effektiv.

Assoziatives Denken

In Fragen von Kommunikation, Toleranz und Erziehung braucht man ein Denken, das nicht trennt, sondern verbindet – das assoziiert. Es vergleicht Ähnliches, schließt Abweichendes nicht aus, sucht Verbindungen. Es berücksichtigt zu diesem Zweck möglichst viele Einzelheiten, ohne Teile im Vorhinein als unrichtig oder unpassend einzustufen und abzuweisen. Ausgrenzen ist nicht Sache des Assoziierens. Primär wird nicht abgelehnt, sondern interpretiert, wie man das z.B. aus der Testpsychologie kennt. Man betrachtet das Bild im Ganzen, mit der umfassenden Betrachtensweise der rechten Gehirnhälfte.

Das assoziative Denken mustert Ungereimtheiten, versteht sie und nimmt sie hin, lehnt gegebenenfalls auch etwas ab, aber selten. „Die Dinge sind, wie sie sind, und man muss damit leben." Dieses Denken toleriert Fehler, auch eigene, und versucht sie zu entschlüsseln. Es kann an einer „schlechten Eigenschaft", wie zum Beispiel Starrsinn, Gutes erkennen (Willensstärke).

Diese Sichtweise ist einer Änderung des eigenen Verhaltens zuträglicher als ein klares, hartes Urteil. Wer weiß, dass er schlecht und verdorben ist, sieht keinen Ausweg, reagiert mit

Aggression (siehe John). Wer aber gelernt hat, Charakterfehlern gegenüber Toleranz zu zeigen und so erkennt, dass auch seine eigenen Mängel durchaus positive Seiten haben, der entdeckt Qualitäten an sich, und findet heraus, wie er sich selbst akzeptieren und erfolgreich an sich arbeiten kann.

Die „exakte" Beurteilung eines menschlichen Verhaltens kann durchaus kontraproduktiv sein, mehr schaden als nützen. Sie führt leicht zu Vorurteil und Aggression. Und Aggression gehört – im Gegensatz zu Verständnis – zur Logik.

Gerechtigkeit

Robert Steinhäuser wegen seines gefälschten Attestes aus der Schule zu entfernen, war zwar logisch, aber nicht menschlich, nicht gütig. Man sollte sich grundsätzlich überlegen, wie hart oder wie verständnisvoll Schule mit Schülerinnen und Schülern in schwierigen Situationen umgehen sollte. Ich bin der Ansicht, dass die oft unerbittliche Härte unseres Schulsystems zwar im Einzelfall „gerecht" ist, aber so frei von menschlichem Verständnis, dass das Wort „gerecht" trotz allem nicht wirklich zutrifft. Sie kann schlimmes Unglück erzeugen.

Die schreckliche Tat Robert Steinhäusers hätte mit Sicherheit verhindert werden können durch weniger logisch-gerechtes Vorgehen. Allerdings hätte ein freundlicher, verzeihender Umgang mit dem Schüler schon wesentlich früher als in der letzten Klasse einsetzen müssen: zu dem Zeitpunkt, als die ersten Schwierigkeiten bemerkt wurden. Man muss hierbei in Betracht ziehen: Wenn ein Kind auffällig wird, hat es bereits seit Jahren erfolglos versucht, die Situation zu meistern; erst nach langen verzweifelten Bemühungen greift es zu dem Mittel, auffällig zu werden.

Auch unter dem Aspekt der Chancengleichheit wären oft mehr Güte und Verständnis geboten als Gerechtigkeit. Wer, wie Robert Steinhäuser oder John, nicht mit der Fähigkeit ausgestattet wurde, sein Verhalten zu korrigieren, sich bei seinen Mitmenschen Hilfe zu holen, hat schlechte Chancen. Er braucht Nachhilfe in Kommunikation, sie wäre für ihn lebenswichtig.

Unser Denken ist durch die lange schulische Bildung stark von logischen Gewohnheiten durchdrungen. So kommt es, dass im Schulalltag manche kindliche Unart eine aggressive Antwort der Lehrperson hervorruft. Ein Kind wird gescholten, herabgesetzt, bestraft, ungeachtet der Ursachen seines Verhaltens. Es geht aber auch anders. In Finnland z.B. ist eine derartige Lehrerreaktion in hohem Maße unüblich. Sie gilt als unvereinbar mit dem Grundsatz der Chancengleichheit und Gleichbehandlung von Schülerinnen und Schülern. Im Falle von gravierendem Fehlverhalten steht nicht Herabsetzung auf dem Plan, sondern Förderunterricht. In Finnland sind Bestrebungen im Gange, das Recht auf Förderunterricht für jedes aus dem Tritt geratene Kind gesetzlich zu garantieren.

Man kann also, wie man an den finnischen Gepflogenheiten sieht, Erniedrigung eines Kindes ebenso untersagen wie Schläge. In diesem Zusammenhang muss man bedenken, dass

Schläge meist keine oder nur unwesentliche körperliche Verletzung hervorrufen. Nein, die Seele wird verletzt, wenn die sonstigen Umstände sich entsprechend entwürdigend gestalten. Demütigung durch Schläge ist in deutschen Schulen verboten, Demütigungen durch Worte nicht. Sie sind gang und gäbe, werden in fast jeder Schulstunde eingesetzt, um die Schülerinnen und Schüler zum Lernen zu motivieren.

Zeichnen

Der logische L-Modus wird in der Schule gründlich geübt, die bildliche Vorstellung vernachlässigt. Eine hervorragende Schulung für das Denken in Bildern ist Zeichnen. In jedem Fach kann man damit Kenntnisse vertiefen.

Das zu zeichnen, was man sieht, ist erstaunlich leicht zu lernen. Sicher bedarf es eines Genies, um ein Meisterstück zu schaffen, aber für einfache, akkurate Zeichnungen braucht man kein besonderes Talent. Wie Künstler und Kunstlehrer schon seit Jahrhunderten sagen, beginnt das Zeichnenlernen mit dem Sehenlernen. Also muss man zuerst einmal lernen, mit dem geistigen Auge Höhe, Breite und Proportionen zu messen und die einfachen geometrischen Formen zu erkennen, die in jedem Objekt stecken (nach Blake, 1983).

Leichte körperliche Bewegung, wie z.B. Kaugummikauen oder an eine Wandtafel schreiben fördert die geistige Beweglichkeit (siehe Kapitel 8 „Sport"). Konzentration und Gedächtnis arbeiten so nachweislich besser. Das gilt zweifellos auch für das Zeichnen, denn es fördert den Lernprozess auf mehrfache Weise: durch genaues Hinsehen, durch Aktivierung der rechten Gehirnhälfte und durch die bewegungsbedingte Bereitstellung von mehr Transmittern (Überträgerstoffen im Gehirn, s. Kapitel 8 „Sport").

Jeder, der schon einmal versucht hat, einen komplizierten Gegenstand wie eine Blume oder ein Tier zu zeichnen, weiß, wie viel man bei dieser Tätigkeit erfährt, wie genau man hinsieht; Details treten hervor, von denen man bisher nichts geahnt hat.

Zeichnen bietet den Kindern die Möglichkeit, Ängste und Wünsche zum Ausdruck zu bringen. Wenn anschließend Feinheiten der Darstellung besprochen werden, gewinnt so manches Problem an Klarheit oder findet gar eine Lösung. Zum Zensieren eignet sich solches Tun allerdings wenig, allein schon weil die Freiheit der Meinungsäußerung durch Zensuren gebremst wird.

Eine der einschneidenden Erfahrungen meiner Schulzeit ereilte mich im Biologieunterricht, der neben Mathematik mein Lieblingsfach war. Wir nahmen „Haustiere" aus der Ordnung Insekten durch und mussten Daten über Größe, Ernährung, Gewicht und so weiter von Flöhen, Wanzen und ähnlichem Getier pauken und hersagen können. Wie so manches Mal hatte ich geahnt, dass ich aufgerufen würde, und alle Fakten über den Floh gelernt. Nach meiner gelungenen Darbietung umfangreichen Wissens war der Lehrer aufgrund früherer Erfahrungen mit mir doch noch misstrauisch und befragte mich zu den in der vorherigen Stunde geprüften Wanzen. Leider wusste ich über diese nichts zu berichten, was meine Note verschlechterte.

Selbstverständlich fielen all diese Maße und Gewichte nach kürzester Zeit dem Vergessen anheim. Wäre es nicht lehrreicher gewesen, eines dieser Tiere zu zeichnen? Wenn z.B: jeder Schüler und jede Schülerin einer Klasse eines dieser „Haustierchen" zeichnete und man das Ganze dann zu einem Gesamtwerk zusammenfügte würde, hätte jeder mehr davon als von dem wohl bekannten, geisttötenden Faktensammeln.

Strichzeichnungen von Gesichtern z.B. tragen zur kommunikativen Kompetenz bei, schon weil man sich mit dem Menschen beschäftigt, den man zu zeichnen versucht – intensiv beschäftigt. Außerdem, weil man sich mit den Grundzügen der Mimik auseinander setzt und mit den Gefühlen, die sie ausdrückt. Unterhalten die Kinder sich über ihre Werke und kritisieren sich gegenseitig, so trainiert das sowohl die kommunikativen Fähigkeiten wie das bildliche Vorstellungsvermögen. Sollte ein Kind nicht wagen, Gesichter zu zeichnen, weil sein Selbstbewusstsein das nicht zulässt, dann könnte dieses Kind als Kommentatorin oder Kommentator eingeteilt werden. Auch das übt, denn das Kind schaut hin, denkt nach und formuliert.

Zensuren können einen solchen Prozess nicht fördern, sondern allenfalls bremsen. Nur in Freiheit kann er sich ungestört vollziehen. Der Umstand, dass alles benotet wird, was Schülerinnen und Schüler sagen oder schreiben, verführt dazu, nur Benotungsgerechtes anzubieten. Eine umfassendere Bildung als bisher setzt daher einen teilweisen Verzicht auf Benotung voraus.

Musik

Musik spielt im heutigen Leben eine größere Rolle denn je. Sie ist nicht mehr festlicher Genuss an wenigen, besonderen Tagen, sondern sie umgibt uns tagtäglich zu Hause, beim Einkaufen, in Restaurants. Sie steht jedem zur Verfügung in einer einem halben Jahrhundert noch nicht gekannten, perfekten Klangqualität. Für jeden Geschmack und jede Stimmung findet sich ein kaum zu überblickendes Angebot. Ob und in welcher Weise diese Dauerbeschallung unser Lebensgefühl beeinflusst und vor allem das unserer Kinder, ist nicht genau bekannt.

Musik kann beruhigen oder aggressive Stimmungen wecken. Sie kann Kommunikation fördern, sogar heiltherapeutisch wirken. Die Werbung nutzt sie ausgiebig, um Menschen zu manipulieren. Sind diese Aspekte nicht wichtig genug, dass man sich in der Schule damit befasst?

Jugendliche begeistern sich für Musik, oft so sehr, dass sie ausrasten oder sich stundenlang die Ohren volldröhnen. Sie beziehen daraus ihre wichtigste Freude im Leben, wollen etwas kompensieren, aus der Welt fliehen. Musik hören, auch laute Musik, gehört heute zur Pubertät, dient der Identifikation, Abgrenzung, Selbstverwirklichung. Zu welcher Musik sich die Kinder hingezogen fühlen, wird dem Zufall überlassen, d.h., es wird den Medien überlassen, den Plattenfirmen.

Musikunterricht

Der Musikunterricht fristet an bundesdeutschen Schulen eher ein Stiefkinddasein. Pädagogen, Eltern und Kinder beklagen zu wenig, zu schlechten und zu langweiligen Unterricht. In etwa 50% der Fälle wird er durch fachfremde Lehrpersonen gegeben, die sich mit der Bedeutung des Musikunterrichtes nie intensiv auseinander gesetzt haben. Sie sprechen über berühmte Komponisten, die den meisten Schülerinnen und Schülern völlig gleichgültig sind, über deren Werke und Lebensdaten. Diese Daten werden dann abgefragt und benotet. Zu lernen, was ein Violinschlüssel ist, ein Bassschlüssel und eine Tonleiter, trägt wenig zum Erleben der Musik bei, ebenso wenig wie das Analysieren der Themenfolge von Sonaten.

Es geht auch ganz anders und man hat ausgezeichnete Erfahrungen damit gemacht. Durchdachte, kompetent geplante und durchgeführte Musikerziehung bildet nicht nur das musikalische Empfinden, sondern die gesamte Persönlichkeit, sogar die Lernfähigkeit. Es gibt einige Untersuchungen, die zu diesen Ergebnissen gekommen sind. Ein groß angelegter Versuch in der Schweiz hat das bewiesen. 1988 bis 1993 erhielten fünfzig Versuchsklassen über einen Zeitraum von jeweils drei Jahren mehr Musikunterricht als gewöhnlich, nämlich fünf Wochenstunden. Dafür wurden andere Fächer – in der Regel je eine Stunde Mathematik, Sprache und Sachunterricht gestrichen. Die Ergebnisse wurden gründlich überprüft. Nach drei Jahren waren die Schülerinnen und Schüler der Musikklassen genauso gut in Mathematik wie die anderen, konnten sich aber besser ausdrücken, länger zuhören und waren ausgeglichener. Konzentrationsfähigkeit, Gedächtnis, sprachliche und allgemeine Ausdrucksfähigkeit sowie Lebensfreude, Kameradschaftlichkeit und Schulmotivation und letztlich auch die schulischen Leistungen wurden gesteigert. Positive Berichte über das Lesenlernen fallen auf.

Aus Ergebnissen der Gehirnforschung über die Funktionsteilung des Cortex (Hirnrinde) wurde von musikpädagogischer Seite die etwas vereinfachende Schlussfolgerung gezogen, mit musikalischer Aktivität könne die rechte Hemisphäre aktiviert und gegenüber der linken in ein Gleichgewicht gebracht werden, mit welchem dann der Grundstein für eine allgemeine Harmonisierung der Persönlichkeit gelegt wäre (Spychiger, 1995, S. 89). Wollen wir, die wir doch im Allgemeinen wissenschaftsgläubig sind, diese Untersuchungen abtun als unwichtig oder aus einem anderen Grund nicht gültig? Erkennen wir ihre Bedeutsamkeit an, so müssen wir nicht mehr Prüfungen einführen, um die in der PISA-Studie verlangten Leistungen zu verbessern, sondern mehr Musikunterricht.

Variationen des Musikunterrichtes

Wissenschaftler glauben, dass Musikberieselung die Arbeitsleistung steigert. Schülerinnen und Schüler hören Musik, während sie ihre Hausaufgaben oder andere Arbeiten erledigen. Das wird geduldet, negativ beurteilt oder ignoriert. Hier schlummern reichhaltige Möglichkeiten, sich der Wirkung von Musik anzunähern: Wer genießt ruhige Klänge, wer eher aufpeitschende? Welche Musik erzeugt angenehme, welche traurige Stimmung? Die Vermutung ist nicht von der Hand zu weisen, dass ein Großteil der heute von Jugendlichen bevorzugten Musik die Stimmung negativ beeinflusst und dass ihr aktivierender Anteil besonders Aggressionen schürt.

Wenn Schülerinnen und Schüler aufgefordert würden, sich in verschiedenartige Musik zu versenken, die aufkommenden Gefühle zu schildern und mit den Mitschülerinnen und Mitschülern zu diskutieren, hätten sie Gelegenheit, sich ein fundiertes Urteil zu bilden. Und sie würden feststellen, dass nicht jeder gleich reagiert auf ein und dasselbe Musikstück. Belehrende Erläuterungen durch Lehrerinnen und Lehrer wären weit weniger angebracht als das eigene Erleben und Diskutieren. Würde solcher Unterricht erfolgreich durchgeführt und zu weit reichenden Erkenntnissen über die Wirkung des Musikkonsums führen, dann könnte so manche aufkeimende depressive Verstimmung günstig beeinflusst oder gar abgewehrt werden.

Musik unterstützt Bewegung, Tanz oder Entspannung. Atemtechnik braucht man zum Sprechen, zum Singen und zum Gesundbleiben. Anhand von bekannten Songs oder selbst getextetem Rap kann man Werte intensiver erleben und anschließend diskutieren. Die Melodie aus Liedern der Vögel heraushören bildet das Gehör und die Liebe zur Natur. Instrumentenbau bringt Erfahrung in Materialkunde und Physik. Wir haben zum Beispiel als Kinder Pfeifen und Flöten aus Weidenzweigen gebastelt, denn damals konnte man noch nicht für 10 Cent eine Plastikpfeife kaufen. Wenn man bedenkt, was Schülerinnen und Schüler in „Jugend forscht" leisten, dann sollte man nicht die Hoffnung von vornherein aufgeben, dass manche Jugendliche ein komplizierteres Instrument bauen können. Die Musik muss nicht auf ein einziges Fach beschränkt werden. Sie bietet eine Welt von Möglichkeiten.

Die viel versprechenden Einflüsse von gutem Musikunterricht sind weithin bekannt. Niemand sollte sich diesen Erkenntnissen verschließen: Musik macht klug, fördert die soziale Kompetenz und bereitet Freude. Musikunterricht ist Prävention, ein soziales Abrutschen kann unter Umständen verhindert werden. Ein Heimplatz kostet € 50.000 im Jahr, die Kosten für einen Musikschüler ca. € 200.

Zwischenkapitel: Für's Leben lernen

„Stephan, tragen Sie bitte Ihre Hausaufgaben vor!"

„Habbichnich."

„Und wieso, wenn ich fragen darf?"

„Vergessen."

„So, so. Denken Sie doch mal nach, verdammt! Sie lernen das doch nicht für mich oder die Schule oder sonst jemanden, sondern einzig und allein für sich selbst."

„Ach, das brauche ich doch nie wieder."

So, jetzt geht es gleich los. Der Lehrer wird seinen „Zöglingen" erzählen, wie wichtig doch Schule und besonders sein Fach sei. Die Schüler halten mehr oder weniger dagegen, das sei Scheiße, und niemand wolle das je wieder von ihnen wissen. Sie klären ihren Lehrer darüber auf, was sie mal werden wollen und dass einen Gärtner die Winkelsumme im Dreieck ziemlich kalt lässt. Der Lehrer schwört daraufhin Stein und Bein, dass gerade für Gärtner die Winkelsumme im Dreieck eine existenziell notwendige Grundlage zur Ausübung seines Berufes, wenn nicht des schieren Überlebens sei.

Derartige Diskussionen haben wahrscheinlich die meisten Schüler in der einen oder anderen Form schon miterleben dürfen, genützt hat es bisher nicht viel: Des Gärtners Leben hängt immer noch an der Winkelsumme, und den Schülern hängt sie nach wie vor zum Hals raus.

Dabei muss es gar nicht verkehrt sein, wenn man in seiner Jugend auch dies und jenes lernt. Die Frage ist nur, wie? Hier gehen die Ansichten teils arg auseinander. Vom „Zurück zur Prügelstrafe" über „Summerhill" bis zum „Schule? Fuck off!" ist alles vertreten.

Aber wir werden doch kein neues System einführen, ohne das alte mal so richtig schlecht zu machen? Niemals! Also, als da wären: doofe Lehrer. Die fachliche und (besonders) charakterliche Kompetenz mancher Lehrer lässt teilweise zu wünschen übrig. Aber, woran liegt's, denn wir suchen ja Lösungen? Der wichtigste Punkt ist sicher die Überforderung. Was?!! Die arbeiten doch so schon kaum! Gut, gut, ein gewissenhafter Lehrer, der akzeptablen Unterricht halten will, muss meiner Einschätzung nach ungefähr so viel zu Hause arbeiten, wie er auch vormittags arbeitet. Das macht bei ca. 30 Stunden vormittags insgesamt eine ganze Menge. Dementsprechend wenig akzeptablen Unterricht haben wir bisher erlebt – geschweige denn guten. Ausgenommen Referendare, die sich häufig echte Mühe geben.

Dass diese Arbeitszeit so hoch angesetzt ist, hat verschiedene Gründe. Einer ist, dass Lehrer Arbeiten und Klausuren berichtigen und benoten und zusätzlich noch über mündliche Leistungen befinden müssen. Damit wären sie eigentlich schon ausgelastet. Um aber guten Unterricht zu liefern, müsste man sich zunächst überlegen, was als Thema der jeweiligen Unterrichtsstunde in Frage kommt, und sich jetzt eventuell noch selbst informieren, um den „drohenden" Schülerfragen gewachsen zu sein.

Danach kommt der wichtigste Punkt: Sich überlegen, wie man den Stoff den Schülern am besten nahe bringt. Also: Keine langweiligen Monologe, sondern möglichst den Schülern den Unterricht zu überlassen, und sie sanft zu einem Aha-Erlebnis führen. Hierbei sollte ein Lehrer eventuell schwächere Schüler berücksichtigen und sich für sie noch ein Spezialrezept ausdenken. Zu guter Letzt denkt er sich, falls gar nichts anderes möglich ist, noch eine Hausaufgabe aus – das alles nimmt natürlich kaum ein Lehrer auf sich.

Unser Lehrer steht am Morgen mehr oder weniger unvorbereitet vor der Klasse und soll seinen Stoff an den Mann bringen. Dabei muss er sich einen langen Vormittag über ständig auf verschiedene Schüler und Themen einstellen, und damit nicht genug, die meisten Schüler wollen gar nicht wissen, was er ihnen beibringen will. Unter solchen Arbeitsbedingungen wundert es kaum, dass man gute Lehrer vergebens sucht.

Die nahe liegendste Alternative wäre also, die Unterrichtszeit der Lehrer zu halbieren und feste Vorbereitungszeiten für sie einzuführen, in denen dann halbwegs akzeptabler Unterricht vorbereitet würde.

Wer aufgepasst hat, merkt aber, dass wir jetzt doppelt so viele Lehrer benötigen, was natürlich kein Mensch bezahlen will. Eine mögliche Lösung dieses Problems wäre bei den Inhalten zu suchen. An diesem Punkt gehen die Meinungen vielleicht am weitesten auseinander. Schüler meinen, sie lernen jede Menge „Scheiß", den sie nie wieder brauchen, die Lehrer behaupten in der Regel Gegenteiliges (siehe oben). Die Erfahrung hat aber gezeigt, dass nach der Schule in Lehre oder Studium alles Wichtige noch mehrmals durchgekaut wird. Das Einzige, was man dann davon gehabt hat, ist, dass man es jetzt schneller lernt, da man diese „Denkwege" schon einmal beschritten hat. Auf diesen letztgenannten Nutzen lässt sich fast alles, was in der Schule gelernt wird, reduzieren. Man kann also die Stundenpläne gut zusammenkürzen – bis zur zehnten Klasse sollten die Schüler das Lesen und Schreiben können sowie die wichtigsten Fächer in ihren Grundlagen beherrschen (Deutsch, Rechnen, Englisch).

Jetzt ist plötzlich viel Raum frei geworden, der genutzt werden will. Hier wäre endlich mal Platz, die Schüler aus ihrer jämmerlichen Position als Wissensempfänger herauszuheben und sie zu ethisch denkenden Individuen zu erziehen. Statt ihnen wie bisher durch möglichst stupide Verabreichung des Stoffes jegliches Interesse auszutreiben, könnte man versuchen, vorsichtig Interesse zu wecken; denn kein Schüler würde es für möglich halten: Mathematik könnte interessant sein. Statt durch das übersteigerte Ego des Lehrers und durch ständiges Hinarbeiten auf bestimmte Lösungswege jegliches eigenständige Denken unmöglich zu machen, könnte man vielfältigeren Unterricht präsentieren, indem die Initiative der Schüler gefordert würde.

Niemand behauptet, es solle keine Geschichte mehr unterrichtet werden. Nur die Zielsetzung muss sich ändern. Statt Schülern Wissen streng geordnet vorzutragen und auf diesem Weg das Interesse zu zerstören, sollte versucht werden, Interesse zu wecken, denn ist dieses Interesse erst einmal da, führt es zu mehr Gelerntem, als ein Lehrer je vermitteln kann. Der Lehrer rückt dabei in eine weniger übergeordnete Position. Der Idealfall wäre es, wenn die Schüler von sich aus Probleme ansprechen würden, von denen aus sich Diskussionen entwickeln. Im Normalfall wird der Lehrer aber Material „anschleppen", unter Umständen sogar solches, nach dem Schüler gefragt haben. Das kann bedeuten, dass der Lehrer etwas erzählt, Texte mitbringt, die Schüler mit nach draußen nimmt, in ein Museum oder Ähnliches oder alle zusammen einen Versuch durchführen. Auf jeden Fall muss der Unterricht irgendeinen aktuellen Bezug haben, damit deutlich wird, was das Ganze soll. Die strenge Trennung der Fächer fällt weg. Viele Themen sind ohnehin fachübergreifend und könnten nach Bedarf auch mal eine ganze Woche oder länger ausschließlich behandelt werden. Dadurch fällt das Lernen leichter, da man sich besser hineindenken kann. Außerdem werden so größere Zusammenhänge deutlich und allgemeine Prinzipien werden, da sie auf Dauer immer wieder auftauchen, leichter erkannt.

Wo es heute in einem Jahrgang vier verschiedene Klassen gibt, bieten dann vier Lehrer ihren Unterricht an, und die Schüler wählen unter ihnen. Dadurch kommt dem Lehrer die Verantwortung zu, seinen Unterricht vielfältig zu halten, damit kein Schüler in die immer gleichen Unterrichtsstrukturen gezwängt wird („Same procedure as last year"). Ein Biologie-Studium

„auf Lehramt" fällt damit weg, es gibt nur noch einen *„Lehrer-Studiengang"*. Somit bleiben den Schülern die verkorksten Wissenschaftler erspart, die, nur um ihr Fach betreiben zu können, in der Schule enden und Kinder quälen.

Das Wichtigste muss aber immer das Zusammensein bleiben, Gespräch, Diskussion, Verstehen, denn was man im Leben am meisten braucht, ist sicher nicht der Winkelsatz, sondern sich mit anderen Menschen zurechtzufinden, in einer Gruppe seinen Weg zu finden und Toleranz zu üben. Kurz: Mitmenschlichkeit zu vermitteln ist das Beste, was Schule leisten kann.

Somit kommen wir zum letzten Punkt: der Notengebung. Eben diese ist neben der Prügelstrafe so ungefähr das Übelste, was Pädagogen sich je haben einfallen lassen. Mal ganz abgesehen von dem unübersehbaren Schaden, den die Notengebung hat: Welchen Nutzen soll sie bringen? Soll sie dem Schüler oder anderen helfen, sich/ihn einzuschätzen?! Ein prima Konzept – Menschen in Zahlen zu verpacken! Warum nicht gleich den Unterricht irgendwelchen Computern überlassen? Oder sollen sie den Schüler etwa anspornen?

Man weiß gar nicht, wo man mit der Kritik anfangen soll. Ein praktischer und damit nahe liegender Kritikpunkt ist die Tatsache, dass Notengebung Lehrer schlichtweg überfordert. Nicht nur, dass es ein Unding ist, viele Stunden Unterrichtsbeteiligung (oder -nichtbeteiligung) in eine Zahl packen zu wollen, zusätzlich können Schüler durchaus kompetenter sein als der Lehrer; hinzu kommt noch, dass ein Lehrer bis zu dreißig Schüler gleichzeitig bewerten muss, was alles in allem eine angemessene Bewertung von vornherein unmöglich macht.

Was aber viel schlimmer ist: Die Note spornt die Schüler tatsächlich an, was sie auf Dauer zu völlig degenerierten, unreflektierten, erfolgsgeilen Unmenschen erniedrigt. Das ist recht krass ausgedrückt, wird also mit Sicherheit falsch verstanden, und die Hälfte der Lehrer fühlt sich vermutlich auf den Schlips getreten. Aber es ist doch wohl weitsichtiger und ermutigender, aus Spaß oder für das Wissen zu arbeiten, als ein leeres Zeichen auf einem Blatt Papier zum Götzen zu erheben und ihm zu dienen.

Gerade daher kommen doch Einstellungen wie: „Er ist zwar ein strenger Lehrer und menschlich ein Arsch, aber da lernt man wenigstens was." Und das in einem System, das vorgibt, die Schüler zu reflektierendem und kritischen Denken anleiten zu wollen!

Es mag jetzt der Eindruck entstehen, die Schulpflicht solle auch abgeschafft werden. Das ist zwar prinzipiell richtig, in der Realität sollte sie aber dennoch aufrecht erhalten werden, damit den Kindern nicht durch ihre Eltern die Chance auf soziale Kontakte und Bildung, die Schule bieten kann, verwehrt wird.

Lehrer sollten auch die Möglichkeit haben, von Vortrommlern auf einer Galeere zu Mitmenschen zu avancieren. Sie würden ihrer Kompetenz und natürlichen Autorität wegen zwar immer noch eine besondere Position einnehmen, könnten aber weitestgehend in die Gruppe integriert werden.

Jedoch steht dann ein Lehrer immer auch in direkter Konkurrenz zu anderen Lehrern. Dadurch wird er, der in dem hier geschilderten System eine Position wie ein kleiner Pascha hat, ständig durch die Schüler kontrolliert, die seinen Unterricht mehr oder weniger besuchen. Gleichzeitig *bietet sich hier eine grobe Leistungskontrolle für die Lehrer, die dann natürlich auch nicht mehr unkündbar wären. Zu guter Letzt hat der Lehrer dann auch mehr Zeit, da er kein vorgestecktes Ziel mehr erreichen muss, was die Vorbereitung erleichtert. Da er auch keine Noten mehr geben muss, könnte er sogar etwas mehr Unterricht erteilen als heute.*

Das hier entworfene Konzept mag manchen vielleicht bekannt vorkommen. Es ist aus meiner eigenen Erfahrung entstanden. In der dreizehnten Jahrgangsstufe entdeckte ich dann allerdings Parallelen zu beispielsweise Neill Summerhill – man kann halt nichts wirklich Neues mehr schreiben, da alles irgendwie schon einmal da war.

Abschließend bleibt noch anzumerken, dass es sich hier um den (groben) Abriss eines Konzeptes handelt, das vollständig den Rahmen dieses Textes sicherlich sprengen würde. Es ist lediglich ein Konzept, und wem es nicht gefällt, dem sei eine andere Meinung vergönnt. (T. Roggendorf, 1992)

8 Sport

In der modernen Großschule spitzen sich die Probleme zu. Schülerinnen und Schüler werden zunehmend aggressiv, unkonzentriert, haben kaum Freude am Leben und sie lernen zu wenig. Mehr Bewegung, mehr Sport, Tanz, Karate, Yoga oder eine der zahllosen anderen sportlichen Möglichkeiten könnte diese Probleme mildern. Die Lebensbedingungen von Schulkindern sind in vieler Hinsicht nicht kindgerecht – es fehlt Freiheit, Neugier, Verantwortung usw.; am schwersten aber wiegt der Mangel an Bewegung.

Diese Behauptung erscheint vielleicht manchem übertrieben, hält aber jeder Überprüfung stand, denn wer Sport treibt, erlebt mehr Freiheit und Verantwortung für sein eignes Tun, fühlt sich besser, lernt leichter.

Bewegungshemmung kann Lernhemmungen erzeugen.

Seit 1996 gibt es an der Dossenheimer Neubergschule, einer Grundschule, die „Spielpause". Hier dürfen Schülerinnen und Schüler nach Herzenslust herumtoben und Bälle, Sprungseile, Stelzen, Pedalos, Moonhopper, Tischtennisplatten und andere Spielgeräte benutzen. Die Kinder freuen sich auf die Spielpause und probieren gerne etwas Neues aus, zum Beispiel Tellerdrehen oder Balancieren. Dabei vergessen sie sogar bevorstehende Tests und sind nicht mehr so nervös, wie eine Schülerin berichtet. Eine andere neunjährige Schülerin betont ebenfalls, wie wohl sie sich nach dem Herumtoben fühle, und versichert, dass sie hinterher spüre, „dass man jung ist". Eine Bekundung, die uns wirklich zu denken geben sollte (Eberhardt, 1999). Was haben wir einem Kind angetan, das sich mit neun Jahren nicht mehr jung fühlt?! Ist ein solches Kind erfüllt von Lebensfreude und Lernfreude?

Die Lehrerinnen und Lehrer hatten zunächst erwartet, dass das zusätzliche Angebot Haltungsschäden und motorische Einschränkungen ausgleichen könnte. Sie stellten aber bald fest, dass der Unterricht entspannter und konzentrierter vonstatten geht und dass es weniger Konflikte gibt. Beim Spielen wird auch das emotionale Lernen gefördert, und die Aggressivität geht zurück.

Verschiedene andere Schulen haben den Versuch unternommen, den Kindern mehr Bewegung zu verschaffen, und übereinstimmend festgestellt, dass diese sich anschließend besser konzentrieren können, ruhiger und ausgeglichener sind. Schon im Vorschulalter konnte man diese Erfahrung machen, zum Beispiel in Waldkindergärten. Jeder Mensch, der ab und zu Sport treibt, kennt diesen Effekt. Man fühlt sich ruhiger und zufriedener, die Konzentration auf schwierige Texte fällt leichter – oft nicht direkt im Anschluss an sportliche Betätigung, sondern erst später, dafür aber nachhaltig.

Gesundheit

Die medizinische Wissenschaft hat unser Leben enorm verbessert und verlängert, verheerende Seuchen besiegt und jede Einzelheit der Lebensführung auf ihre gesundheitliche Wirkung hin untersucht. Dessen ungeachtet zwingen und verführen wir unsere Kinder zu einer Lebensweise, die mit Gesundheit und Lebensfreude kaum vereinbar ist. Vermutlich mehr als die Hälfte von ihnen leiden an Fehlernährung, Haltungsschäden, Unruhe, Konzentrationsschwäche, Unlust, Allergien oder anderen Störungen. Angst, Gewalt, Drogenabhängigkeit, Selbstmorde sind keine Seltenheit.

Jeder Fall gilt als tragisches Einzelschicksal und wird bestmöglicher Behandlung zugeführt. Die folgenschwere Häufung von Gesundheitsstörungen fällt älteren Erwachsenen und Ärzten nicht auf, weil die Kindersterblichkeit fast auf null zurückgegangen ist; sie sollte uns dennoch alarmieren und auf Abhilfe sinnen lassen. Wissenschaftler schätzen, dass etwa ein Drittel der Erkrankungen in den reichen Staaten auf Bewegungsmangel zurückzuführen, beziehungsweise wesentlich durch Bewegungsmangel mitbedingt ist.

Noch vor 30 Jahren sah das Leben der Kinder ganz anders aus als heute. Dreißig bis vierzig Stunden pro Woche verbrachten sie auf dem Bolzplatz, im Wald oder auf der Straße, spielten, tobten, saßen herum, aber nie allzu lange an einem Ort. Sie waren in Bewegung. Heute sind das gerade noch zehn Stunden. Die meiste Zeit sitzen sie in der Schule, vor dem Fernseher oder beschäftigen sich mit anderer Unterhaltungselektronik.

Nicht die Schule hat diese Entwicklung zu verantworten, sie ist durch gesellschaftliche Veränderungen entstanden. Trotzdem kann nur die Schule eine Änderung herbeiführen. Nur hier hat der Staat die Macht, das Denken und die Gewohnheiten eines jeden Einzelnen zu beeinflussen und zu formen.

Trennung von Körper und Geist

Die abendländische Tradition teilt den Menschen in Körper und Geist, wobei der Körper als Wohnsitz des Geistes gilt, welcher der eigentliche Mensch sei. Entsprechend kläglich ist die Förderung körperlicher Fähigkeiten im Schulalltag.

Der Sportunterricht wird an den Rand gedrängt, entweder in die letzten Stunden des Vormittages oder auf den Nachmittag verlegt. Man möchte so jede Beeinträchtigung anderer

Fächer durch eventuelle Ermüdungserscheinungen vermeiden. Sportunterricht hat also den allerletzten Stellenwert; jede andere Disziplin zählt mehr. Die zwei Stunden Sport pro Woche, die an einem Stück durchgezogen werden, können einer körperlichen Ertüchtigung kaum dienen. In dieser Hinsicht haben sie keine andere Funktion als die Behauptung zu belegen, dass in der Schule Sport stattfindet. Eines kann dieser Unterricht allerdings leisten: sportliche Leistungen messen – wie schnell einer läuft oder wie hoch er springt – und den Schülerinnen und Schülern im Anschluss bescheinigen, dass sie sportlich oder unsportlich sind.

Unsportlichkeit

Durch die Zensuren werden manche Kinder für sportlich befunden, andere für unsportlich. Diese Folge stellt sich zwangsläufig ein, denn der Lehrer darf nicht alle gleichermaßen mit „gut" benoten. Ein Teil der Kinder lernt demzufolge in der Schule: „Ich bin unsportlich."

Ich meine, es ist auf keinen Fall zu verantworten, dass man Schülerinnen und Schüler mit dieser Überzeugung ins Leben entlässt. Sowohl Körpergefühl wie Gesundheit können beeinträchtigt werden, außerdem die Selbstachtung. Man sollte jedem Mädchen und jedem Jungen die Möglichkeit geben zu erkennen und auszuprobieren, welche Art der Bewegung ihr oder ihm besonders liegt – das kann von Yoga bis Leichtathletik gehen. Bei jeder sportlichen Betätigung sollte die Freude im Vordergrund stehen, denn nur was man gerne tut, macht man konsequent weiter.

Es gibt ein ganz einfaches, vollkommen kostenneutrales Mittel dagegen, dass Schülerinnen und Schüler sich selbst als unsportlich einstufen: Man könnte die Benotung im Sportunterricht abschaffen und jedem Kind eine Sportart anbieten, die ihm liegt.

Bequemlichkeit

So mancher meint, dass Gehen, Laufen und Arbeiten zu den Strafen des Lebens gehört. Bequemlichkeit gilt als angenehmer und gesünder als körperliche Schinderei, und als solche wird Sport von vielen betrachtet.

Der Zwang zu körperlich schwerer Arbeit einschließlich weiter Wege zu Fuß ist in unserer Luxusgesellschaft für die meisten weggefallen. Wir haben uns in der Bequemlichkeit eingerichtet und genießen sie als Privileg. Die Rechtfertigung lautet: „Sport ist Mord" oder „Körperkult ist primitiv". Sportliche Leistungen dienen allenfalls der Pflege des Nationalstolzes. Erfolge, die im Bereich der Weltspitze liegen, machen den Bequemsten glücklich, wenn er vor seinem Fernsehapparat seine eigene Zugehörigkeit zu dieser Großtat feiern kann.

Umkehr fällt schwer. Wer sich an die Trägheit gewöhnt hat, findet nicht mehr leicht aus ihr heraus. Es kostet Mühe, sich wieder zu sportlicher Betätigung aufzuraffen. Erst nach und nach, wenn man sich unter ansehnlicher Willensanstrengung umgewöhnt hat, läuft es wieder wie von selbst. Man möchte dann seinen Sport nicht mehr missen, weiß, wie unwohl man sich ohne ihn gefühlt hat.

Einige Stunden Bewegung beseitigen so manchen Unmut. Jeder, der es erlebt hat, weiß, wie lösend und befreiend mehrstündige sportliche Betätigung in der freien Natur wirken kann. Stress, Anspannung, Belastung verlieren an Wichtigkeit, lösen sich oft ganz. Die Stimmung hellt sich auf, die Gedanken werden positiver, erkennen wieder Zukunftsperspektiven.

Viele junge Leute von heute haben diese Chance nie kennen gelernt. Sie suchen Entspannung und Freude anderswo: in Ablenkung und betäubender Musik, bei Drogen oder in einer Gruppe, die ihnen ein Zuhause bietet, wie Sekten und sonstige extreme Vereinigungen. Sie laufen in eine Sackgasse.

Geistige Entwicklung

Es schadet der geistigen Entwicklung, wenn man Körper und Geist trennt, denn beide arbeiten zusammen, entwickeln sich zusammen. Außerdem sind sie in ihrem Gedeihen auf Wohlbefinden angewiesen, das sich nur bei ganzheitlicher Belastung einstellt. Weder körperliches noch geistiges Stillsitzen tut gut.

Geistige Entwicklung beginnt damit, dass ein Kind zuerst geschickte, zielgerichtete Bewegungen auszuführen lernt: nach etwas greifen, dann krabbeln, gehen, klettern (auf ein Sofa zum Beispiel) oder eine Treppe bewältigen. Es denkt darüber nach, auf welche Weise es sein Ziel erreichen kann. Bis zum Eintritt in die Schule ist dies das wichtigste Verstandestraining für jedes Kind.

Vom dritten oder vierten Lebensjahr an kommen theoretische Überlegungen ins Spiel, beispielsweise vorausplanende Gedanken bei Geschicklichkeitsspielen sowie im Verhalten Mitmenschen gegenüber: „Wie kann ich meine Mutter dazu bringen, dass sie mich beachtet, dass sie mit mir spielt oder dass sie mir einen Lutscher gibt?" Die Kleinen erläutern uns zwar nicht ihre Überlegungen, aus ihren zum Teil recht raffinierten Praktiken können wir jedoch entnehmen, dass eine Menge gedanklicher Arbeit darin steckt. Auch ihre Mimik läßt oft Rückschlüsse zu. Die tiefe Befriedigung zeigt: Sie wissen, dass sie etwas geleistet haben.

Zunehmend erlangt der Umgang mit Spielkameraden Bedeutung für das Training geistiger Fähigkeiten. Die Kommunikation besteht aus einem breiten Spektrum von Verhaltensmöglichkeiten. Von Unterwürfigkeitsfloskeln bis Kampfrhetorik wird alles geübt und daraufhin überprüft, inwieweit es körperlichem Einsatz über- oder unterlegen ist. Auch Gespräche finden schon statt, über Art und Qualität der Methoden von Altersgenossen oder von Größeren.

Mit Schulbeginn gewinnt abrupt, von der Obrigkeit angeordnet, das theoretische Denken die Oberhand, obwohl die Kinder sich noch in einem äußerst bewegungsfreudigen Alter befinden und ihre Kommunikationsfähigkeit das Stadium der Grundkenntnisse kaum überschritten hat. In der heutigen, bewegungsarmen Zeit der Kleinfamilien können sich diese beiden so überaus wichtigen Fähigkeiten oft nur mangelhaft entwickeln. Seit Jahren treten bedenkliche Rückstände in den Basisfunktionen „Bewegen und Wahrnehmen" bei Schulanfängern in Erscheinung.

Verschiedenartige Bewegungs- und Sprachtherapien versprechen Abhilfe, erreichen aber bei weitem nicht alle Kinder. Verhaltens- und Lernstörungen nehmen in Besorgnis erregenden Ausmaß zu und machen Schülern wie Lehrern das Leben schwer. Eines Tages wird man begreifen, wie wichtig die gleichmäßige Ausbildung aller Fähigkeiten ist und dass das Zu Hause Versäumte in der Schule nachgeholt werden muss.

Sport fördert die Hirntätigkeit

Das Verlangen nach mehr Wachheit, Aufmerksamkeit, geistiger Leistungsfähigkeit hat bunte Blüten getrieben in Form von Pillen und Getränken. Tee, Kaffee, Amphetamine, Kokain – man kann unmöglich alle Drogen aufführen, die den Menschen mühelos zu geistiger Klarheit und guter Laune verhelfen. Sie wirken, indem sie die Überträgerstoffe im Gehirn, die sogenannten Transmitter, beeinflussen.

Das Gehirn stellt die notwendigen Botenstoffe alle selbst her. Die gewünschten, relativ großen Mengen produziert es, wenn es auf Hochtouren läuft, wenn es Muskelbewegung kommandiert, die Spannung und Feineinstellung von Muskeln und ihren Gegenspielern veranlasst und überprüft. Dann nimmt das Gehirn praktisch ein selbst hergestelltes Transmitterbad. Es entsteht einerseits ein positives Lebensgefühl – Lebensfreude, Glück, Zufriedenheit, Begeisterung – zum anderen wird die Verstandestätigkeit angeregt.

Sport fördert Konzentration und Gedächtnis

Schülerinnen und Schüler, die während einer Klassenarbeit Kaugummi kauen, können nach Erkenntnissen britischer Forscher bessere Noten erzielen. Die Fähigkeit, sich an bestimmte Wörter oder Zahlen zu erinnern, steigt um bis zu fünfunddreißig Prozent. (dpa, 14.3.2002)

Kurze Zeit, nachdem die Gedächtnis fördernde Wirkung des Kaugummi-Kauens durch die deutsche Presse gegangen war, wurde berichtet, dass auch beim Schreiben an einer Wandtafel die Gedanken besser funktionieren als beim Stillsitzen. Nicht zu vergessen das seit längerem bekannte „Gehirnjogging": Hier werden Fingerübungen, ähnlich wie beim Schreibmaschine-Schreiben zum Training der geistigen Leistungsfähigkeit eingesetzt.

Es ist also bewiesen, dass regungsloses Stillsitzen, so wie es die herkömmliche Schule verlangt, für die Verstandestätigkeit alles andere als optimal ist. Manche Schulen wissen das seit langem und begrüßen eine gewisse Menge an Bewegung während des Unterrichts. Das sind zum Beispiel Montessorischulen und Kreativschulen. Aber ganz überwiegend streben Lehrerinnen und Lehrer größtmögliche Ruhe während des Unterrichtes an, das heißt Bewegungslosigkeit.

Sport und Aggression

Bewegungsmangel macht Kinder unfroh und aggressiv. Der zu stark und dauerhaft gebremste Bewegungsdrang erzeugt Unlustgefühle, die leicht in Aggression münden können, wenn sie durch andere Anlässe verstärkt werden. Das Gefühl wohligen Erschöpftseins dagegen besänftigt aggressive Impulse.

Wenn Aggression in Gewalt ausartet, verursacht sie Unheil. Normalerweise aber ist sie ein wesentlicher Teil von Kommunikation und Selbstbehauptung. Es lohnt sich also, den zweckmäßigen Umgang mit ihr zu erlernen, so dass man sie dosiert und gezielt einsetzen kann. Nirgends lernt man den Einsatz vernünftig aggressiver Praktiken so leicht und so gut wie im Sport. Das beginnt bei einer vergleichsweise ruhigen und einsamen Tätigkeit wie einem Golfschlag und erreicht die höchste Form im Mannschaftsport.

Der schlichte Golfschwung und erst recht der Schlag beim Tennis gelingen oft besser, wenn eine mäßige Portion Aggressivität im emotionalen Ausgangspotenzial liegt. Gleichzeitig verlangt das genaue Zielen gewissenhaftes Abschätzen sämtlicher Umstände und ruhige Überlegung: eine ideale Kombination von Aggression und Nachdenken.

Im Mannschaftssport erfährt die emotionale Intelligenz ein ausgefeiltes Intensivtraining. Der Gegner kann privat ein guter Freund sein, muss aber in der Spielsituation mit allen erlaubten Mitteln bekämpft werden. Eine bessere Gelegenheit, mit widersprüchlichen Emotionen souverän umzugehen, kann man sich gar nicht wünschen. Gefühle und Stimmungen werden in schnell wechselnder Mischung durchlebt und gehandhabt. Man denkt täglich, ja stündlich über die Grenzen der Aggressionen nach und diskutiert darüber.

Die unerbittliche Trennung der einzelnen Schulfächer wirkt kontraproduktiv. Warum nicht im Sportunterricht psychologische und medizinische Fragestellungen erörtern? Nicht im geistigen Höhenflug der Dichtkunst oder in der sachlichen Abhandlung von Fakten, sondern mitten in der Realität des Lebens könnten Schülerinnen und Schüler hier Probleme erörtern und dabei ihre sprachlichen Fähigkeiten üben, mündlich oder auch schriftlich.

Sport fördert die Eigenverantwortung

Wer Sport treibt, wird in jedem Augeblick auf die eigenen Möglichkeiten und Grenzen verwiesen. Er ist für sein Tun ganz allein verantwortlich. Auch wenn er im Verein oder unter Anleitung eines Coachs trainiert, trägt er für jeden einzelnen Bewegungsablauf die Verantwortung. Wie sehr er sich bemüht, wie gut er sich konzentriert, wie leicht er über geringe Missempfindungen wie Ziehen in den Muskeln, Gelenken oder in der Lunge hinwegsieht, unterliegt in jeder Minute der eigenen Bemühung, dem ganz persönlichen Einsatz. Niemand kann einem das abnehmen. Die Bedeutung dieses Gesichtspunktes kann in der heutigen Zeit, wo Kinder fast jeder Entscheidung enthoben sind, gar nicht hoch genug veranschlagt werden.

Frustrationstoleranz wird gefördert und geübt. Kleine Fehlschläge sind zahlreich, wiegen jedoch nicht schwer: Man fällt hin, steht wieder auf, trifft daneben, versucht es noch einmal. In aller Regel folgt kein Tadel, keine Entmutigung, und wer sich einmal wehgetan hat, wird getröstet und aufgerichtet – manchmal mit etwas rauen Worten, aber Überempfindlichkeit gewöhnt man sich im Sport ab. Misslingen ist ein selbstverständlicher Teil all dieser Spiele und betrübt nicht, sondern regt zu neuen Versuchen an.

Sport hebt die Stimmung

Die heilende und aufbauende Wirkung des Sportes lässt sich nirgends so leicht und exakt untersuchen wie beim Laufsport. Laufen kostet zunächst gar nichts – erst wenn man dabei bleibt und länger läuft, braucht man spezielle Schuhe. Man kann diesen Sport überall durchführen und beliebig begrenzen. Es macht kein Problem, mit zehn oder fünfzehn Minuten anzufangen und mit Hilfe von Pulsmessung die Höhe der Belastung genau festzustellen. Deshalb eignet sich der Laufsport hervorragend für exakte Untersuchungen, und darum konnte man die Wirkung dieser Sportart auf Krankheiten und Störungen der Gesundheit und des Wohlbefindens detailliert erforschen.

„Laufen beflügelt die Seele. Die so genannten Katecholamine Noradrenalin und Dopamin stellen Ihr Gehirn auf Glück. Noradrenalin, auch unter dem Namen ‚Eu-stress-Hormon‘ bekannt, lässt die Gedanken blitzen und stimmt den ganzen Menschen optimistisch. Es hellt gemeinsam mit Dopamin, dem Hormon der Kreativen, die Stimmung auf. Tummeln sich viele Serotonin-Moleküle in unserem Gehirn, sind wir so richtig fröhlich. Mangelt es daran, leiden wir unter Depressionen. Serotonin ist ein ziemlich gut erforschter Stoff, mit dem die Pharmaindustrie viel Geld verdient. Antidepressiva (Medikamente, die Depressionen heilen sollen) regulieren den Serotonin-Haushalt. Doch Sie müssen keine teuren Pillen schlucken. Machen Sie Ihr Antidepressivum selbst: Laufen Sie. Und schon tanzen die Serotonin-Moleküle in Ihrem Gehirn. Denn Serotonin macht glücklich – sogar wenn man traurig ist. Viele Studien zeigen: Laufen wirkt so stark stimmungsaufhellend, dass es sogar Menschen mit depressiven Verstimmungen aus ihren Tiefs holt." (Strunz, 2002, S. 19)

Auch bei Jugendlichen und Kindern wurde Erstaunliches herausgefunden: Laufen mindert oder beseitigt Verhaltensstörungen, es verbessert das Sozialverhalten, vermindert Lernstörungen, senkt Ängste und Depressionen, erhöht die Selbsteinschätzung, führt häufig dazu, dass Medikamente reduziert oder abgesetzt werden können (nach Schüler 1999, S. 264 f.).

Laufen und andere Sportarten heilen selbstverständlich nicht nur diese Störungen, sie beugen auch vor. Sie können Ängste und Depressionen bereits in den allercrsten Stadien dämpfen und verhindern. So manche Lernstörung wird nicht entstehen, wenn das Kind oder der Jugendliche sich ausreichend bewegen darf. Nach heutigem Wissensstand brauchen die Schülerinnen und Schüler also nicht mehr Unterricht im Lesen, um besser lesen zu lernen, sondern mehr Bewegung.

An dieser Stelle folgt zwangsläufig der Einwand, Schule sei nicht der Reparaturbetrieb der Nation. Der Kritiker bedenke jedoch, dass Schule das Leben der Schülerinnen und Schüler gestaltet. Sie prägt Gewohnheiten, sollte das Lernklima verbessern und Lernhemmnisse beseitigen. Folglich muss Schule dafür sorgen, dass Schülerinnen und Schüler sich so viel bewegen, wie es für ein gedeihliches Lernklima nützlich ist.

Drogenprävention

Ein Mensch, der auf seinen Körper achtet, verfällt nicht so leicht den Drogen. Sportvereine in sozialen Brennpunkten machen immer wieder die Beobachtung, dass ihre Mitglieder nicht an Drogen geraten. Diese merken es frühzeitig, wenn sie ihrem Körper schaden, und nehmen das auch ernster als Jugendliche, die gelernt haben, ihren Körper zu missachten.

Mehr Schulsport

Sport treiben kann nicht jedes Problem lösen, aber wer sich sportlich betätigt, ist für die Lösung und Bewältigung jedes Problems besser gerüstet. Sport ist kein Allheilmittel, wie man nach dieser Liste seiner guten Wirkungen meinen könnte. Aber er kann ungeheuer viel Gutes bewirken und zahlreiche Schwierigkeiten mildern.

Wenn wir die körperliche, geistige und emotionale Leistungsfähigkeit steigern wollen, müssen die Kinder unbedingt, wie in Dossenheim so erfolgreich vorgeführt, an jedem Vormittag mehrmals für eine gewisse Zeit herumtoben. Fünf bis zehn Minuten am Stück wären wesentlich mehr als gar nichts und wohl auch genügend. Die Konzentrationsfähigkeit in der nächsten Stunde würde nicht durch Ermüdung gestört, sondern durch Anregung in Form des Transmitterbades gesteigert. Kämen dann noch eine Stunde Sport pro Tag und eine zwei- bis dreistündige Exkursion pro Woche hinzu, so wäre wieder für ein hinreichend kindgerechtes Ausmaß an Bewegung gesorgt.

Wer meint, dass dies ein unvorstellbar großer Aufwand und überhaupt nicht realisierbar wäre, der bedenke, wie viele unserer Schulkinder in ein bodenloses Unglück stürzen, weil sie den Anforderungen nicht gewachsen sind; und das nicht, weil sie nicht fähig wären zu lernen, sondern weil ihnen die Lust am Leben und am Lernen abhanden gekommen ist.

Der Vorwurf an die Jugend: „Denen geht es bloß zu gut!" ist zwar in der Sache richtig, im Unterton aber in jeder Hinsicht falsch. Es geht denen nämlich so gut, dass sie daran zugrunde gehen. Sie haben diesen Zustand weder herbeigewünscht noch auf eine andere Weise verursacht. Sie wurden dazu erzogen zu fordern und zu fordern. Man hat sie nicht gelehrt, ihre Kräfte sinnvoller zu gebrauchen. Sie haben sich das nicht ausgesucht, sondern wir, die wir ihnen vorwerfen, dass es ihnen zu gut gehe, haben die Umstände, in denen sie leben müssen, verschuldet. Wir haben ihr Verhalten herbeigeführt – durch Erziehungsmaßnahmen und durch die Gestaltung ihrer Lebensbedingungen. Wir haben die verdammte Pflicht und Schuldigkeit, unsere Fehler zu korrigieren, so gut es eben geht. Den Schulkindern mehr Bewegung zu verschaffen, wäre eine leichte Übung, wenn die Verantwortlichen einsähen, dass es notwendig ist, wenn Eltern und andere Leute sich dafür einsetzten.

Anderer Schulsport

Für das Kurzturnen nach jeder oder jeder zweiten Stunde stehen Möglichkeiten ohne Zahl zur Auswahl: dreimal um den Schulhof laufen oder fünf Kopfstände machen, auf einem Bein stehen, den Atem anhalten oder Rad schlagen. Auch Wettbewerbe in exotischeren Disziplinen wie Bauchtanz und Yoga kämen in Frage.

Wer in seiner zehnjährigen Schullaufbahn zehnmal zehn Minuten Rückenschule absolviert hat, also in jedem Schuljahr einmal zehn Minuten, und vielleicht in einem Aufsatz die Übungen der Rückenschule mit denen des Bauchtanzes verglichen hat, wird lebenslang eine bessere Beziehung zu seinem Rücken haben als der heutige Durchschnittsbürger. Hat er zu diesem Thema auch noch ein oder zwei Zeichnungen angefertigt, so weiß er mehr darüber als die meisten Ärzte (wenn man einmal von den lateinischen Bezeichnungen für verschiedene Knochenpunkte absieht, die ja wenig zum Verständnis der Sache beitragen).

Dies wäre ein Beitrag zu Einsparungen im Gesundheitswesen, denn jeder hätte zumindest das Wissen, wie er eine Schädigung seines Rückens vermeiden könnte. Außerdem würde wahrscheinlich die durchschnittliche Diagnosezeit von drei Jahren, die heute für die richtige Erkennung und Behandlung von Rückenschmerzen gebraucht wird, erheblich abgesenkt, denn jeder Patient wäre in der Lage, einige vernünftige Gedanken beizutragen und müsste sich allzu großen Unsinn nicht gefallen lassen. Er wäre der oft tief greifenden Unkenntnis und Diagnoseunfähigkeit seiner Ärzte weniger hilflos ausgeliefert.

Für das Kurzturnen braucht man keine ausgebildeten Sportlehrerinnen und -lehrer, sondern Ideen, die durchaus von einem Lateinlehrer eingebracht werden könnten, der altrömische Turnpraktiken zum Leben erwecken möchte. Er könnte auch lateinische Worte oder Anfeuerungsrufe einsetzen. Wenn das während der Unterrichtsstunde geschähe, würde der Lateinunterricht an Attraktivität gewinnen.

Jemand hat sich eine Jonglierübung ausgedacht oder möchte ein bestimmtes Lied in Bewegung umsetzen – das kann zu einer Art Wettkampf führen. Warum nicht mit Hausaufgaben? Sind Körperbewegungen keines weiteren Gedankens wert?

Aus alten Folianten oder modernen Fitnessanweisungen könnten Übungen herausgesucht und realisiert werden. Das ist oft nicht eins zu eins möglich, sondern in Variationen – eine äußerst effiziente Methode, den Geist beweglicher zu machen und Kreativität einzubringen. Hier böte sich ein weites Feld zum Üben von Textverständnis und Textinterpretation. Das wäre eine hervorragende Vorbereitung auf die diesbezüglichen Anforderungen der PISA-Studie und ähnliche im Leben vorkommende Pflichten.

Und für eine Stärkung des Selbstbewusstseins, die in diesen Fällen nicht von einem Lob abhinge, sondern sich daraus ergäbe, dass die Schülerin oder der Schüler eine eigene Idee verwirklicht, Einfluss nimmt auf das Geschehen.

Auf keinen Fall sollte sportliches Tun zu permanentem Zwang ausarten, jede Fünfminutenpause mit sinnvoller Tätigkeit füllen zu müssen, denn das könnte vor allem bei Pubertierenden Widerwillen gegen jeden Sport hervorrufen. Es müsste jeweils eine Portion Freiwilligkeit dabei sein, die sich entspannt ergibt, wenn manche Schülerinnen und Schüler als Zuschauer oder Schiedsrichter amtieren.

Kaum eine Disziplin der Körperbeherrschung hat die Menschen so intensiv beschäftigt wie die der Entspannung; hier wird nicht nur der Körper, sondern auch der Geist beherrscht. Warum wollen wir unseren Kindern diese Kunst vorenthalten? Sie eignet sich hervorragend als Pausentätigkeit. Wer zehn bis zwanzig Entspannungstechniken kennen gelernt hat, wird eine für sich finden und großen Nutzen für sein Leben gewinnen. Schon in der Schulzeit würde so manche Prüfungs- und sonstige Angst gelindert oder gar vertrieben.

Wie viele Methoden, sich zu versenken, mag es geben? Ist nicht jede wert, bekannt gemacht und erlernt zu werden? Autogenes Training, Yoga, Origami (Papier falten) oder Ikebana (Blumen arrangieren)? In dieser Geisteshaltung kann man die Welt entspannter erleben, Gedanken und Eindrücke ordnen, auch mathematische. Befindet man sich so, dann ist der Geist in einem Zustand wie die Muskeln, die sich rekeln und strecken; die geistigen Vorgänge gleiten in einen harmonischen Einklang.

Zwischenkapitel: Schule als Kooperative

„Brasilianische Schulen haben eine Quote an Schulversagern von 80% in den ersten vier Grundschuljahren. Viele Kinder aus den Barrios und Favelas kommen nur, um sich die Schulspeisung abzuholen und mit ihren Familien zu teilen. Mitte der siebziger Jahre stieg die Lehrerin Noemi Gontijo aus ihrem Job an einer Schule dieser Art aus. Mit armen Nachbarn und ihren Kindern zusammen richtete sie Werkstätten ein, begann, Teppiche und Wandbehänge zu knüpfen und sie auch zu verkaufen. Später kam die Produktion von Möbeln dazu. Und weil Noemi wusste, was Reiche der Provinz Minas Gerais schätzen – rustikalen Pomp nämlich für ihre Villen –, und was sie dafür zahlen, besorgten sich ihre Leute Eisenbahnschwellen, Mühlräder, Ochsengeschirre, Wagenräder, Deichseln und schwere Eisenketten – all das, was man braucht, um rustikalen Kitsch zu montieren.

Seither bauen sie Hausbars (...). Diese Bars sind ein Renner. Und mit ihnen alles, was die Kooperative an wirklicher Kunst produziert: Teppiche in Naturfarben, Wandbehänge in sich nie wiederholenden, großflächigen, phantastischen Mustern.

Aus der kleinen Initiative der Lehrerin Noemi Gontijo ist ein großer Betrieb geworden, gemeinnützig, selbstverwaltet, mit hoher Professionalität. Heute arbeiten dort 350 Menschen von elf bis neunzig Jahren, und 1000 weitere Nachbarn bekommen kostenlos dreimal täglich zu essen. (...)

In dieser Schule gibt es keine professionellen Lehrer, jeder ist Schüler und Lehrer zugleich. Der Vierzehnjährige alphabetisiert den Elfjährigen und der wiederum zeigt Dreijährigen den Umgang mit Hanf und Bast. Finanzverwalter ist ein Neunzehnjähriger, der die Buchhaltung zwar nicht gelernt, sich aber eine ausgeklügelte, visualisierte Theorie des Kalkulations- und Rechnungswesens entwickelt hat ... ."

(Aus: Zimmer & Niggemeyer: Macht die Schule auf, lasst das Leben rein. Beltz, 1986, S. 108.)

9 Kreativität

Kreativität wird allenthalben gelobt und hoch geschätzt, aber in der Schule stiefmütterlich behandelt. Altbundespräsident Roman Herzog kam in seiner berühmt gewordenen „Bildungs-Rede" häufig auf die Kreativität zurück und bezeichnete sie als „wichtigen Wert" und „unverzichtbaren Teil der Persönlichkeit". Nicht „kleine Retuschen" hielt er für erforderlich, sondern „neue Leitgedanken, die Freiräume für Kreativität und Farbigkeit bieten". „Wir müssen unsere Jugend auf die Freiheit vorbereiten. Wir müssen ihr mehr Mut geben zu Unternehmensgeist und Verantwortungsbereitschaft", hatte er zuvor in seiner „Ruck-Rede" gefordert.

Ja, Kreativität ist ein wichtiger Teil der Persönlichkeit. Wird sie vernachlässigt oder unterdrückt, so schadet das der persönlichen Entwicklung weit mehr, als sonstige Unkenntnis. Man nimmt der Seele ein großes Stück von ihrer Freude am Leben, wenn man den Gestaltungswillen knebelt.

Große Worte werden ihr gewidmet, aber dass ein Redner so wie Herzog einzelne Komponenten wie Freiheit oder Entscheidungsfähigkeit ausdrücklich benennt, kommt selten vor. Kreativität mag man Schülerinnen und Schülern wünschen, aber Freiheit und Ähnliches vorsichtshalber nicht. Bevor man ihnen den Umgang mit derlei Gefahren zumutet und bevor man die Macht über ihr Gedeihen aus der Hand gibt, sollen sie lieber 30 Jahre alt oder älter werden.

Definition

Kaum jemand weiß, was Kreativität eigentlich ist. Warum wissen wir so wenig über das Wesen der Kreativität?

Kreativität entzieht sich der genaueren Betrachtung auf vielfältige Weise. Sie kommt niemals alleine vor, sie ist ausnahmslos Teil einer anderen Tätigkeit. Sie kann zu einer genialen Erfindung oder zu einer ganz alltäglichen Verrichtung gehören. Zudem erkennt man oft gar nicht, ob sie in einem Vorgang enthalten ist oder nicht. Ganz anders als zum Beispiel eine Farbe: Etwas Rotes ist eindeutig rot. Aber wenn etwas kreativ ist, so muss das nicht auffallen. Woher sollen wir wissen, ob eine exquisite Suppe, die wir genießen, nach einem schon bekannten Rezept zubereitet wurde oder ob die Variation dem Koch erst kürzlich eingefallen ist?

Die wirklich wichtige und bedeutende Kreativität wird mit Genie verbunden; darüber nachzudenken, woraus sich das Genie zusammensetzt, wäre für viele ungehöriges Eindringen in die Größe des Genies. Sie meinen, die Kreativität des „Genies" sei etwas grundsätzlich anderes als „normale" Kreativität. Quasi übernatürlich. Gottfried Heinelt, der als Professor für Pädagogische Psychologie lange Zeit die Kreativität erforschte, hofft gar, man werde niemals herausfinden, was Kreativität ausmacht: „Aus welchen Ursachen heraus gerade dieser oder jener Mensch eine so überragende, so geniale Kreativität hervorbringt, darüber wissen wir eigentlich wenig (oder nichts). Und ich fürchte (und hoffe zugleich), wir werden es wohl nie ganz wissen" (Heinelt, 1974, S. 155).

Jedenfalls kann man Kreativität definieren. Friedrich Arntzen, der sich eingehend mit Begabungspsychologie befasst hat, definiert die Kreativität folgendermaßen: „Wenn die Gedanken (z.B. Problemlösungen) und Vorstellungen eines Menschen nicht von anderen übernommen, sondern für ihn und die Population, in der er lebt, neu sind, sprechen wir von kreativen Gedanken bzw. von Fantasieprodukten. Die Fantasieleistungen und kreativen Denkleistungen enthalten jeweils als ganze ein Moment des Neuen, oft des Originellen, auch wenn die einzelnen Teile schon vorher bekannt waren. Schon Existierendes wird neu verknüpft, neu gestaltet (...).

Im Alltagsleben können sich das kreative Denken und die Fantasiebegabung im Sinne unserer Definition in der Findigkeit allen möglichen praktischen Situationen gegenüber zeigen (...). Das Gedächtnis spielt durchaus eine Rolle für die einzelnen Teile solcher Vorstellungs- und Gedankenkomplexe. Eine scharfe Unterscheidung vorwiegend gedächtnismäßiger Einfälle von kreativen Einfällen ist deshalb nicht immer möglich." (Arntzen, 1976, S. 132 f.)

Durch diese Definition erscheint die Kreativität plötzlich greifbar: Kreativ sein heißt Einfälle haben. Dabei kommt es nicht auf den Nutzen an – gute wie schlechte Einfälle sind kreativ. Gleichzeitig springt ins Auge, wie schwer es fällt, die Kreativität exakt zu erfassen: man kann gedächtnismäßige von kreativen Einfällen nicht einmal zweifelsfrei unterscheiden, geschweige denn ihren Wert erkennen. Kreativ bedeutet im alltäglichen Sprachempfinden auch gleichzeitig wertvoll. Wenn wir etwas mit dem Wort kreativ bezeichnen, loben wir es, obwohl bestimmt nicht jeder Einfall wertvoll ist. Oder vielleicht doch?

Einteilung der Kreativität

Nach der Definition von Arntzen heißt Kreativität, Einfälle haben – neue Einfälle. In unseren Gedanken schwirren unablässig Ideen herum; erst wenn wir einen brauchbar erscheinenden auswählen, mit anderen darüber sprechen und etwas daraus machen, wird er zu einem erkennbar kreativen Einfall. Solange er unseren Kopf nicht verlässt, hat er keinerlei Bedeutung.

Will man die Kreativität besser verstehen und lehren, dann hilft es, sie in Kategorien einzuteilen:

1. Geniale Kreativität bringt Leistungen hervor, die einen Fortschritt in der Entwicklung des entsprechenden Fachgebietes herbeiführen.

2. Alltagskreativität erzeugt Einfälle, die jeder einmal hat, die nicht bedeutend und auch nicht unbedingt neu sind, nur neu für den Menschen, der den Einfall hat und seine nähere Umgebung oder für eine spezielle Situation. Die Alltagskreativität zeigt sich oft in der Fähigkeit zu improvisieren.

3. Unsinnseinfälle erheitern und verschönern das Leben. Sie erzeugen Witz und Komik – oft durch kleine Fehler oder durch eine Verdrehung der Tatsachen, die alles Ernsthafte in einem heiteren Licht erscheinen lassen.

4. Lernkreativität besteht aus Unsinnseinfällen. Lernen wird durch Ausprobieren von Unsinn erleichtert – oft um einen großen Schritt vorangebracht; besonders durch die dazugehörigen Gefühlsausbrüche: das Lachen, das erstaunliche Wirkungen hat. Wie die Aufregung gräbt es Gedächtnisinhalte tiefer ins Gedächtnis und es lindert Schmerzen. Den Schmerz der Langeweile vertreibt es sogar. So mancher Unterricht wäre fruchtbarer, wenn die Schülerinnen und Schüler mehr lachen dürften.

Selbstfindung

Das alles leistet die Kreativität, und mehr: Sie hat nicht nur unschätzbaren Wert für allerlei Denkvorgänge, sondern ist Dreh- und Angelpunkt für die Bestimmung der eigenen Persönlichkeit und ihrer Stellung in der Gesellschaft. Die Freude an uns selbst, am Leben, an unserer Leistung und an den anderen spiegelt sich in der Kreativität.

Sie dient als Ausdruck eigener Individualität, die ja sehr vielschichtig ist und in einfachen Sätzen bei weitem nicht so gut ausgedrückt werden kann wie etwa in einem Bild. Auf der anderen Seite weist sie auf unsere Gruppenzugehörigkeit hin. In unverfänglichen Meinungsäußerungen, wie zum Beispiel über eine Haartracht oder einen Popstar, was uns daran auffällt, sympathisch oder unsympathisch ist, zeigen wir unsere ganz persönliche Sicht der Welt. Durch die Art, wie wir uns kleiden und einrichten, durch die Bilder, mit denen wir unsere Wohnung schmücken, geben wir eine ganze Menge von unseren ureigensten Vorlieben preis – oft mehr als uns selbst bewusst ist.

Kinder und Jugendliche, die ja noch nicht wissen, zu welchem Menschen sie heranwachsen wollen, finden durch kreative Leistungen, Gedanken und Gespräche heraus, welche Neigungen und Eigenschaften sie besitzen. Sie handeln aus einem momentanen Antrieb und stellen dann fest: „Das ist das Richtige für mich, das habe ich schon lange gesucht." Oder: „Damit will ich nichts zu tun haben, das überlasse ich lieber anderen." Ausprobieren, die verschiedensten krausen Ideen in die Tat umsetzen und ihre Konsequenzen prüfen, ist eine fruchtbare Methode, die eigenen Interessen zu entdecken.

Kreativität harmonisiert die eigene Persönlichkeit in sich selbst und mit der Umgebung und ist deshalb von so lebenswichtiger Tragweite. „Der kreative Mensch hat ganz offensichtlich gute Aussichten, seelisch gesund zu bleiben" (Cropley, 1991, S. 24). Psychische Schäden werden heutzutage vielfach mit kreativem Gestalten behandelt, denn Kreativität und seelisches Wohlbefinden gehören eng zusammen.

Die geniale Kreativität

Um dem Wesen der Kreativität auf den Grund zu gehen, ist es zweckmäßig, bekannte kreative Leistungen unter die Lupe zu nehmen und sich zu überlegen, wie sie zu Stande gekommen sind. Handelt es sich um einen wunderbaren Geistesblitz, der diesem Forscher zuteil wurde, weil er über eine einzigartige kreative Begabung verfügt, die anderen Menschen fehlt? Oder verhält es sich doch so, wie die kreativen Menschen selbst behaupten, dass vor allem ein großes Maß an Arbeit die kreative Leistung hervorgebracht hat? Liegt die Möglichkeit zu solch überdimensionalen geistigen Schöpfungen mehr in der geistigen Außerordentlichkeit, die man versucht mit Intelligenztests zu messen, oder, wie Einstein behauptet, in ungewöhnlicher Neugier? Und was haben persönlicher Mut, Starrsinn, Disziplin oder Besessenheit mit Genie und Kreativität zu tun?

Die Vermutung ist weit verbreitet, dass eine außergewöhnliche Form der Kreativität das Genie ausmacht; eine einzige Eigenschaft, die diesen Menschen von allen anderen grundlegend unterscheidet, die nicht kopiert, gelehrt oder auf andere Weise vermittelt werden kann. Experten aber – die genialen Menschen selbst – stimmen dieser Annahme nicht zu, sie haben ganz andere Erfahrungen gemacht: Als der berühmte Bakteriologe Sir Alexander Fleming von einem Journalisten gefragt wurde, was das Geheimnis seines Erfolges sei, erwiderte er: „Wenn Sie mich fragen, wie man erfolgreich ist, werde ich antworten: arbeite, arbeite und arbeite wieder" (Rowland,1954). Und Starkoch Paul Bocuse kreierte das Bonmot: „Genie ist die außerordentliche Fähigkeit, sich zu bemühen."

Bei dem Wort Kreativität denkt man zuallererst an Kunst, mehr noch als an Forschung. Will man jedoch das Zustandekommen genialer Ideen untersuchen, so hält man sich vernünftigerweise an die Forschung, denn hier ist völlig klar und gar nicht zu bezweifeln, dass ein bestimmter Einfall gut war; Journalisten und Biografen haben unermüdlich ins Einzelne gehend nachgeforscht, wie bestimmte Ideen entstanden sind und wie ihr weiterer Werdegang verlief, so dass man fundierte Aussagen über einige dieser kreativen Momente herausarbeiten kann.

Der spezielle Einfall

Ein Einfall alleine bewirkt fast nichts. Die geniale Leistung liegt anderswo. Jeder Forscher und jeder Künstler hat zahllose Einfälle, bessere und schlechtere. Die meisten werden verworfen. Eine bedeutende Idee tritt aus dem Dunkel hervor, sobald ihre Tragweite erkannt wird. Dies ist der entscheidende Augenblick, und es lohnt sich zu fragen, welche Fähigkeiten des genialen Forschers an dieser Stelle den Ausschlag geben.

Ein Faktor ist die Intelligenz, vor allem das Gedächtnis. Ein umfassender Überblick über alles, was je auf dem betreffenden Fachgebiet gefunden, behauptet und nachgewiesen wurde, hilft enorm bei der Entscheidung, ob die augenblicklich zur Debatte stehende Überlegung schon einmal untersucht wurde oder ob sie wirklich neu ist und wichtig zu sein verspricht.

Ein bekanntes und eindrucksvolles Beispiel für diesen Aspekt des kreativen Schaffens ist die Entdeckung des Penicillins durch Sir Alexander Fleming, die in dem folgenden Lebenslauf genauer wiedergegeben werden soll.

Fleming

Sir Alexander Fleming hat in seinen ersten vierzehn Lebensjahren mehr erlebt und gelernt als die meisten Durchschnittsmenschen in ihrem gesamten Leben. Er war das achte Kind eines schottischen Kleinbauern und verlor seinen Vater bereits mit zehn Jahren. So kam es, dass er in sehr jungen Jahren auf der elterlichen Farm mitarbeiten musste, wo er sich als ungewöhnlich anstellig und geschickt erwies.

Mit fünf Jahren wurde er eingeschult – in eine nahe gelegene Dorfschule, die nur einen Klassenraum, vierzehn Schülerinnen und Schüler und zwei junge Lehrerinnen hatte. Von Anfang an fiel er durch besondere Freude am Lernen auf. Mit zehn Jahren wechselte er auf eine Lateinschule und mit zwölf auf eine Akademie in Kilmarnock, die weithin einen guten Ruf hatte. Der Weg nach Kilmarnock betrug über zwanzig Kilometer, und es gab keine regelmäßige Zugverbindung. Hier wohnte Alexander Fleming zur Untermiete und fuhr an jedem Wochenende nach Hause. Er besuchte diese Schule nur achtzehn Monate lang, dann änderte sich sein Leben von Grund auf.

Sein Bruder Thomas hatte sich in London als Augenarzt niedergelassen und war sehr erfolgreich. Wie damals üblich, holte er seine Geschwister nach, zuletzt auch den jüngsten Bruder Alexander. Noch zwei Jahre ging er zur Schule, wollte dann aber seinem Bruder nicht länger auf der Tasche liegen, versuchte sich in verschiedenen Jobs und landete schließlich als Büroangestellter bei einer Schifffahrtsgesellschaft.

Eine kleine Erbschaft, die er mit zwanzig Jahren machte, sicherte seinen Lebensunterhalt für einige Jahre und ermöglichte es ihm, Medizin zu studieren. Und wieder zeichnete er sich als hervorragender Student aus. Zum täglichen Umgang mit Patienten fühlte er sich nicht berufen, auch war er nicht auf Reichtümer aus. Sein Interesse galt der Wissenschaft. So wendete er sich einem neuen wissenschaftlichen Gebiet zu, der Immunologie, die von dem Pathologen Almroth Wright mitbegründet worden war. Bei ihm trat er gleich nach bestandenem Examen eine Assistentenstelle an und stürzte sich mit vollem Einsatz auf dieses Gebiet.

In den ersten Jahren erforschte er Eiterpickel und Entzündungen der Herzinnenwand. Als Teilhaber einer Arztpraxis wurde er bald bekannt für seine guten Kenntnisse von Hautproblemen. Zu seinen wichtigsten Aufgaben gehörte, nach Anweisungen seines Chefs Versuchsanordnungen zu ändern oder neu aufzubauen, wobei ihm seine ungewöhnliche Geschicklichkeit und seine Erfahrung im praktischen Arbeiten sehr zustatten kamen. Er hatte eine verblüffende Art, geradewegs auf das Zentrum eines Problems zuzusteuern und das Notwendige sofort zu erkennen. Unter seinen Kollegen war er dafür bekannt, dass er meistens schon vorher wusste, ob eine neue Anordnung funktionieren würde oder nicht.

Gleich zu Anfang des Ersten Weltkrieges verlegten Wright und Fleming ihr Labor nach Boulogne in Nordfrankreich. Hier behandelte Fleming tags die grässlichen und oft stark verschmutzten Verletzungen der Soldaten nach verschiedenen, damals bekannten Methoden und abends führte er genaue Listen über die Erfolge. Zu seiner Überraschung musste er erkennen, dass Soldaten, die mit bakterientötenden Substanzen behandelt worden waren, häufiger Gasbrand entwickelten als nicht Behandelte. Die Antiseptica beeinträchtigten offenbar die körpereigene Abwehr. Fleming veröffentlichte sogar in dieser Zeit wissenschaftliche Artikel, z.B. über: „Die Bakteriologie infizierter Wunden". Bereits mit achtunddreißig Jahren galt er als Kapazität auf dem Gebiet der Bakteriologie.

Lange Zeit verfolgte er die Idee, man müsse vor allem die eigenen Abwehrkräfte des Körpers stärken und nicht nach einem Stoff suchen, der Bakterien tötet. Nie ließ er eine Gelegenheit aus, Bakterien zu studieren. 1922 isolierte er aus dem Nasensekret, das bei Schnupfen läuft, einen Bakterien tötenden Stoff, den er Lysozym nannte. Das Lysozym stoppt das Wachstum einiger Bakterien, es ist in den Tränen und in anderen Körperflüssigkeiten enthalten. Die Wirkung dieses Stoffes gegen die Krankheitserreger des Menschen ist jedoch zu schwach, als dass man ein Medikament daraus entwickeln könnte.

Sechs Jahre später, 1928, bat das Medical Research Council ihn, den Bakteriologen von Weltruf, für ein umfassendes bakteriologisches Werk einen Artikel über Staphylokokken zu verfassen. Fleming überprüfte die bekannten Experimente, um sicherzugehen, dass sie korrekt beschrieben waren. Es handelte sich also um eine Routinearbeit. Auf einer der Bakterienkulturen entdeckte er einen Schimmelpilz, wie er ihn schon oft als Verunreinigung auf seinen Kulturen beobachtet hatte.

Der Schimmelpilz, der ihm an diesem Tag auffiel, war von einer bakterienfreien Zone umgeben. Er kippte diese Kulturen nicht wie üblich weg, sondern stellte sie zur späteren Bearbeitung auf einen Sims. Als er sich später wieder mit der Kultur beschäftigte, fand er heraus, dass diese spezielle Pilzart einen Stoff produzierte, der Bakterien abtötet. Er nannte den Stoff Penizillin. Bis zur Herstellung des Medikamentes vergingen allerdings noch Jahre. Fleming selbst und ein Chemikerteam waren nicht in der Lage, die Substanz in ausreichender Menge zu isolieren und zu produzieren. Erst im Zweiten Weltkrieg, als andere Forscher auf Flemings Entdeckung stießen, wurde genügend Geld locker gemacht, um ein Produktionsverfahren zu entwickeln. (nach Rowland, 1954)

Die Geschichte dieser Entdeckung zeigt zweifelsfrei, dass sie nichts, aber auch gar nichts mit einer wundersamen kreativen Eingebung zu tun hat, sondern auf mehreren ungewöhnlichen Eigenschaften Alexander Flemings beruht. Die wesentlichste von diesen Eigenschaften ist wohl, dass er sich lebenslang jederzeit intensiv um das bemüht hatte, was er tat. Diese Eigenschaft hat er mit allen bedeutenden Künstlern und Forschern gemeinsam. Sie hat zur Folge, dass ein Mensch mit einem guten Gedächtnis ein gewaltiges Wissen über sein Thema ansammelt und folglich leicht erkennt, wenn ein Ergebnis neu oder wichtig oder beides ist.

Neugier

Intelligenz und umfangreiches Wissen sind nicht die einzigen wichtigen Wurzeln genialen Forschens. Die Intelligenz gehört dazu, aber sie alleine befähigt keinen Menschen zu bedeutenden Gedanken. Etwa 10% der Bevölkerung haben den erforderlichen Intelligenzquotienten; sie lernen und verstehen sehr schnell, erwerben mit unersättlicher Begierde große Mengen Wissens und verblüffen mit ihren Kenntnissen. Aber dabei bleibt es.

Als man Albert Einstein fragte, von welcher Seite er seine Begabung geerbt habe, antwortete er mit der Bemerkung, die Frage nach mütterlichen oder väterlichen Seiten sei unangebracht, und erklärte: „Ich bin ja nicht besonders begabt, nur leidenschaftlich neugierig." Albert Einstein hat uns gesagt, wo der Knackpunkt seiner Genialität lag. Warum glauben wir ihm nicht? Dürfen wir seine Antwort als irreführende Bescheidenheit beiseite schieben? Ist nicht anzunehmen, dass er sich Gedanken darüber gemacht hat, warum er Dinge erkannt hat, die anderen verborgen geblieben sind? Gerade von Einstein wissen wir, dass er sich für vieles interessierte – sogar einen Kühlschrank hat er entwickelt. Und seine eigene Begabung soll ihm nicht erstaunlich und nachdenkenswert gewesen sein? Wer sind wir, dass wir seine Auskunft ignorieren und als unerheblich abtun?

Ohne Zweifel war Einstein hoch begabt, aber die Menschen, mit denen er verkehrte, waren das auch. Seine erste Frau zum Beispiel lieferte ihm so manche Anregung und Unterstützung und fasste seine Gedanken in mathematische Ausdrücke, wenn er das selbst in schwierigen Fällen nicht zu Wege brachte. Nach seiner Scheidung löste sein Freund Marcel Grossmann für ihn mathematische Probleme. Einstein hatte ihm geschrieben: „Ich bin auf mathematische Schwierigkeiten geraten, die ich nicht besiegen kann. Ich bitte dich, hilf mir, denn mir scheint, ich werde verrückt" (Leithäuser, 1980).

In seiner Schulzeit liebte Einstein die Mathematik, aber im Studium vervollständigte er seine mathematischen Kenntnisse nicht so weit, dass er später sämtliche seiner physikalischen Gedanken hätte mathematisch ausdrücken können. Möglicherweise argwöhnte er selbst, dass es ihm ein wenig an mathematischer Intelligenz mangelte, wie das viele Menschen meinen, die sich nicht genügend für dieses Fach begeistern, um darin Topleistungen zu erbringen. So kann man verstehen, dass Einstein sich nicht für wesentlich begabter als seine Mitmenschen hielt. Schließlich gilt die Mathematik unter Gebildeten als Maß der Intelligenz.

Einstein hielt die Neugierde, den leidenschaftlichen Wunsch Neues zu erfahren und den Dingen auf den Grund zu gehen, für ähnlich wichtig wie Begabung. Und diese Meinung teile ich. Was hilft Begabung, wenn man sie nicht nach Kräften einsetzt? Nach Kräften klingt recht beiläufig, aber es bedeutet unter Umständen die ganze Leidenschaft, die ein Mensch aufbringen kann. Die meisten Menschen setzen ihre Leidenschaft aber anderswo ein, zum Beispiel um Geld und Macht zu gewinnen.

Mut

Weitaus seltener als hohe Intelligenz trifft man großen Mut und den absoluten Willen, unter allen Umständen durchzuhalten und nicht aufzugeben.

Ein grandioses Beispiel für unglaublichen Mut finden wir bei Ignaz Semmelweis. Semmelweis zeichnete sich vermutlich nicht durch hervorragende Geistesgaben aus, jedenfalls fielen sie niemandem auf. Es könnte allerdings auch sein, dass Semmelweis Hochbegabung besaß, aber niemand sie erkannte, wie das leider häufig geschieht, und dass sein Mangel an Beredsamkeit und schriftlichem Ausdrucksvermögen nicht ein Zeichen von geringer Begabung, sondern von Verhaltensstörungen war, die auf Fehleinschätzung seiner Lehrerinnen und Lehrer beruhten. Sein ungewöhnlicher Fleiß im Medizinstudium, der ebenfalls nicht zu überragenden Leistungen führte, spricht allerdings gegen außerordentliche Begabung. Obwohl dergleichen auch bei Hochbegabten vorkommen kann, wenn sich ihr Fleiß auf entlegene Gebiete verlegt, in denen sie nicht geprüft werden. Man darf also vermuten, dass Semmelweis zwar über eine gute, nicht aber besonders hohe Intelligenz verfügte.

Semmelweis neigte nicht dazu, sich durch kluge Beredsamkeit und häufiges Ausbreiten seiner Gedanken vor Publikum darzustellen und er – man muss fast sagen – litt an einer merkwürdigen Hemmung zu schreiben. Sein Biograph Robert Kertész schreibt: „Ein Wunderkind ist der junge Semmelweis nie gewesen; was ihn über die anderen Studenten hinaushob, waren nur sein auffallender Eifer, sein Arbeitsvermögen und sein Fleiß" (Kertész, 1943, S. 35).

Wie dem auch sei: Seine Genialität lag in dem leidenschaftlichen und unzerstörbaren Willen zu helfen, ohne sich zu schonen, und in der absoluten Ehrlichkeit sich selbst gegenüber. Die Wahrheit galt ihm als absolut. Er war auf keinen Fall bereit, sie zurechtzubiegen. Auch nicht um sich selbst, sein Gewissen, seine Karriere oder irgendetwas sonst zu schonen. Er sah der Wahrheit ohne Wenn und Aber ins Auge, so unbequem und qualvoll sie auch sein mochte.

Die Tatsachen, von denen Semmelweis ausging, denen er unermüdlich nachforschte, die er zu erklären versuchte und die schließlich zu seiner Theorie über die Entstehung und die Vermeidbarkeit des Kindbettfiebers führten, waren allen anderen Medizinern und Forschern ebenso gut bekannt wie ihm, aber nur er hatte den Mut, einer grausamen Wahrheit interessiert und vorurteilslos ins Gesicht zu sehen, einer Wahrheit, die ihn selbst quälen musste. Er gestattete sich jedoch nicht, Angst vor eigener Schuld und eigenem Versagen wichtiger zu nehmen als sein Forschungsobjekt und das Wohl seiner Patientinnen.

Anderen Gynäkologen gelang das nicht. Sie wollten ihrer Schuld nicht gegenübertreten. Lieber erfolglos wegschauen und eigene Fehler leugnen als die grausame Wahrheit untersuchen, um die Ursache des Kindbettfiebers zu finden. Einer seiner Kollegen beging sogar Selbstmord, als er nicht umhin konnte zu erkennen, dass er unwissentlich und unabsichtlich diese tödliche Krankheit auf seine geliebte Cousine übertragen hatte.

Fast alle medizinischen Kapazitäten Europas weigerten sich, Semmelweis' Forschungsergebnisse zur Kenntnis zu nehmen. Seine Biographen empören sich über diese Menschen und unterstellen ihnen moralische Defizite. Tatsächlich aber liegen die Defizite in persönlichem Mut und in der geistigen Beweglichkeit, verursacht durch einengende wissenschaftliche Ausbildung und eingeschliffene Denkgewohnheiten. Dieser Umstand wird in Kapitel 16, über das Studium, noch näher ausgeführt.

Semmelweis' Leben

Am 1. Juli 1818 wurde Ignaz Philipp Semmelweis als viertes von sieben Kindern des Kaufmanns Joseph Semmelweis in Budapest geboren. Er besuchte ein lateinisch-ungarisches Gymnasium, wo er nur mäßige Leistungen und kein besonderes Interesse zeigte. Ohne Widerspruch fügte er sich dem Wunsch des Vaters, Soldat und zugleich Jurist zu werden.

Er wurde zum Studium nach Wien geschickt, konnte sich aber für sein Fach nicht erwärmen. Er schrieb seinem Freund Markusovszky: „Ich habe das Gefühl, dass ich diese nach Sägemehl riechenden Lehrbücher nur in der Gefängniszelle zu lesen imstande wäre, vorausgesetzt, dass ich zu lebenslänglichem Kerker verurteilt wäre" (Kertész, 1943, S. 35). Fleming ergriff jede Gelegenheit seinem stets wachen Geist Nahrung zu geben, Semmelweis hingegen wollte sich nur dort bemühen, wo er es für sinnvoll hielt.

Am 30.11.1845 erwarb er die Qualifikation zum Chirurgen. Bei einem kurzen Intermezzo in der chirurgischen Abteilung zog er bereits in der ihm eigenen Art heftig gegen die Missstände zu Felde: „Ich sehe, dass alles, was hier geschieht, völlig überflüssig ist. Vergebens arbeiten wir, ein Todesfall folgt dem anderen. Man operiert, ohne zu untersuchen, warum der eine Patient früher stirbt als der andere". Danach erhielt er eine Anstellung an der ersten Abteilung des Gebärhauses der Wiener Kliniken.

Über allen Bemühungen der damaligen Geburtshilfe schwebte ein furchtbares Verhängnis: das Kindbettfieber. Junge gesunde Frauen erkrankten nach einer gelungenen Entbindung an diesem Fieber und starben binnen weniger Tage, ohne dass eine Hilfe möglich gewesen wäre. Diese Krankheit trat vor allem in Kliniken auf. Frauen, die zu Hause entbunden hatten oder ihr Kind auf der Straße mit einer Sturzgeburt zur Welt gebracht hatten, blieben fieberfrei. In den Kliniken starben in manchen Jahren 20 bis 40 % der Wöchnerinnen am Kindbettfieber. Von den Wegen der Infektion, von Hygiene und Asepsis hatte man keine

Ahnung. Die medizinisch Gelehrten glaubten an das Miasma; das ist in der alten Medizin seit Hippokrates eine Bezeichnung für krankmachende Stoffe in der Atmosphäre und Epidemien erzeugende Ausdünstungen der Erde, die der Mensch in keiner Weise beeinflussen kann.

Das Gebärhaus der Wiener Kliniken, an dem Sammelweis arbeitete, wurde in zwei Abteilungen geteilt. Die erste Abteilung wurde zur Abteilung für Ärzte und ärztlich Studierende, die zweite zur Lehranstalt für Hebammen bestimmt. Von da ab änderten sich die Sterbezahlen grundsätzlich. In der ärztlich betreuten Abteilung starben ungefähr dreimal so viele Wöchnerinnen wie in der zweiten Klinik, die nur von Hebammen betreut wurde. Semmelweis war nicht bereit, diesen Umstand auf ein unerklärliches Miasma zurückzuführen, sondern er suchte nach wissenschaftlicher Erklärung. Er nutzte jede Gelegenheit, um über diese merkwürdigen Zusammenhänge von ärztlicher Tätigkeit und Tod durch Kindbettfieber zu diskutieren, und machte sich damit gründlich unbeliebt. So unbeliebt, dass er Gefahr lief, seine Anstellung zu verlieren.

Drei Ereignisse führten ihn auf dem richtigen Weg.

Er beobachtete, dass auch Säuglinge zusammen mit ihrer Mutter an dieser Krankheit verstarben – nicht nur weibliche, sondern auch männliche Säuglinge. Daraus schloss er, dass das Kindbettfieber keine Krankheit sei, die nur Frauen befiel.

Semmelweis arbeitete fünf Monate nicht in der Gebärklinik. Er reiste nach Budapest zur Beerdigung seines Vaters und machte eine Kunst- und Vergnügungsreise nach Venedig. In dieser Zeit leitete Dr. Breit die Klinik, und die Sterblichkeit an Kindbettfieber fiel von fast 11% auf unter 2%. Seit langer Zeit war der Prozentsatz nicht so niedrig gewesen. Nach der Rückkehr von Semmelweis stieg die Sterblichkeit sofort wieder an. Semmelweis wollte nicht an Zufall oder Wunder glauben, denn sein wissenschaftliches Denken und seine Objektivität schlossen Wunder aus. Dr. Breit war wesentlich weniger eifrig gewesen und hatte kaum Sektionen durchgeführt, Semmelweis aber stürzte sich sofort wieder mit all seiner Kraft in die Arbeit.

Das dritte Ereignis war der Tod seines Freundes, des Professors für gerichtliche Medizin, Kolletschka. Er wurde bei einer anatomischen Vorführung von einem ungeschickten Studenten mit einem Skalpell in den Finger gestochen und erkrankte kurz darauf an einem Fieber, dass dem Kindbettfieber sehr ähnlich war. Er verstarb nach wenigen Tagen. Das amtliche Sektionsprotokoll beschrieb die gleichen Veränderungen, die Semmelweis unzählige Male an Kindbettfieberleichen gesehen hatte: vergrößerte Milz, graue Gerinnsel in den Gefäßen, Herzbeutelentzündung, Zerfallsherde in der Leber, zersetztes Blut in den Adern, am augenscheinlichsten in der Nähe der Wunde – Kolletschka war also an giftiger Blutvereiterung, an Blutvergiftung gestorben.

Semmelweis wurde blitzartig von der Erkenntnis getroffen, dass Kindbettfieber eine Blutvergiftung ist und dass das Gift durch die große Wunde in der Gebärmutter eindringt, die bei der Geburt entsteht. Man musste dieses Gift von den Frauen fernhalten. Es war ihm schon seit längerem aufgefallen, dass nach den Sektionen die Hände noch lange Zeit diesen Verwesungsgeruch an sich hatten. Den galt es zu entfernen.

Nun untersuchte Semmelweis die verschiedensten Chemikalien auf ihre reinigende Wirkung. Chlorkalklösung hatte den gewünschten Erfolg, und Semmelweis meldete alle Ergebnisse seinem Chef, Prof. Klein. Der stimmte sofort zu, dass alle Ärzte sich, bevor sie eine Wöchnerin untersuchten, den Chlorkalk-Waschungen unterziehen mussten. Die Sterblichkeit an Kindbettfieber sank in kurzer Zeit auf 1,2%.

Semmelweis' Kampf gegen die Trägheit des menschlichen Geistes

Nachdem Semmelweis' Theorie über die Entstehung des Kindbettfiebers und der Bericht über die erfolgreiche Vorbeugung in einer medizinischen Zeitschrift veröffentlicht worden waren und auch ein Bericht über die vorbeugende Waschung mit Chlorkalk erschienen war, erfolgte monatelang keine Reaktion. Semmelweis und seine Freunde schickten Berichte an andere Klinikchefs in Europa, und sie erwarteten ein positives Echo. Vergeblich.

Einige wenige handelten nach den Vorschriften von Semmelweis, aber die meisten europäischen Kliniker schwiegen überlegen. Nach geraumer Zeit stritten dann bekannte Gynäkologen Europas in Fachzeitschriften, ob Semmelweis tatsächlich eine wichtige Entdeckung gemacht hatte und ob Teile seiner Theorie nicht etwa schon früher bekannt waren. Manche behaupteten, die Theorie von Semmelweis sei falsch, ohne selbst die Waschungen mit Chlorkalk erprobt zu haben.

Der Leiter der Klinik, Professor Klein, Semmelweis' Chef, glaubte weiter an die Theorie vom Miasma und intrigierte zusammen mit anderen gegen Semmelweis, so dass dieser seine Anstellung verlor und nach Budapest zurückging.

Hier leitete er wieder eine gynäkologische Klinik mit großem Erfolg, machte weitere Entdeckungen, die seine Theorie bestätigten, veröffentlichte ein Buch mit dem Titel „Die Ätiologie, der Begriff und die Prophylaxis des Kindbettfiebers". Aber trotzdem musste er weiterhin in Fachzeitschriften von verheerenden Epidemien von Kindbettfieber lesen und konnte nichts dagegen tun. Er ließ seinen Assistenzarzt die günstige Entwicklung in Budapest veröffentlichen, aber die medizinische Welt kümmerte sich nicht darum, hielt an alten Theorien fest und lehnte gründliche Waschungen der Hände ab.

In seinen letzten Lebensjahren ging Semmelweis weiter seiner Arbeit nach, entwickelte neue Operationsmethoden, über die er auch in medizinischen Zeitschriften berichtete. Aber über sein eigentliches Thema, das Kindbettfieber, schrieb und sprach er nicht mehr öffentlich und auch nicht in der Familie. In dieser Zeit wurde er zunehmend unruhig, oft unkonzentriert, sprach fremde Leute auf der Straße an, um ihnen seine Theorie des Kindbettfiebers zu erklären. Sein Verhalten wurde so auffällig, dass man ihn in die Nervenklinik nach Wien brachte, wo er nach wenigen Tagen, am 13. August 1865, im Alter von achtundvierzig Jahren an einer Blutvergiftung starb, die er sich kurz vorher bei einer Sektion zugezogen haben musste.

Die Verbreitung der Lehre

Semmelweis hatte auch im Operationsraum Desinfizierung mit Chlorkalk eingeführt. Am Tag von Semmelweis' Tod nahm der große englische Chirurg Lord Lister seine erste antiseptische Operation vor. Später erklärte er: „Ohne Semmelweis wäre aus meinem Wirken nichts geworden. [...] Dem großen Sohne Ungarns hat die neue Chirurgie am meisten zu verdanken." (Kertész 1943, S. 207 u. 170)

Die meisten Gynäkologen aber wollten nichts wissen von der Entdeckung des Übertragungsweges des Kindbettfiebers. Semmelweis' Biographen sind entsetzt und empört über die Ignoranz, Bequemlichkeit, Selbstgefälligkeit und Feindseligkeit der damaligen Ärzte. Und dem heutigen Leser erscheint es höchst erstaunlich, eigentlich ganz und gar unverständlich, dass eine Methode von der offiziellen medizinischen Lehre nicht anerkannt wurde, die von ihrer ersten Anwendung an viele junge Mütter vor dem Tod rettete und die ganz einfach und billig war; dass fast alle Klinikchefs, deren Aufgabe es doch war, Leben zu retten, es ablehnten, diese Maßnahme auch nur auszuprobieren.

Ja, es ist einfach, auf diese Menschen verständnislos kopfschüttelnd herabzusehen und zu anderen interessanten Ereignissen des Weltgeschehens überzugehen. Besser wäre es jedoch, wenn wir uns über diese einem Irrtum unterliegenden Ärzte nicht hochmütig erhöben, sondern über sie nachdächten, bedenkend, dass sie zur Elite ihrer Zeit gehörten. Wenn der Grund für diese merkwürdige Geisteshaltung nicht an angeborenem Intelligenzmangel, schlechtem Charakter oder mangelnden Kenntnissen liegt, muss man ihn woanders suchen: an einem Punkt, der ihnen allen gemeinsam ist und der ihren Geist geformt hat. Dies kann kein anderer sein als das Bildungssystem, durch das ja alle hindurchgegangen sind, und zwar besonders viele Jahre.

Alle Schüler und alle Schülerinnen werden, solange ihre Kindheit und Jugend, Bildung und Ausbildung dauert, gezwungen, getreu dem zu folgen, was man ihnen vorsetzt. Eigene kreative Gedanken und überhaupt jeder ungehörige Gedankenschlenker (dazu gehören zum Beispiel schon mathematische Lösungswege, die ein Schüler aus einer anderen Schule mitgebracht hat) werden fast immer im Keim erstickt – durch Zurechtweisung und durch Zensuren. Unsere Elite ist diesem einengenden System bis zum fünfundzwanzigsten oder dreißigsten Lebensjahr ausgesetzt. Speziell das Medizinstudium ist so angelegt, dass der Student möglichst unzählige richtige Fakten lernt, über all diese Fakten geprüft wird und anschließend alles zu wissen glaubt – was barer Unsinn und völlig unmöglich ist. Aber der Student hat so lange studiert und so unendlich viele Fakten gelernt und in harten Prüfungen diese Kenntnisse nachgewiesen, dass er wirklich Grund zu der Vermutung hat, er wisse jetzt alles, zumindest alles Wichtige.

Sämtliche Kritiker von Semmelweis waren erfolgreich durch dieses System gegangen, während Semmelweis selbst ein eher uninteressierter, recht mäßiger Schüler gewesen war. Er hatte sich in seiner gesamten Kindheit und Jugend diesem gleich machenden Denkzwang, so weit das in einer normalen Schülerlaufbahn möglich ist, entzogen.

Mut ist ein essentiell wichtiges Ingredienz der genialen Kreativität, aber Schule fördert den Mut zu wenig.

Durchhaltevermögen

Der dritte hier folgende Lebenslauf, der von Pfarrer Kneipp, zeigt, wie wichtig das Durchhaltevermögen sein kann. Pfarrer Kneipp hat weniger auf eigenen als auf fremden Ideen aufgebaut, die er dann allerdings im Zusammenklang mit seinen Kindheitserfahrungen und späteren eigenen Krankheitserlebnissen zu einem medizinischen Ideengebäude verknüpfte, das, obwohl er selbst nicht Medizin studiert hatte, doch später Eingang in die medizinische Lehre fand.

Für diese kaum vorstellbare Beharrlichkeit, die manchmal notwendig ist, bietet Pfarrer Kneipp ein herrliches Beispiel. Er wurde von vielen Seiten angefeindet, aber nicht einmal die Drohung der Exkommunikation konnte ihn von seinem Weg abbringen. Schon in seiner Kindheit und Jugend hat er ein unglaubliches Maß an Mut und Durchsetzungsvermögen bewiesen, das ihn später befähigte, seine Ideen in die Tat umzusetzen. Sein Lebenslauf ist so bemerkenswert und informativ, dass er hier als dritter folgen soll.

Kneipp

Sebastian Kneipp besuchte vom sechsten bis zum zwölften Lebensjahr die Dorfschule in seinem Heimatort Stephansried, einem Bayerischen Dorf, das aus vierzehn Häusern bestand. Er musste schon in dieser Zeit als Webergehilfe seines Vaters und als Hütebub zum Broterwerb der Familie beitragen.

Sein sehnlichster Wunsch war es, Priester zu werden, aber niemand unterstützte ihn darin. In einem weiteren Nebenjob als Bauhilfsarbeiter sparte er Geld für ein Studium. Aber an seinem einundzwanzigsten Geburtstag, im Mai 1841, brannte bis auf ein Haus das gesamte Dorf ab, auch das Elternhaus von Sebastian Kneipp, und das gesparte Geld war verloren. Wenig später fand er endlich einen Pfarrer, der ihm Lateinunterricht gab, so dass er mit dreiundzwanzig Jahren ins Gymnasium in Dillingen aufgenommen werden konnte. Die vier Jahre Gymnasium schloss er erfolgreich ab, obwohl er von Lungentuberkulose befallen und am Ende dieser Zeit todkrank war.

Nachdem er sich ein wenig erholt hatte, nahm er jedoch das Theologiestudium in Dillingen an der Donau auf und folgte den Vorlesungen, so gut es sein nach wie vor recht hoffnungsloser Gesundheitszustand zuließ. Oft war er zu schwach, um sein Bett zu verlassen, erlitt Fieberschübe und hustete Blut. Das erste Semester stand er trotzdem leidlich durch.

Im folgenden Semester zogen die Dillinger Studenten nach München, um an der Universität ein Semester lang philosophisch-theologische Studien zu Ende zu führen. Hier fand Kneipp zufällig in der Staatsbibliothek ein Buch über die Heilkraft des frischen Wassers, das Professor Oertel in Ansbach geschrieben hatte. Das Buch hatte einigen Wirbel ausgelöst und war alsbald wieder in Vergessenheit geraten. Oertel empfahl Waschungen mit kaltem Wasser und Baden des gesamten Körpers in eiskaltem Wasser, auch bei Lungensucht. Kneipp hatte schon als Kind beim Kühehüten beobachtet, wie eine beinkranke Kuh den kranken Fuß immer wieder in kaltem Wasser badete und dadurch erstaunlich schnell genas, und er hatte früh von seiner kräuterkundigen Mutter gelernt, über Krankheiten nachzudenken. So studierte er das Büchlein eingehend und befolgte bereits in München möglichst viele der darin enthaltenen Ratschläge. Um nicht aufzufallen, konnte er allerdings die Waschungen nur zu Hause durchführen. Er fühlte sich etwas wohler, an der Krankheit hatte sich jedoch nichts Grundlegendes geändert.

Zurück in Dillingen, in Feuchtigkeit und Nebel, die in Herbst und Winter von der Donau kamen, ging es ihm wieder schlechter; der Bluthusten wurde stärker, ein Fieberschub jagte den nächsten. Da es sonst keinerlei Heilungsmöglichkeiten gab, befolgte er nun die härtesten Maßnahmen, die in dem Buch von Oertel empfohlen worden waren. Er lief heimlich zu einer entfernten Stelle an der Donau, wo ihn niemand beobachten konnte. Dort zog er sich schnell aus, tauchte bis unter die Schultern ins Wasser, trocknete sich nicht ab, sondern schlüpfte eilig wieder in seine Kleider und lief zurück. Dreimal pro Woche unterzog er sich dieser Gewaltkur, und bereits nach kurzer Zeit fühlte er sich besser. Nach einem Vierteljahr war er vollkommen genesen und sprühte vor Energie. Er gehörte nun zu den Besten seines Jahrgangs und half außerdem in einer Anstalt für taubstumme und behinderte Kinder. Am Ende dieses denkwürdigen Semesters erhielt er einen Freiplatz in dem neu erbauten Georgianum in München, wo er sein Theologiestudium abschloss.

Mit einunddreißig Jahren wurde Kneipp zum Priester geweiht. In seinem Amt musste er häufig Todkranken die letzte Ölung reichen. Oft waren das arme Leute, die sich keine ärztliche Hilfe leisten konnten, und nicht wenigen von ihnen rettete er mit einer Wasserbehandlung das Leben. Ein solches Ereignis spricht sich in Windeseile herum, und Kneipp wurde weithin als Heilkundiger bekannt.

Doch die Wasserheilungen durch einen Pfarrer gereichten weder der Kirche noch der Medizin zur Freude. Obwohl Kneipp für sein Tun weder Geld noch einen sonstigen persönlichen Vorteil beanspruchte, wollten die Kirchenoberen ihm seine Wasserbehandlungen verbieten, und auch die Ärzte bekämpften ihn. Sie fürchteten um Ansehen und Verdienst und bezichtigten Kneipp der Kurpfuscherei. Aber niemand konnte seinen leidenschaftlichen Wunsch, den Menschen zu helfen, eindämmen, und so entwickelte Pfarrer Kneipp im Laufe der Zeit eine systematische Lehre der Behandlung mit Wasser, Bewegung, Kräutern und Diät, die letztendlich allgemein anerkannt wurde – sogar durch den Papst, der ihn zu einem Gespräch nach Rom gerufen hatte, um zu prüfen, ob man ihn exkommunizieren müsse. (nach Ortner, 1938 und Schomburg, 1976)

War Kneipp kreativ? War er es nicht? Hatte er besonders viele Einfälle? Woraus bestand seine Kreativität?

Einen Pfarrer, der eine Heilmethode entwickelt und bekanntgemacht hat, muss man wohl kreativ nennen, auch wenn er nicht durch eigene Forschungen und große medizinische Gelehrsamkeit auf seine Methode gestoßen ist. Seine kreative Begabung lag vor allem in unabhängigem Denken, das nur der Wahrheit folgte, nicht der Obrigkeit. Vielleicht ist dieses Der-Wahrheit-den-Vorrang-geben die wichtigste Triebfeder der Kreativität.

Die Vorzüge der Kreativität

Zur Entfaltung von Kreativität tragen wertvolle Eigenschaften bei, und sie alle werden umgekehrt durch kreatives Tun gestärkt.

➤ Neugier,
➤ gutes Gedächtnis,
➤ flexibles Denken,
➤ Selbstvertrauen,
➤ tief gehende Sicherheit in Bezug auf eigene Erkenntnisse,
➤ Eigenständigkeit,
➤ Mut,
➤ Hochschätzung der Wahrheit,
➤ Durchhaltevermögen,
➤ Unbeirrbarkeit.

Darum sollten wir mit Nachdruck fordern, dass in der Schule die Kreativität gelehrt, gepflegt und geübt wird, soweit eben möglich.

Solches Denken kann man nur begrenzt lehren, aber im Rahmen verschiedenster spielerisch-kreativer Übungen kann man es gestatten, anerkennen und so zur Entfaltung bringen. Natürlich muss man in der Schule auch Disziplin und Anpassung lehren, den Kindern zeitweise auch aufzwingen, aber das allein genügt nicht. Freiheit, Selbstbewusstsein, Eigenständigkeit müssen dazukommen, sonst resultiert eine verbogene Seele, die ihre Kräfte nicht nutzen kann.

Die Kreativität hat mehrere Merkmale, die sie zweifelhaft erscheinen lassen: der Mangel an Gehorsam, die entspannte Stimmung, die Besessenheit und spielerische Elemente. Auch Menschen, die von Kreativität viel halten, haben wegen dieser Eigenheiten der Kreativität doch Bedenken, sie die Kinder zu lehren.

Die kreative Stimmung

„Ganz neue Zusammenhänge entdeckt nicht das Auge, das über ein Werkstück gebeugt ist, sondern das Auge, das in Muße den Horizont absucht." – *Carl Friedrich von Weizsäcker*

Darf man so etwas in der Schule wirklich fördern – Muße statt konzentrierter Arbeit? Sind die Kinder nicht ohnehin so arbeitsunwillig, dass man der Muße – bzw. der Faulheit – auf keinen Fall Vorschub leisten darf?

Eigentlich sollte es selbstverständlich sein, dass in der Schule nicht nur eine, sondern jede mögliche Arbeitsweise des Verstandes gelehrt und verwendet wird. Auch werden die Kinder weniger faul und widerwillig sein, wenn sie hin und wieder ihren eigenen Gedanken nachhängen dürfen, wenn sie nicht stetig gezwungen werden, ihre Gedanken nach Vorgaben auszurichten.

Muße und Arbeit sind nur scheinbar Gegensätze. Wenn der Verstand ein schwieriges Problem lösen möchte, arbeitet er weiter an diesem Problem, auch wenn er sich mit etwas anderem beschäftigt oder wenn er sich scheinbar nicht beschäftigt. Jeder hat diese Erfahrung schon einmal gemacht, dass die zündende Idee, nach der er schon lange gesucht hatte, in einer entspannten Situation auftauchte, unter der Dusche zum Beispiel oder beim Bummeln. Erst wenn der Verstand die Arbeit absichtlich verweigert, zum Beispiel weil er den steten Zwang abwehren will, hört er auf, sich mit dem Problem zu befassen.

Große Ideen tauchen oft auf unerklärliche Weise scheinbar aus dem Nichts auf, in Augenblicken der Muße eben. Wir sehen nur das strahlende Ergebnis und wir hören von dem erleuchtenden Blitz des Einfalls, der für den Kreativen oft ein erlösendes Erlebnis war. Von der immensen, jahrelangen Arbeit, die das Ergebnis möglich macht, hören wir weniger; diese Arbeit scheint eher frustrierend als spektakulär und deshalb nicht so interessant. Die schwere Arbeit, das jahrelange Ringen um Erkenntnis hat vorher stattgefunden. Diese Arbeit kann man zwar im Augenblick des Einfalls nicht sehen, aber sie ist unsichtbar vorhanden, als notwendige Voraussetzung für das jetzt so leicht erscheinende Ergebnis.

Besessenheit

Ebenfalls geringes Ansehen genießt die Besessenheit, obwohl sie zu den größten Leistungen gehört, zu denen Menschen fähig sind. Jeder große Künstler oder Forscher hat ein Ausmaß an Disziplin, Arbeitseifer und Mut an den Tag gelegt, welches man getrost als Besessenheit bezeichnen darf. Beharrlichkeit, Fleiß, Disziplin, Interesse, Leidenschaft gipfeln im Extremfall in totalem Einsatz, der dem Durchschnittsbürger nicht geheuer erscheint. Erst wenn ein großartiges Ergebnis zustande gekommen ist, verzeiht man seinem Schöpfer allzu große Faszination und bringt so etwas wie Verständnis auf. Der Erfolg rechtfertigt dann die nicht ganz einwandfreien Mittel, die Besessenheit nämlich, die ja so wenig durchschnittlich ist, dass sie in Verdacht steht, dem Wahnsinn näher zu stehen als der Normalität.

Aber beim Kind möchte man so etwas nicht fördern. Zu viel Spaß oder Begeisterung gehören nicht in die Schule. „Nur ja keine Spaßschule", lautet die Devise.

Einzelne Lehrerinnen und Lehrer lassen sich freilich nicht in diesen Vorgabenkatalog pressen, sondern schaffen es, aller ernsthaften Schulideologie zum Trotz, ihre Schülerinnen und Schüler zu faszinieren. So zum Beispiel der Lehrer Frenzel am Maristen-Gymnasium in Fürstenzell bei Passau, der die jungen Leute für technische und naturwissenschaftliche Entwicklungen begeistert. Mehrere seiner Schülerinnen und Schüler haben Siege bei „Jugend forscht" errungen und sogar Patente angemeldet.

Begeisterung

„Ohne Begeisterung ist nie etwas Großes geschaffen worden." – *Ralph Waldo Emerson*

Wenn es der Schule gelingt, bei einem Kind Begeisterung zu wecken oder zuzulassen, dann hat sie mehr erreicht als dies durch die systematische Vermittlung eines Gedankengebäudes in einem wissenschaftlichen Fach möglich wäre.

Heutzutage erhalten die Kinder, ob sie wollen oder nicht, schon im Kindergarten und in der Sesamstraße einen besseren Überblick über eine wissenschaftliche und rationale Weltsicht, als das zu meiner Zeit in einer gesamten Schullaufbahn möglich war. Aufgrund dieser Erfahrung müssen die Kinder sich zwangsläufig in der Schule langweilen, egal wie intelligent sie sind. Nicht Begeisterung, sondern Ablehnung legen wir in die Seelen der Kinder. So kann Frustration und eine No-Future-Einstellung entstehen.

Improvisation, die Alltagskreativität

Improviso – das Unvorhergesehene – verlangt einen schnellen Überblick über alle wichtigen Details des Gesamtgeschehens. Nur dann kann eine wirkungsvoll problemlösende, schnelle Reaktion erfolgen: die Improvisation. Hier wird nicht das linkshirnige, langsame, richtige und eingefahrene Gedankengänge enthaltende Denken gefordert, sondern die rechte Gehirnhälfte tritt in Aktion. Sie erfasst das Gesamtbild und lässt sich etwas einfallen, eine Erinnerung oder etwas Kreatives.

Improvisieren trainiert die rechte, kreative Gehirnhälfte und das Selbstbewusstsein. Erfahrungsgemäß hat in Alltagssituationen jeder einmal einen guten Einfall. Gerade theoretisch nicht so sehr Interessierte, deren Gedanken sich überwiegend in der Praxis bewegen, bringen hier oft erstaunliche Leistungen zustande. Sie bekunden auf diese Weise, dass sie denkfähig sind und in der Lage, komplizierte Situationen zu überblicken und schnell schwierige Entscheidungen zu treffen.

Man kann vermuten, dass sie in der Theorie oft nicht aus Mangel an Intelligenz, sondern aus Mangel an Interesse versagen oder weil sie schon zu häufig entmutigt worden sind. Auf dem Weg über Improvisation könnte man so manchem Kind klar machen, dass es klug ist, sein Selbstbewusstsein so weit zu stärken, dass es sich an theoretische Aufgaben unbefangener heranwagt und so manche Lösung zustande bringt. Kreativität arbeitet gegen die erlernte Hilflosigkeit.

Oft führt ein kreativer Impuls zu einem überraschenden Erfolg. Bewirken kann ihn nur dieser eine Mensch, der in diesem Augenblick den glücklichen Einfall hat. Zum Beispiel kann jemand durch ein Lachen oder einen geschickten Einwurf eine Situation retten und eine verfahrene Unterhaltung wieder in erfreuliche Bahnen lenken. Das kann besonders befreiend wirken, wenn einer der Gesprächsteilnehmer einen Kummer zu überwinden hat oder wenn ein Streit sich über ein vernünftiges Maß hinaus zu verschärfen droht.

Ein Kind erlebt großes Glück, wenn es etwas Sinnvolles veranlasst. Es fühlt, dass es lebt, dass es stark ist. Wenn es zum Beispiel durch eine Frage eine interessante Diskussion ausgelöst hat, was in jedem Unterricht ohne zusätzlichen Aufwand realisierbar wäre, empfindet es sich plötzlich als wichtige Person, die etwas bewegt hat; seine eigene Meinung steht im Mittelpunkt.

Kreativität als Lernmotivation

Nie war es so schwierig wie heute, die Kinder für den Unterricht zu interessieren. Die Schuld daran wird den Kindern zugeschoben, sie seien irgendwie verdorben, nicht mehr neugierig, aufgeschlossen und arbeitswillig.

Gut, die Kinder sind verdorben, d.h. verwöhnt. Verwöhnt mit einer Vielzahl von wunderschönen, zauberhaften, unterhaltsamen, abwechslungsreichen, lehrreichen Filmen und Serien im Fernsehen – man kann die Qualitäten dieser Kindersendungen gar nicht alle aufzählen. Trotzdem gehen die meisten Kinder mit freudiger Erwartung zur Schule und wollen lernen, was Schule und Leben zu bieten haben. Aber der eintönige, mehr von Tadel als von Unterhaltung geprägte Schulunterricht fällt zu stark ab gegen den spannenden Zeitvertreib, der dem Kind täglich zu Hause zur Verfügung steht.

Was das Fernsehen im Gegensatz zu Computerspielen nicht bieten kann, ist Interaktion, die Möglichkeit, selbst in die Vorgänge einzugreifen, etwas zu verändern, eigene Ideen und Bestrebungen einzubringen. Hier liegt die Chance, den Schulunterricht doch noch konkurrenzfähig zu machen. Wenn es den Schülerinnen und Schülern ermöglicht würde, durch ihr Mitmachen, durch ihre Fragen und Anregungen Einfluss zu nehmen auf das, was im Unterricht geschieht, dann könnte dieser Unterricht mit Fernsehsendungen konkurrieren, denn nichts ist für das Kind großartiger, als selbst etwas bewirken zu dürfen. Für Jugendliche wäre das besonders wichtig, denn sie befinden sich heute in einer so absolut machtlosen und gegängelten Situation, die jeden entmutigen muss. Hier liegt die Ursache für die heute so verbreitete No-Future-Einstellung vieler Jugendlicher. Die durchgehende Erfahrung, bis zum Erwachsenenalter absolut nichts ändern zu können, lehrt sie passiv zu sein.

Unterricht in Kreativität

Cropley berichtet von einem Unterrichtsversuch, bei dem Kinder in Kanada vier Tage lang täglich zwanzig Minuten lang in kreativem Verhalten unterrichtet wurden. Man forderte sie auf, sich nach bestimmten Veränderungsprinzipien etwas einfallen zu lassen, z.B. wie man ein Spielzeug so verändern kann, dass das Spielen damit noch mehr Spaß macht. Die Kinder wurden in vier Gruppen unterrichtet und vor und nach diesem Unterrichtsprogramm hinsichtlich ihrer kreativen Fähigkeiten getestet. Die Gruppe, die in diesen vier Tagen aufgefordert worden war, sich möglichst viel und möglichst Sinnvolles einfallen zu lassen, schnitt in den Anschlusstests am besten ab, besser zum Beispiel als eine Gruppe, die man nur aufgefordert hatte, sich möglichst viel einfallen zu lassen. (Cropley, 1991, S. 29)

Es scheint nahezu unglaublich, dass Kinder in so kurzer Zeit ihre kreativen Einfälle verbessern können. Wenn man aber bedenkt, dass Kinder in der Schule normalerweise nie eigene Einfälle erfolgreich äußern dürfen, dann ist es weniger erstaunlich. Die bisher unterdrückte Fähigkeit bricht hervor. Es scheint so zu sein, dass man den Kindern nur sagen muss: „Habt gute Einfälle!", dann gelingt das auch. Wenn man ihnen aber stets bedeutet, dass ihre eigenen Einfälle nicht viel wert sind, dann lernen sie auch das: „Eigene Einfälle zu äußern, ist ziemlich sinnlos, denn sie taugen nicht viel."

Wenn schon so wenig Unterweisung einen deutlichen Erfolg zeitigt, was muss dann erst erreicht werden, wenn in der gesamten Schulzeit mehr Kreativität erlaubt und gefördert würde? Nicht jedes Kind würde ein Genie, aber jedes könnte an Selbstbewusstsein, Eigenständigkeit und seelischer Gesundheit gewinnen.

Brainstorming

In der Lernkreativität herrscht ein schwer entwirrbares Durcheinander von Sinn und Unsinn, wobei der Unsinn nicht unbedingt schlechter sein muss als der Sinn.

Da wäre zum Beispiel das Brainstorming, eine in der Wirtschaft bewährte Form gemeinschaftlichen Nachdenkens. Man könnte das Wort mit: „Gehirn stürmen" übersetzen. Es dient dazu, eine schwierige Aufgabe zu lösen, z.B. den Titel für ein Buch zu finden oder einen Weg zu suchen, wie man ein bestimmtes Produkt vermarktet. Das Brainstorming ist die Gemeinschaftsarbeit einer Gruppe. Jeder Teilnehmer äußert alle Einfälle, die er hat, ohne zu prüfen, wie nützlich, logisch oder auf andere Weise sinnvoll sie sind. Unsinn kann ebenso Erfolg versprechend sein wie etwas Vernünftiges, weil er manchmal einen wichtigen Teilaspekt aufzeigt.

Alle Einfälle werden auf eine Tafel geschrieben und im zweiten Schritt des Brainstormings von den Gruppenmitgliedern auf Brauchbarkeit geprüft. Jeder darf seine Meinung äußern, und man darf lachen. Wird eine gute Lösung gefunden, so ist es das Verdienst aller. Es entstehen oft außerordentlich originelle Gedanken, auf die einer alleine niemals gekommen wäre, die er auf keinen Fall ausgesprochen hätte. Und manche Ideen lassen sich später bei anderer Gelegenheit verwenden.

Brainstorming hilft auch beim Vokabellernen, wenn man mit seiner Hilfe bildliche Vorstellungen sucht, die ein neues Wort oder einen Teil davon veranschaulichen. Manche neuen Vokabeln merkt man sich leicht, andere vergisst man immer wieder und muss sie pauken und pauken. In diesen Fällen hilft die Methode der Kombination von bildlichen Vorstellungen: Man zerteilt das neue Wort und verbindet es mit einer Bilderfolge, durch die man sich das Wort spielend leicht einprägt.

Zum Beispiel das englische Wort *handkerchief* (Taschentuch): Man stelle sich einen Chef, vielleicht den Schuldirektor vor, wie er als Henker einen armen Sünder mit einem großen karierten Taschentuch henkt. Man kann das Wort zerlegen in *hand*, *ker* und *chief*, welch letzterer Teil wie „schief" klingt, und stelle sich als Bild einen mit einem Taschentuch verzierten Speer vor, der schief in einer Hand liegt. Allerdings liegen Speere allgemein schief, aber wenn man so weit gekommen ist, hat man schon einige Gedankenarbeit geleistet, so dass die Erinnerung an das Wort allein dadurch erleichtert wird. Ein anderes Wort: Für *teacher* denke man an einen Tiger auf einem Stuhl, englisch *chair*, wenn man das Wort *chair* schon gehabt hat.

Es ist oft nicht leicht, ein Bild zu finden, aber bei zwanzig bis dreißig Kindern in einer Klasse sind die Aussichten gut, dass mit Hilfe des Brainstormings zündende Ideen entstehen, dass alle lachen, was bekanntlich das Behalten erleichtert. Der Aufwand ist nicht zu groß, weil man nur schwierige Wörter auf diese Weise bearbeitet, die man sonst allzu leicht vergisst. Manche Lehrerinnen und Lehrer an deutschen Schulen wenden diese Methode längst an, und in den Kursen, die zum Gedächtnistraining angeboten werden, benutzt man sie regelmäßig mit gutem Erfolg. Lernen mit Spaß fördert den Erfolg.

Prölls Kreativitätstraining

Zum Abschluss des Kapitels möchte ich eine Methode des Kreativitätstrainings vorstellen, die Professor Pröll als Übung zum schöpferischen Gebrauch der Sprache empfiehlt. Diese Übung dient nicht nur der Kreativität, sondern man kann mit ihrer Hilfe über eigene Probleme sprechen, ohne zugeben zu müssen, dass man dieses Problem hat; ja oft ist man sich nicht einmal der Tatsache bewusst, dass man sich damit auseinander setzt. Man trifft nämlich am häufigsten auf die Worte, die sowieso im Kopf herumgehen:

„Nennen Sie ein längeres Wort aus dem Sie umgebenden Alltag: z.B.: Bilderrahmengeschäft.

Aus diesen 21 Buchstaben sollen Sie in Stufe 1 möglichst viele Worte formen, z.B.: Bild, Rahmen, Geschäft, Rahm, Gilde, der, Hilde, Geld usw. ...

Jeder Buchstabe darf nur so oft verwendet werden wie im Ausgangswort.

Danach sollten Sie mit der Fülle der neu gefundenen Wörter sinnvolle Sätze zu einem kurzen Satzverband formen (nur die Ausgangsbuchstaben verwenden), z.B.: Hilde geht mit Geld in ein Geschäft – da erstehe sie ein Bild, habe ich ihr geraten.

Das war eine kleine kreative Anstrengung der Stufe 2.

Auf der Stufe 3 müssten nun sinnvolle Sätze mit Reimendungen gefunden werden, z.B.:
Edith, Else, Ilse, Hilde
diese sind in einer Gilde,
drei sind Damen,
eine fiel in den Rahmen,
Amen"   (Pröll, 1991)

Ein Gedicht zu verfassen ist als Aufgabe in der Schule problematisch, weil man als Maßstab die Gedichte vor Augen hat, die man kennt und liebt. Etwas, das damit auch nur entfernt vergleichbar wäre, traut man sich mit Recht nicht zu. Die einengende Vorgabe von Pröll nimmt die Scheu, weil es nicht möglich ist, unter diesen Umständen etwas Schönes zu dichten. Es bleibt Komik und Freude an der Kreativität. Man sagt doch erstaunlich viel aus über das, was einen bewegt, und hat so einen unverbindlichen Aufhänger, um über persönliche Probleme zu sprechen. Oft ist es auch eine Geschichte oder ein Fernsehfilm vom letzten Abend, der noch nicht verblasst ist. Das hier zitierte Gedicht von Pröll kann sehr gut aus der Welt dessen stammen, was ihn beschäftigt, ebenso wie die Sätze, die den Erwerb eines Kunstwerkes betreffen. In dem Gedicht geht es um Frauen und die mit dem Problemkreis verknüpfte Frage der Moral, die im letzten Wort des Gedichtes anklingt.

Als Kontrast habe ich ein Gedicht aus denselben Buchstaben verfasst:

> Der Tag ist lind
> es singt ein Rind.
> Der Abend beendet
> den bangen Gesang.
> Die Nacht ist lang.
> In der Nacht scheint ein Licht
> Da ärgert man sich nicht.

Ein drittes Gedicht aus diesen Buchstaben soll zeigen, wie groß die Gestaltungsmöglichkeiten sind und welch unterschiedliche Stimmungen man so einfangen kann.

> Ein Geist irrt des Nachts im Land,
> er hat ein Schaf an der Hand.
> Das Schaf das grämt sich
> lachen mag es gar nich.
> Da hat der Geist eine geile Idee -
> sie fliegen beide im langen Dreh.
> Sieh her, sie lachen laut und tief,
> da hat das Schaf das Leben gleich lieb.

Zwischenkapitel: Die Architektur in der evangelischen Gesamtschule Gelsenkirchen-Bismarck

Längst werden kaum Kosten und Mühen gescheut, wenn es um die Einrichtung von Kinderzimmern geht. Die Schulen dagegen, in denen Kinder doch einen großen Teil ihrer Zeit verbringen, sind meist mehr oder weniger zweckorientiert gestaltet. Dabei kann man Architektur sinnvoll in pädagogische Zielsetzungen integrieren, wie es die evangelische Gesamtschule Gelsenkirchen-Bismarck tut. Als diese Schule geplant wurde, legte man großen Wert darauf, auch die Schüler in die Planung zu integrieren. Sie sollen sich dort genauso wohl fühlen können wie zu Hause. Daher wurde ihnen großes Mitspracherecht bei der Erstellung der Klassenhäuser zugebilligt. Wo immer es außerdem möglich ist, nehmen Schülerinnen und Schüler am Bauprozeß teil. Nicht nur, daß eine solcherart gestaltete Umgebung Lernprozesse positiv beeinflußt, wie es von anderen Reformschulen bereits bekannt ist. Die Identifikation des Schülers mit seiner von ihm mitge-planten und -gebauten Schule wird immens verstärkt. Damit ist auch dem Vandalismus vorge-beugt.

„Die pädagogischen Ziele sind im Bau der Schule allgegenwärtig: Die Überschaubarkeit der Klassenhäuser soll einer Vermassung vorbeugen und die Verwirklichung des Familienprinzips erleichtern. Die Anlage der übrigen Räumlichkeiten in einer Art Straße soll die Verbindung zum Stadtteil verdeutlichen. Die Vernetzung zum Stadtteil soll durch viele dem Stadtteil ebenfalls zugängliche Räumlichkeiten und Einrichtungen verstärkt werden – bis hin zu Patenschaften von Institutionen und Verbänden des Stadtteils mit Gebäuden und Bereichen der EGG. Die Berücksichtigung ökologischer Prinzipien ist eines der wesentlichen Elemente der Architektur – vom „weichen" Holzbau bis hin zur vernünftigen Wärmegewinnung" (aus: www.pr-netcom.de/egg).

10 Disziplin

In der Schule sollen die Kinder etwas lernen. Dazu brauchen sie ein Schulgebäude, Lehrerinnen und Lehrer, Unterrichtsmaterial. Das alles ist für Geld zu haben. Zum erfolgreichen Lernen gehört außerdem Disziplin. Die aber gibt es nicht für Geld, und auch mit guten Worten kann man sie nur schwer beschaffen. Sie ist der schwierigste und umstrittenste Teil des gesamten Schulsystems. Die Kinder sollen stillsitzen, einander nicht stören und sich nicht prügeln. Sie sollen aufmerksam dem Unterricht folgen und auch zu Hause fleißig lernen. Das nennt man Disziplin.

Diese kurze Aufzählung zeigt schon, dass Disziplin sich aus zahlreichen Komponenten zusammensetzt. Jede Situation erfordert eine andere Disziplin: Zum Beispiel dürfen Erstklässler im Unterricht mehr reden und sich bewegen als die Großen; Gruppenarbeit lockert die Ordnung auf, ohne aber die Arbeitsintensität zu vermindern. Lehrerinnen und Lehrer müssen stets abwägen, welche und wie viel Disziplin sie anstreben möchten.

Was ist Disziplin?

Ein Wort lässt ein buntes Bild im Kopf entstehen, aber nicht jeder denkt bei einem bestimmten Wort an das gleiche Bild. Bei dem Wort „Himmel" stellt der eine sich den azurblauen Sommerhimmel Italiens vor, der andere sieht tief hängende graue Wolken vorüberziehen. Das Bild hängt von der jeweiligen Stimmung ab, vom Wetter der letzten Tage und von vergangenen Erlebnissen.

Und woran denken wir bei *Disziplin*? An das Exerzieren auf dem Kasernenhof, an Hofgang im Gefängnis, an ein Kind, das spielt oder Hausaufgaben macht?

Der Schülerduden Pädagogik erklärt Disziplin als „angemessenes Verhalten zur erfolgreichen Bewältigung von Anforderungen und Situationen". Der soldatische, absolute und kritiklose Gehorsam erscheint demnach als angemessenes Verhalten im Krieg; das konzentrierte Bemühen eines kleinen Kindes um die Bauklötze lässt einen Turm entstehen und verbessert manuelle Geschicklichkeit wie auch räumliches Vorstellungsvermögen.

Disziplin setzt sich aus folgenden Komponenten zusammen:

Bemühen:	Beherrschen von Gefühlen und Stimmungen
	Konzentration
	Ordnung
Eigenmotivation:	Freude am Tätigsein
	Interesse
	Begeisterung
	Faszination
	Gewohnheit
Gemeinschaftserlebnis:	Gemeinsamkeit
	Imitation
	Sich messen
	Ehrgeiz
Fremdmotivation:	Gehorsam
	Notwendigkeit
	Einsicht
	Pflicht
	Zwang

Wo ist Disziplin?

Disziplin steckt in jeder geordneten Tätigkeit, die über längere Zeit ein bestimmtes Ziel ansteuert; unabhängig davon, ob es sich um eine erfreuliche oder eine lästige Tätigkeit handelt. Disziplin ist allgegenwärtig. Man kann nicht ohne sie leben. Man kann nicht entscheiden, ob Disziplin sein soll, oder ob sie nicht sein soll.

Arbeit und Lernen erfordern Disziplin; das wissen wir alle. Aber wie steht es mit dem Kartenspielen oder mit einem Besuch im Fussballstadion? Disziplin kann hier ebenso wenig entbehrt werden wie beim Lernen. Beim Lernen wird man sogar eher einmal die Gedanken abschweifen lassen und das eben Gelesene sich setzen lassen als beim Skatspielen, wo eine kurze Unaufmerksamkeit den Sieg kosten kann. Bei manchen Fußballspielen muss sogar Polizei die Begeisterung so weit disziplinieren, dass niemand Schaden leidet.

Disziplin im Spiel

Haben Sie sich schon einmal überlegt, wie viel Disziplin das Bauen mit Bauklötzen verlangt? Das Kind setzt alle seine Kräfte ein, um den roten Bauklotz zu ergreifen und auf den blauen zu packen. Es konzentriert sich auf die Frage, wie man es schafft, dass der rote oben liegen bleibt und nicht herunterfällt. Es steuert seine ungeschickten Handbewegungen, so gut es eben geht. Es ist ganz bei der Sache und muss wiederholt mit großer Enttäuschung fertig werden, wenn wieder ein Versuch misslingt. Dabei lernt es, wenn es Glück hat, sich am Zusammenfallen des Turms zu freuen anstatt sich zu ärgern.

Nicht alle Menschen können das gleichmütig optimistische Ertragen eines Misserfolgs in das Erwachsenenleben hinüberretten und nach einer Schlappe mit ungebrochener Energie bei der Sache bleiben. Es fällt nicht leicht, nach Fehlschlägen über Jahre oder Jahrzehnte diszipliniert weiterzuarbeiten, so als ob es keine Niederlagen gegeben hätte. Und welch wichtige Rolle spielt dieses Talent bei vielen Aufgaben! Zum Beispiel bei Aufbau und Führung eines Unternehmens oder in der Forschung. In der Schule wird Durchhalten durch Zwang erreicht, im späteren Leben aber muss man sich selbst bei der Stange halten.

Alle für das Leben notwendigen Fähigkeiten werden im Spiel geübt, auch die Disziplin. Die ganz besonders, denn kein Spiel kann ohne Disziplin auskommen. Man richtet sich ständig nach Regeln, bleibt einige Zeit dabei und lässt Gefühle, Wünsche oder Stimmungen, die nicht zum Spiel gehören, außer Acht.

Betrachten wir das Spiel „Mensch ärgere dich nicht!". Während des gesamten Spiels herrschen strenge Regeln. Der Spieler langweilt sich, bis er wieder an der Reihe ist, fiebert dem Augenblick entgegen und kann dann weder mit Verstand noch mit Geschick den Spielverlauf beeinflussen. Manchmal schreit, schimpft oder weint ein Kind, wenn es kurz vor dem Ziel herausgeworfen wird, will schließlich aber trotzdem weiterspielen. Es bezähmt seine Gefühle so weit, dass es mehr oder weniger gelassen weiterspielen kann.

Um diese große Leistung zu vollbringen, braucht man Geduld, Selbstbeherrschung, Einsicht – kurz Disziplin. Lässt es nicht aufmerken, dass ein Spiel, das ausschließlich diszipliniertes Verhalten trainiert, zur Standardausrüstung jeder Kindheit gehört und so viel Freude bereitet?

Konzentration

Auf einzelne, nützlich oder gar notwendig erscheinende Komponenten der Disziplin kann man erstaunlicherweise hin und wieder verzichten. Sogar die Konzentration, von der man doch annehmen sollte, dass ohne sie Disziplin nicht möglich sei, darf bei manchen disziplinierten Tätigkeiten fehlen, z.B. beim Stricken und beim Joggen.

Nur selten ist Stricken eine Hauptbeschäftigung, durchweg läuft es nebenher – neben tiefsinnigen oder weniger tiefsinnigen Gesprächen oder neben dem Fernsehen. Jederzeit kann man die Arbeit weglegen und wieder aufnehmen, wie es sich gerade ergibt. Konzentration erfordert nur die Planung, manche Strickmuster und schwierige Stellen, wie etwa die Ferse bei Socken. Das angemessene Verhalten – die Disziplin – liegt darin, dass man geduldig weitermacht, sich nicht entmutigen lässt, wenn man etwas auftrennen muss oder wenn eine Masche herunterfällt, dass man sein Ziel über lange Zeit beharrlich verfolgt.

Joggen erfordert noch weniger Konzentration. Die notwendigen Bewegungen laufen automatisch ab, auf Geschwindigkeit kommt es nicht an, denn der Lauf dauert relativ lange und soll nur mäßig belasten. Der Läufer genießt Umgebung, Luft und Sonne. Er kann mit anderen Läufern ein Gespräch führen oder auch schwer wiegende Probleme wälzen, die beim Joggen oft leichter und schneller eine Lösung finden als am Schreibtisch. Joggen entspannt, es findet in einer Stimmung statt, die kaum jemand mit Disziplin in Verbindung bringen würde. Dennoch gelingt regelmäßiges Dauerlaufen nicht ohne ein gerüttelt Maß an Disziplin.

Die meisten disziplinierten Arbeiten können aber keinesfalls auf Konzentration verzichten. Ein Zahntechniker, der nicht sämtliche geistigen Kräfte auf sein Werkstück konzentriert, macht Fehler: Die Zahnprothese wird krumm und passt nicht. Der gequälte Patient leidet Schmerzen über Wochen und Monate, und der Zahntechniker verliert seinen Job, wenn ihm dergleichen häufiger passiert. Bei vielen beruflichen Tätigkeiten kann man ohne Konzentration nicht auskommen.

Schreiben lernen

Wahrscheinlich erfordert nichts im Leben so hohe Konzentration wie das Erlernen komplizierter Bewegungen. Unter anderem deshalb ist es so enorm wichtig, dass Kinder sich möglichst viel bewegen. Je mehr einfache Bewegungen sie täglich üben, umso leichter fällt es ihnen später, die komplizierten Bewegungen zu erlernen, die zum Schreiben erforderlich sind.

Schauen wir Katharina – für ihre sieben Jahre nicht zu groß und nicht zu klein – beim Schreibenlernen zu. Sie ist ein lebhaftes, noch etwas verspieltes Kind und der ganze Stolz ihrer Eltern. Ihr Schreibtisch steht meist allein und verwaist da. Aber jetzt hüpft Katharina herein und packt ihre Hefte aus. Und los gehts: Angespannt sitzt sie da und versucht, den Bleistift fest und sicher in der Hand zu halten. Sie hält ihn etwas zu fest, zielt auf den Anfangspunkt und drückt auf das Papier. Halt! Nicht so fest drücken, sonst gleitet der Bleistift nicht. Nun wird das kleine a nicht rund, sondern spitz wie eine Zipfelmütze. Also muss sie noch einmal angefangen, ein bisschen weicher und sanfter. Ach! Das a gerät noch mehr aus der Form.

Die Entscheidung, wie locker oder wie fest sie den Bleistift halten und über das Papier führen muss, erfordert ein tiefes In-sich-hinein-Horchen, eine Konzentration aller Sinne auf dieses kleine a. Eine Konzentration auf das Innere des Körpers (medizinisch: Muskelspannung) und auf die Vorstellung des a, das zuerst nur im Kopf herumspukt und von da auf das Papier gelangen soll. Erst wenn das a wahrhaftig auf dem Papier steht, erkennt sie, ob es ein schönes, rundes, gut lesbares a geworden ist.

Das war aber nicht mehr als der Anfang. Erst nach tausend und abertausend Versuchen, nach Monaten und Jahren lassen die leichten, sicheren, harmonischen Bewegungen von Arm, Hand und Fingern eine schöne Schrift entstehen. Gelungene Buchstaben und Zahlen müssen in Reih und Glied genau auf der Zeile aufmarschieren – ein viertel Millimeter zu tief sieht schon ziemlich krumm aus – und sie müssen orthografisch richtige Wörter bilden und lange, grammatikalisch korrekte Sätze.

Katharina strengt sich so sehr an, dass ihr Gesicht sich rötet; sie schneidet Grimassen, beißt sich auf die Lippen, rauft sich die Haare und beginnt zu schwitzen. Das ist Konzentration in ihrer reinsten und höchsten Form.

Derart intensiv kann man sich allerdings nur eine gewisse Zeit lang konzentrieren und wenn man sich gut fühlt. In jeder Schulstunde ergeben sich Störungen der Konzentration, die dem Lehrer zum Unmut gereichen und den Schülerinnen und Schülern Tadel und andere abfällige Bemerkungen einbringen. Man könnte diese Auszeiten besser nutzen durch freien Meinungsaustausch zwischen den Schülerinnen und Schülern, Meditation oder sportliche Übungen – z.B. Yoga oder Chi Gong. Auch ein Wettstreit in Witzemachen oder komischen Verrenkungen könnte auflockern und die spätere Konzentration erleichtern.

Ordnung

Manche Tätigkeiten verlangen zwar viel Disziplin, aber nur wenig Ordnung. Für dieses Phänomen liefert die Schriftstellerei berühmte Beispiele. Der eigentlichen Niederschrift eines Dramas oder Romans kann eine Entstehungsphase vorausgehen, in der der Künstler nicht mit der Hand schreibt, sondern mit dem Geist, indem er Figuren und Handlung in sich entstehen lässt. Das sieht nicht nach Arbeit aus und bestimmt nicht nach Disziplin oder Ordnung, obwohl lang dauerndes, umfangreiches Schaffen erfolgt. Goethe hat oft so gearbeitet. Andere Dichter oder auch Komponisten verwendeten jeden Vormittag eine bestimmte Zahl von Stunden auf ihr Werk. Jack London z.B. verfasste seine besten Geschichten, während er schwer körperlich arbeitete oder unter abenteuerlichen Umständen durch die Welt reiste. Er schrieb, sobald er Zeit fand. Als er sich später allmorgendlich an die Schreib-Arbeit machte, entstanden seine weniger bedeutenden Werke.

Nun wird zwar nicht aus jedem Kind ein Goethe oder Jack London, aber jedes Kind hat seine eigene Persönlichkeit, und Kinder unterscheiden sich in dem ihnen eigenen Arbeitsstil ebenso stark wie Dichter. Wenn wir bedenken, wie schwer es oft ist, einen gleichaltrigen Mitmenschen zu verstehen, muss uns schlagartig klar werden, dass wir uns nicht in die Seele eines Kindes versetzen und schon gar nicht seine Möglichkeiten und Arbeitsweisen beurteilen können. Die muss das Kind selbst ausprobieren und erleben.

Wir Erwachsenen sollten bescheidener sein, wenn wir unsere Kinder fördern wollen. Wir sollten uns nicht anmaßen, sie wahllos in ein Schema zu zwängen, sondern zuerst achtgeben, wie sie arbeiten, und sie dann in ihrer Eigenart unterstützen.

Die beste Lösung besteht nicht für jeden darin, sich zu bestimmten Stunden an den Schreibtisch zu setzen und das leere Papier anzustarren. Eine zeitlich flexiblere Arbeitsweise kann effektiver sein: Dann arbeiten, wenn ein guter Einfall auftaucht. Das ist dann zwar nicht Ordnung, aber doch Disziplin.

In der Schule muss selbstverständlich alles in geordneten Bahnen laufen, da viele Menschen ein gemeinsames Programm ableisten. Hinzu kommen die Hausaufgaben, die in einem vorgeschriebenen Zeitrahmen erledigt werden müssen, meist kurz nach dem Mittagessen. Danach verbleibt nur noch ein kleiner Rest des Nachmittags, von dem obendrein ein gutes Stück dem Fernsehen zur Verfügung stehen muss, das mit seinem riesigen Programmangebot jede Lücke füllt.

Dieses Übermaß an Zeitordnung gestattet zu wenig innere Freiheit. Es lässt kaum Langeweile aufkommen. Langeweile ist zwar unangenehm, unter Umständen sogar quälend, aber sie gibt der Fantasie freien Lauf und Raum für eigene Entscheidungen. In Zeiten der Langeweile träumen wir vor uns hin, lassen uns zu fernen Orten tragen, an denen wir das erleben oder tun, was uns unser Sehnen vorspiegelt. „Unsere Sehnsüchte sind unsere Möglichkeiten" (Robert Browning). Heute wird das Kind ganztägig genötigt, sich an eine äußere Ordnung zu halten, es übt, nicht auf seine innere Stimme zu hören. Es stumpft ab.

Disziplin in der Schule

„Wer wann was sagen darf, welcher Gegenstand mit welcher Methode angegangen wird, welche Haltung der Schüler in seiner Bank einnimmt und welche Farbe sein Heft hat, wann gedacht und wann geträumt werden darf, wohin man schaut, ja sogar, wann es angebracht ist, zu urinieren, alles wird zentral von einer Person geplant und gesteuert, und dieser Steuerung hat sich der Schüler zu unterwerfen. Wenn diese Unterwerfung gelingt, stellt sich auf beiden Seiten ein Erfolgserlebnis ein. Wo sich ein Schüler in diese Ordnung nicht einzufügen vermag, wird auch gleich sein Lernerfolg als gefährdet betrachtet." (Ramseger, 1975, S. 23)

Genauso, wie hier beschrieben, stellen sich die meisten Menschen Disziplin vor, denn so haben sie es gelernt. In der Schule findet Disziplin stets auf die gleiche Weise statt: stillsitzen, aufpassen, Wissen empfangen, das Gehörte wiederholen. Diese angeordnete Gleichförmigkeit verhindert eine tiefere Auseinandersetzung mit dem Begriff Disziplin. Wir können nicht erkennen, woraus Disziplin besteht, und nicht einschätzen, welche Komponenten der Disziplin in einer bestimmten Situation am Platze wären.

In diesen Fragen sollten sich Lehrer wie Schüler auskennen, darüber diskutieren und Vor- und Nachteile abwägen. Ein so wichtiger Bestandteil jeder sinnvollen Tätigkeit sollte nicht bloß vorgeschrieben, sondern vor allem verstanden werden. Und wenn im Anschluss daran Schülerinnen und Schüler in manchen Schulstunden selbst entscheiden dürften, wie sie vorgehen wollen, dann hätten sie Wichtiges fürs Leben gelernt und wären mit dem Unterricht zufriedener.

Variationen der Lerndisziplin

Rebecca Wild erzählt über das Rechnenlernen mit Hilfe von Montessori-Material, das in ihrer Schule jedes Kind benutzen darf, wann es möchte und so lange es möchte: „Doch ist es für einen Lehrer nicht beängstigend, wenn die Kinder gleichen Alters nicht das Einmaleins zur gleichen Zeit auswendig können? Wie können wir sicher sein, dass ein langsames

Kind es jemals lernt? Unser Sorgenkind Alba machte die langsamsten Fortschritte, die ich je erlebt habe. Ihr Bedürfnis an praktischer Arbeit mit viel Bewegung schien unerschöpflich. Nie ermüdete sie, als sie doch das didaktische Material zu benutzen begann, die Kügelchen immer von neuem in die Löcher der vorbereiteten Bretter zu stecken. Nach langer Zeit entdeckte sie dann zuerst die Zweierreihen. Angefacht durch diesen Erfolg machte sie sich an die Dreierketten. Sie hielt den Behälter mit den Ketten voll Ehrfurcht in der Hand. ‚Wenn ich will, kann ich die Ketten abzählen, aber ich will heute nicht. Ich will sie heute im Kopf ausrechnen.‘ (...) Sie wanderte im Zimmer herum wie ein Wissenschaftler, der einer unerhörten Entdeckung auf der Spur ist. Sie zählte und zählte im Kopf und hielt dabei den Behälter mit den Ketten wie ein Kleinod in der Hand. Sie war entschlossen, ohne ihre Hilfe auszukommen. Nach dieser Stunde harter Arbeit hatte sie die Dreierreihe bis 30 für sich ‚erobert‘. ‚Niemand hat es mir beigebracht. Ich habe es alleine herausgefunden.‘ Diese Eroberung ist mit einem Glücksgefühl verbunden, das Einfluss auf alle Gebiete ihres Lebens hat. (...) So können uns gerade die langsame Rechner große Dienste leisten, statt uns im Gruppenunterricht zur Verzweiflung zu treiben.“ (Wild, 1995, S. 197)

Die Verzweiflung, von der Rebecca Wild hier spricht, ist es, die Lehrer zur strikten Einhaltung der Disziplin treibt – die Verzweiflung darüber, dass sie über die Kinder so wenig wissen, dass sie ganz anders funktionieren, als sie sich das wünschen. Die Verzweiflung darüber, dass sie die absolute Autorität nicht ausstrahlen, die man von ihnen erwartet. Sie stecken in einem unlösbaren Dilemma und kennen keine andere Lösung als die Flucht in den Zwang, den sie für Disziplin halten

Überdiszipliniert

Jederzeit muss man sich die Frage stellen: Welche Art Disziplin kommt in Betracht und wie viel davon ist zweckdienlich?

Fast alle Menschen unseres Kulturkreises haben sich in ihrer Kindheit, vor allem in der Schule, an zu viel Disziplin gewöhnt und Lebenshilfebücher versuchen, diesem Übermaß entgegenzuwirken. Es kostet Geduld, diese lebenslang unter großem seelischen Aufwand geübten Verhaltensweisen zu korrigieren. Schon der Anfang fällt schwer, die Erkenntnis nämlich, dass wir zu viel des Guten tun.

Wir tun unsere Pflicht. Und davon können wir doch gar nicht zu viel tun. Oder etwa doch?

Im normalen Tagesablauf muss vieles sogleich erledigt werden. Wir gehen ohne zusätzlichen geistig-seelischen Aufwand frisch ans Werk, haben ja schon vor langer Zeit alles beschlossen und eingeteilt. Nachdenken entfällt. Vom ersten Schuljahr an wurden wir konsequent und gründlich belehrt, dass wir nicht darüber zu befinden haben, welche Pflichten wir erledigen wollen und welche nicht. Also arbeiten wir unser Soll ab und ab und ab.

Sollen wir mit der Pflichterfüllung aufhören, wenn alles getan ist? Wenn wir nicht mehr können? Oder wenn sie uns keinen Spaß mehr macht? Die Antwort liegt irgendwo dazwischen; und da Überdisziplinierte zu wenig Übung darin haben, zu überlegen, wann genügend Pflicht erfüllt ist, tun sie meistens zu viel des Guten, hören dann auf und leiden weiterhin Gewissensqualen, weil noch einiges zu erledigen wäre.

Hier mischt eine Arbeitsweise der Psyche mit, die vor allem Psychologen kennen: Der Mensch sucht sein Leben lang die Gefühlslage, an die er in seiner Kindheit gewöhnt wurde. Im Psychologenjargon heißt das: Man sucht die Mutter, die man kennt. Da wir alle daran gewöhnt wurden, ein schlechtes Gewissen zu haben, steht unsere Pflichterfüllung auch unter diesem Aspekt: Wir richten es so ein, dass zwar das Wesentliche erledigt wird, aber dennoch genügend Grund für Gewissensqualen bleibt. Das geschieht unbewusst. Wenn Sie sich aufmerksam beobachten, werden Sie diese etwas merkwürdig erscheinenden Behauptungen bestätigt finden.

Wer das ändern möchte, wer aus dem Teufelskreis der „Schuldgefühlsproduktion" herauskommen möchte, der oder die (häufiger ist es eine die) sollte über längere Zeit beobachten, wie der Weg zu den Schuldgefühlen entsteht. Er oder sie muss wissen, dass man diesen Weg ändern kann, und dann muss er oder sie den Weg ändern wollen. Wer das geschafft hat, sieht plötzlich die Punkte, die sich ändern lassen; dann ändert man ein wenig an der Formulierung des Zieles oder findet kleine Kurven auf dem Weg, die begradigt werden können. Und man staunt über die große Wirkung einer kleinen Änderung.

Disziplin und Freude

Disziplin bleibt so lange bestehen bis man aufgibt. Der alles entscheidende Punkt ist also, dass man weitermacht. Um das zu erreichen, muss man mehrere Mittel einsetzen: die Ordnung, die Gewohnheit, die Freude. Ja auch Zwang – Zwang, der von Eltern, Lehrern, Vorgesetzten und von einem selbst ausgeht. Aber den Zwang sollte man vorsichtig dosieren. Wenn man wirklich etwas leisten will, muss man von der Freude eine größere Dosis nehmen als vom Zwang, sonst erlahmt man.

Je öfter man zum Beispiel die Erfahrung gemacht hat, dass man sich nach dem Joggen wohl fühlt, um so leichter fällt es, sich das nächste Mal wieder auf den Weg zu machen. Im Laufe der Zeit wächst ein Gemenge aus Gewohnheit, Disziplin und Freude heran. Diese Mischung trägt umso besser, je mehr Freude darin steckt. Das gilt auch für die Schule.

Wir alle haben schon erlebt, dass wir in einem Unterricht, in dem der Lehrer oder die Lehrerin eine angenehme Stimmung verbreitet, lieber und erfolgreicher mitarbeiten als in anderen Fächern. Das persönliche Interesse spielt eine Rolle, aber eine gute positive Stimmung hebt das Interesse und verleiht eine erstaunliche Portion Ausdauer.

Positive Stimmung, gute Laune und Aktivität gehören zusammen. Der gut aufgelegte Mensch möchte gern etwas tun, ist unternehmungslustig, tatendurstig. Im Gegensatz dazu ist Unlust verbunden mit Trägheit, schwere Depression mit der Unfähigkeit, irgendetwas zu tun, leichte Depression mit Faulheit und Gleichgültigkeit. Beim Kind und Jugendlichen müssen diese beiden, sooft sie erkennbar werden, Besorgnis erregen und Beistand mobilisieren.

Disziplin im Sprachunterricht

Der begeisterte Wunsch, etwas zu verstehen, führt ganz gewiss zu einem wesentlich besseren Lernerfolg als konstanter Zwang und Langeweile. Es gibt viele Möglichkeiten, das Grau des Schulalltags in ein buntes Erlebnis zu verwandeln. In einer Gesamtschule in Birmingham (England) z.B. fördere ein Deutschlehrer (Deutsch als Fremdsprache) die „Klinsmania", die Begeisterung für Fußball im Allgemeinen und für den Fußballstar Jürgen Klinsmann im Besonderen. Die Kinder durften (!) im Unterricht fernsehen, und zwar deutsche Videoaufzeichnungen: Fußballspiele mit original deutschen Kommentaren und Interviews unter besonderer Berücksichtigung des damals von allen bewunderten Klinsmann. Die Kinder waren begeistert – fast wie im Fußballstadion – sprangen auf, wenn ein komisches oder unbekanntes Wort fiel. Sie lachten und fragten nach der Bedeutung mancher Wörter. Und sie hörten und lernten Deutsch ohne englischen Akzent.

Meine Kinder interessierten sich heftig für Texte englischsprachiger Popsongs, Lieder der Beatles zum Beispiel. Oft stellten sie den Cassettenspieler laut, wiederholten mehrmals die gleiche Passage und versuchten ein Wort so genau zu verstehen, dass sie es im Wörterbuch nachschlagen konnten. Es erfordert große Mühe, die richtige Schreibweise eines englischen Wortes aus einem Liedertext zu erraten. Aber nach und nach gelang es. Sie übten das genaue Hinhören, nicht das Weghören, das in der Schule so konsequent trainiert wird. Die englische Sprache zu verstehen bereitete ihnen bald keine Schwierigkeiten mehr.

Fröhlicher, begeisterter Unterricht, wie der eben beschriebene in Birmingham, wirkt nicht diszipliniert, denn er weicht von der üblichen Schuldisziplin ab. Lerndisziplin, d.h. Bemühen um den Stoff, enthält dieser Unterricht aber in weit höherem Maß als der herkömmliche. Ein weiterer Vorteil dieser Lehrmethode besteht darin, dass sie eine angenehme Erinnerung zurücklässt. Schülerinnen und Schüler werden auch später gerne etwas auf Englisch sagen und nicht ängstlich darauf achten, ob wirklich jedes Wort fehlerfrei ausgesprochen wird.

Wir alle haben in der Schule gelernt: Disziplin, die allgegenwärtige, starke, hilfreiche, sei Plackerei. Man zwang uns täglich, diesen Gedanken zu denken, bis er in Fleisch und Blut übergegangen war, so dass wir uns kaum mehr an der Disziplin freuen konnten. Disziplin, die beglückende, die die Kraft in vernünftige Bahnen lenkt, die so reich an Facetten ist wie ein Diamant, wird missbraucht um jede Art von Zwang und Manipulation zu rechtfertigen.

Zwischenkapitel: Freiheit beim Lernen

Das Institut für Demoskopie Allensbach untersucht seit den 1950er Jahren, was Menschen glücklich macht, ob Glück mehr mit Freiheit oder mit Gleichheit verbunden ist. „So stellte sich heraus, dass das Gefühl, am Arbeitsplatz viel selbst entscheiden zu können, glücklicher macht. Menschen ohne solche Entscheidungsfreiheit betrachten sich dagegen eher als unglücklich. Dies ließ sich in allen Berufsgruppen und sozialen Schichten beobachten, bei Selbständigen wie bei ungelernten Arbeitern. " (Elisabeth Noelle-Neumann, in: Gehirn & Geist, Nr. 4/2002) Auch in anderen Ländern sind Menschen glücklicher und zufriedener, die sich bei der Gestaltung ihres Lebens frei fühlen. Ein Zusammenhang zwischen Gleichheit und Glück konnte jedoch nicht gefunden werden.

Kinder lieben Freiheit und die Möglichkeit, eigene Entscheidungen zu treffen, fast noch mehr als Erwachsene. Lasst doch die Kinder selbst bestimmen, was ihnen hier und jetzt wichtig ist. Das kann die Lernfreude nur fördern. Motivation ohne angestrengtes Motivieren. Die Laborschule in Bielefeld setzt solches ins Werk – ohne ideologische Verbrämung und mit großem Erfolg. Die Kinder sitzen nicht in Klassenzimmern, sondern in weiträumigen Etagen. Räumlich kaum beengt, dürfen sie aussuchen, womit sie sich augenblicklich beschäftigen und mit wem sie zusammenarbeiten möchten.

11 Gefühle

Soll man in der Schule über Gefühle sprechen? Über die ganz normalen, alltäglichen Gefühle der Schülerinnen und Schüler? Kritisieren sie nicht sowieso schon zu viel an der Schule herum? Darf man dem Vorschub leisten?

Vorwürfe abwehren wirkt eher kleinmütig als überlegen. Furcht vor abfälligen Bemerkungen darf erzieherisches Handeln nicht bestimmen, auf keinen Fall verhindern, dass kommunikative Fähigkeiten trainiert werden, die heute in so erschreckendem Maße schwinden. Um sie zu erlernen, muss man vielerlei wissen über Gefühle – über die eigenen und die der anderen. Man sollte möglichst genau abschätzen können, welche Worte und welcher Tonfall verletzen, wie man Verständnis zeigt und die Meinung des anderen gelten lässt und wie man ein Gefühl des Wohlbefindens im Gespräch herstellt.

Regelmäßig wird in Diskussionen gefordert, dass Schule auch kommunikative Kompetenz lehren sollte – das Gegenargument lautet jeweils, dies sei Sache der Familie. Nun aber ist es Zeit, sich endlich von diesem alten Zopf zu verabschieden; die Realität ist, dass Heranwachsende in ihrer außerschulischen Umwelt, vor allem in ihren kleinen Familien, nicht genügend lernen und erfahren über Gespräche, Gefühle und den Umgang mit Mitmenschen.

Im Fall der Sexualität war seinerzeit klar, dass das betreffende Wissen den Kindern unbedingt vermittelt werden musste, viele Eltern dazu aber nicht in der Lage waren. Der Sexualkundeunterricht hat tatsächlich wesentliche Fortschritte gebracht, aber nach wie vor werden zu viele junge Frauen ungewollt schwanger. Das liegt nun nicht mehr an Unkenntnis über biologische Vorgänge, sondern an einem erschreckenden Wissensmangel in Sachen Gefühle.

Die Unfähigkeit, mit den eigenen Gefühlen und mit denen der Mitmenschen angemessen umzugehen, hat weit schwerwiegendere Folgen als mangelnde sexuelle Aufklärung.

Gefühle falsch einzuschätzen oder sie beiseite zu schieben hat fatale Folgen. Wir verfügen in unserer Seele über ein großes Fass, in dem Unmutsgefühle versinken. Erst wenn ein Tropfen zu viel hineingeschüttet wurde, läuft es über. Dann allerdings schwellen die überquellenden Gefühle zu einem gewaltigen Strom an, der alle Vernunft hinwegspült und zu Amoklauf, Angstattacken, Sucht, Depression, Selbstmord führen kann; zudem zu körperlichen Krankheiten wie Bluthochdruck, Herzinfarkt oder Nierenversagen durch Medikamentenmissbrauch, und anderes mehr.

Andererseits machen positive Gefühle das Leben lebenswert. Es wäre daher enorm wichtig zu erfahren, wie Gefühle entstehen und wie man sie steuern kann.

Gefühle informieren

Gefühle sind vorzügliche Informationsquellen; sie leiten den Menschen fast immer in die richtige Richtung. Sie sagen ihm z.B., wann er essen, schlafen und sich bewegen muss und wo seine Talente liegen.

Manchmal spricht man davon, dass man etwas gefühlsmäßig weiß; dann geht es nicht um Gefühle wie Hunger oder Sympathie, sondern um Fachwissen, z.B. um Grammatikregeln oder die Anwendung mathematischer Formeln. Eine schwierige mathematische Aufgabe betrachtet man und weiß plötzlich „aus dem Gefühl heraus", welche Formel zur Lösung führen könnte. Dieses schnelle Wissen „aus dem Gefühl" zeigt, dass wir auf dem betreffenden Gebiet schon ziemlich perfekt sind: Wir müssen nicht mehr lange nachdenken, haben keine Zweifel. Das Wissen steht uns wie selbstverständlich zur Verfügung.

Man benutzt hier zwar die Begriffe *gefühlsmäßig, aus dem Gefühl heraus*, aber bei näherer Betrachtung wird klar, dass es sich hier nicht um Gefühle handelt wie etwa Trauer, sondern um Wissen. Das Auftauchen einer Lösung weckt allerdings positive Gefühle, wie Erleichterung, Gewissheit, Siegessicherheit, die so eng an den Denkprozess gekoppelt sind, dass man die beiden in einen Topf wirft. In der so entstandenen Mischung treten die Gefühle stärker hervor als die Gedanken, und die fehlerhafte Bezeichnung des „gefühlsmäßigen Wissens" drängt sich auf. Da das Ganze logisch klar nicht zu durchschauen ist, ordnet man es insgesamt dem Gefühl zu, obwohl es sich um reine Verstandesarbeit handelt.

Selbstverständlich vorhandenes Wissen handhaben wir genauso traumhaft sicher wie die automatisierten Bewegungen beim Gehen oder Laufen. Wir haben dieses Wissen so oft verwendet, dass wir es nicht durch Nachdenken herholen müssen – es steht jederzeit mühelos zur Verfügung. Wir müssen dieses Wissen ebenso wenig herbeirufen wie Gefühle, die doch stets ungerufen erscheinen.

Wie auf das gefühlsmäßige Wissen so können wir uns auch auf die Auskunft, die wir von unseren Gefühlen erhalten, meistens verlassen und folgen ihnen daher gerne. Genau genommen können wir uns immer auf die Gefühle verlassen, es sei denn, in ihrer Entwicklung sind schwere Störungen aufgetreten, was heutzutage leider oft der Fall ist.

Hierzu kann ich eine Geschichte erzählen: meine Mutter erkrankte mit elf Jahren an akutem Gelenkrheumatismus. Monatelang litt sie schwer, hatte Fieber und machte ihren Eltern große Sorgen. Sie wollte nicht recht essen, hatte aber immer wieder einen speziellen

Appetit: Sie verlangte nach frischen Möhren. Ihre fürsorgliche Mutter hingegen hielt diese für schlecht verdaulich und kochte deshalb die Möhren gut durch. Heute weiß die medizinische Wissenschaft, dass rohe Möhren bekömmlicher gewesen wären, dass sie heilende Stoffe enthalten, die beim Kochen teilweise zerstört werden. Meine Mutter fühlte damals genau, was gut für sie gewesen wäre.

In meiner Kindheit hörte man häufig Geschichten, in denen Menschen durch ihre Gefühle und Wünsche auf wunderbare Weise zum richtigen Ziel geführt wurden. Heute aber gehören solche Erzählungen ins Reich versunkener Fabeln. Psychologie und Medizin behaupten, dass man sich auf seine innere Stimme nicht verlassen darf, sondern allzeit auf die Wissenschaft hören und vertrauen muss.

Hier findet der gleiche Wettstreit statt wie in anderen Bereichen der Selbstbestimmung. Kinder sollen keine Verantwortung tragen, bis sie erwachsen sind. Sie sollen sich nicht auf etwas verlassen, das in ihnen ist, sondern auf das, was man ihnen sagt. Diese Geisteshaltung wird heute so lange und gründlich trainiert, bis sie nahezu unverrückbar feststeht und später, im Erwachsenenalter oft nicht mehr korrigiert werden kann. Das hat zur Folge, dass auch der Erwachsene stets nach wissenschaftlicher Anleitung sucht, anstatt sich auf sich selbst zu verlassen.

Das gibt Anlass zu wissenschaftlichen Untersuchungen über die Frage, warum die Menschen heute nicht mehr erwachsen werden wollen. Die Antwort aber ist ganz einfach: Die Menschen werden nicht mehr zum Erwachsenwerden erzogen.

Politikverständnis

Ein wichtiges Ziel unserer Schulbildung ist Politikverständnis. Der gebildete Mensch soll in der Lage sein zu wählen, sich vernünftig zwischen den einzelnen Parteien und für oder gegen bestimmte Politiker zu entscheiden. Diesem Ziel dient unter anderem der Unterricht in Geschichte und Politik. Das logische Denken, das im Mathematikunterricht gelehrt wird, soll die Kenntnisse verknüpfen. Ist man in diesen drei Fächern beschlagen, dürfte einem tief gehenden Verständnis politischer Vorgänge nichts mehr im Wege stehen.

Diese Überlegungen lassen jedoch einen wesentlichen Punkt außer Acht: Nicht nur das, was ein Politiker in der Sache plant, fällt ins Gewicht – vielmehr hat die Art, wie er es vorbringt, fast noch größeren Stellenwert. Gesichtsausdruck, Gestik, Wortwahl und Kleidung des Politikers wirken auf den Fernsehzuschauer. Dazu kommen geschickte Argumente, von Beratern ausgedacht, die warm und überzeugend wirken, obwohl sie die eigentlichen Absichten verschleiern. Eigennutz wird in Menschenfreundlichkeit umgemünzt, Gewinnstreben in Moral.

Politiker beeinflussen heute ihre Wähler mit Hilfe von Werbeagenturen und Medien; die Gefühle der Wähler sind ein Spielball von Seh- und Hörgewohnheiten, die dem Wähler zwar unbewusst, den Werbefachleuten dafür aber umso besser bekannt sind. Die Werbeagenturen bauen für den Politiker ein Image auf, von dem sie annehmen, dass es beim

Wähler gut ankommt, gewinnen so Sympathien und manipulieren das Wahlverhalten. Ein Wähler, der sich nicht auskennt in allen Belangen der Gefühle und Werbetricks, ist diesen Irreführungen schutzlos ausgeliefert.

Der Glaube an eine Unfehlbarkeit der angesehensten Autorität stört ebenfalls die politische Entscheidungsfreiheit. Selbstverständlich sollte man Autoritäten anerkennen, aber niemals kritiklos. Der größte Geist verrennt sich hin und wieder oder eine seiner Behauptungen ist nicht so allgemeingültig, wie er selbst und seine Zuhörer vermuten. Man sollte die Großen kritisieren dürfen, sich Gedanken machen, ob das, was sie gesagt haben, wirklich in jedem Fall gilt.

„Im Unterricht ist keine Zeit für derlei Gedankenspielereien. Die Kinder sollen nicht zweifeln oder grübeln, sondern Wissen zur späteren Verwendung ansammeln", meinen Lehrer und Schulräte. Diese drei Arbeitsweisen des Verstandes sind jedoch gleich wichtig. Eine davon zu vernachlässigen, stört die geistige Leistungsfähigkeit empfindlich, besonders auch Politikverständnis und Wahlverhalten.

Umgang mit Gefühlen

In manchen Situationen hat es sich bewährt, Gefühle zu unterdrücken und auf später zu verschieben. Man muss z.B: die Angst niederhalten und den Hunger ignorieren, wenn man eine bestimmte Leistung vollbringen will. Aber diese Gefühle verschwinden nicht, sie werden nur vorübergehend weggeräumt; später kommen sie zurück und müssen bearbeitet werden.

Hunger geht den geraden Weg zum Ziel. Andere Gefühle, wie z.B. Angst, schlagen tückische Haken, bis sie nach langem Hin und Her möglicherweise besiegt sind. Unterdrückter Hunger meldet sich alsbald zurück, wird quälender, so lange, bis er seine Absicht durchgesetzt hat und der Mensch isst.

Angst hingegen kann man immer wieder beschwichtigen, für Monate und Jahre; sie gerät scheinbar in Vergessenheit, taucht wieder auf und wird erneut beruhigt. Übung macht auch hier den Meister. Kinder werden täglich mit dem Erziehungsmittel Angst traktiert: Angst vor Tadel, schlechten Noten, Schlägen oder Schlimmerem. Sie werden dann aber wieder beschwichtigt und erhalten so ein vorzügliches Training im Niederhalten der Angst. Ein gewisses Unbehagen besteht allerdings fort. Eines Tages bricht die Angst aus scheinbar heiterem Himmel hervor und bleibt; sie führt ein vielgestaltiges Dasein als Prüfungsangst, Platzangst oder in Form von Angstattacken. Oder sie mündet in Aggression.

Eines der schönsten und belebendsten Gefühle, die das menschliche Leben zu bieten hat, das Interesse, kann man mit Leichtigkeit über Jahre hinausschieben. Das Wohlbefinden leidet kaum, denn es gibt noch so vieles, was den Verstand ebenfalls beflügelt. Auf lange Sicht jedoch nimmt die Persönlichkeit Schaden, wenn sie ihren eigentlichen Neigungen nicht nachgehen darf. Ein Teil der Seele verkümmert.

Das kann man zwar durch eine erfüllende Aufgabe ausgleichen, die einen Großteil der überschüssigen Kräfte fordert. Aber welcher Jugendliche findet heutzutage eine solche Aufgabe? Seine Seele dümpelt zehn und mehr Jahre vor sich hin, auf einem Meer von Fakten, die ihm gleichgültig bis zuwider sind. Wir züchten mit unserer Einheitsbildung ein Heer von gelangweilten Jugendlichen heran, deren eigentliche Kräfte brach liegen und deren Faszination keine Nahrung findet. Manche von ihnen lassen sich schließlich von der Gewalt faszinieren.

Das Gefühl der Faszination will leben, es setzt sich durch und sucht sich einen Gegenstand. Welche Objekte bieten wir der Jugend an?

Die altbewährte Methode, Gefühle auf später zu verschieben, reicht also nicht aus. Wenn man sie in übertriebenem Maß anwendet, kann sie sogar Schaden anrichten. Es muss etwas dazukommen. Man muss die Gefühle zur Kenntnis nehmen, verstehen und in angemessener Form mit ihnen umgehen.

Angst

„Angst besiegt mehr Menschen als irgendetwas anderes." – *Ralph Waldo Emerson*

Angst greift mehr und mehr um sich. Das kann nicht, wie oft behauptet, daran liegen, dass die Zukunftsaussichten heute so besonders bedrückend und die Gefahr unterzugehen so bedrohlich angewachsen ist. Wir haben noch nie so sicher gelebt wie heute: Kein Willkürherrscher kann uns auspeitschen, enteignen oder töten lassen; ein Krieg in unserem Land ist so unwahrscheinlich wie nie zuvor; wir sind nicht mehr von Seuchen bedroht, die in Windeseile einen großen Teil der Bevölkerung dahinraffen; das soziale Netz garantiert ärztliche Betreuung und ausreichend Geld, den Hungertod abzuwenden. An Gefahren, die unser Leben bedrohen, kann die zunehmende Angst also nicht liegen. Auch die Zerstörung der Welt durch Klimaveränderung wird wohl keiner von uns mehr erleben. Jedenfalls sorgen sich die meisten Menschen mehr um die Erhöhung der Benzinpreise als um die Gefährdung unseres Planeten.

Trotzdem nehmen Depression, Angst und andere psychische Störungen zu. Auf den ersten Blick erscheint dies paradox. Annehmlichkeiten des täglichen Lebens sind heute leichter zugänglich als je zuvor: mehr sexuelle Freiheit, mehr Tonträger, mehr intellektueller Anreiz, mehr Bücher, mehr Kaufkraft. Kriege, Unterdrückung, Korruption und Absurditäten hat es immer gegeben; und der Mensch hat sich dabei stets gut gehalten. Warum sollte ausgerechnet die heutige, außergewöhnlich vom Glück begünstigte Generation besonders depressiv sein?

Eine wichtige Ursache, vielleicht die wichtigste, ist das Gefühl der eigenen Ohnmacht, das Gefühl, dass man Umständen ausgeliefert ist, die man selbst nicht ändern kann. Zum Teil deshalb, weil man sie gar nicht ändern will.

Das Gefühl der Machtlosigkeit ergibt sich aus zahlreichen, wohl organisierten nicht zu ändernden, Gegebenheiten in unserer Gesellschaft, von denen die Schule an erster Stelle zu nennen ist. Niemand kann ihr entgehen. Dem Curriculum kann sich kein Mensch entziehen, auch die Lehrerinnen und Lehrer nicht. Kein Wunsch, keine Anstrengung, keine Verzweiflung kann etwas ändern. Unausweichlich naht die nächste mündliche Prüfung, die nächste Klassenarbeit, sogar in Fächern, von denen man wirklich nichts wissen will, die man verabscheut. Man kann nichts tun.

Nicht in einem zu erwartenden schweren Schicksal liegt der Grund der anwachsenden Angst, sondern in dem sicheren Wissen, dass man nichts ändern kann, dass man ausgeliefert ist. Die Ursache der Angst liegt zum großen Teil in der erlernten Hilflosigkeit.

Totschweigen der Angst funktioniert nicht, durch Schweigen schwindet sie nicht, sondern wächst an und verdichtet sich. Im Schweigen und in der Geheimhaltung kann die Angst ungestört gedeihen, denn sie erhält unaufhörlich Nahrung. Der verängstigte Mensch leidet stets unter der Befürchtung, er könnte seine Angst verraten und dafür verachtet werden.

Manche Kinder sind schwersten Drangsalierungen und Bedrohungen ausgesetzt. Sie werden missachtet und geprügelt. Könnten sie über diese Dinge sprechen, so fänden sie heraus, dass ihnen Unrecht geschieht und dass ihnen Hilfe zusteht, etwa vom Jugendamt. Erfahren sie gleichzeitig, dass ihnen bei diesem Schritt Gefahr droht, in einem Kinderheim untergebracht zu werden, haben sie die schwere Entscheidung zu fällen, ob sie trotzdem Hilfe suchen wollen. Wer nun glaubt, mit dieser Entscheidung sei ein zum Beispiel siebenjähriges Kind überfordert, der muss bedenken, dass geschlagen, missbraucht und übel beschimpft zu werden diesem Kind unermesslich schadet, besonders weil es vermutet, das Unglück irgendwie selbst mitverschuldet zu haben: Das glaubt nämlich ein Kind in dieser Situation; diese Überzeugung bleibt meist bis ins Erwachsenenalter bestehen, was zu Neurosen oder noch schwereren Krankheiten führt.

Manche Kinder haben vor einem tadelnden Blick mehr Angst als andere vor Schlägen. Gespräche in der Klasse brächten es zu Tage, wenn ein Kind in besonders schwierigen Verhältnissen lebt oder besonders empfindlich auf Tadel oder Ablehnung reagiert. Dann müsste unbedingt psychologische Hilfe zu Rate gezogen werden, andernfalls ist der Lernerfolg in Frage gestellt. Die Kosten für zehn oder mehr Jahre Bildung sind in den Sand gesetzt, wenn der Jugendliche am Ende nicht vernünftig lesen und schreiben kann und auch sonst nicht von den Bildungsinhalten profitiert.

Emotionale Verstimmungen können die geistige Aktivität erheblich beeinträchtigen: Schülerinnen und Schüler, die ängstlich, verärgert oder deprimiert sind, lernen schlecht; wer sich in diesen Zuständen verfangen hat, nimmt Informationen nicht richtig auf oder setzt sich unzureichend mit ihnen auseinander, denn Emotionen lenken die Aufmerksamkeit auf ihre Ursache und machen es schwer, sich auf etwas anderes zu konzentrieren.

Wie soll man Unterricht über das Thema Angst gestalten?

Zuallererst muss man über das Thema sprechen. Bestimmt kann jedes Kind eigene Erfahrungen beitragen. Nichts ist so hilfreich und befreiend wie offen reden über die Geheimnisse und Nöte; sie sind dann nicht mehr geheim und bedrängen weniger. Das hat sich heute in Selbsthilfegruppen millionenfach bewährt. Man erfährt, dass es anderen ähnlich geht, man hört, mit welchen Worten und Gedanken andere die Angst besiegen oder ein wenig vermindern. Eine gewisse Objektivität in der Betrachtung der Gefühle stellt sich ein.

Es gibt hervorragendes Unterrichtsmaterial, wie zum Beispiel die gut 40 Seiten starke, knapp oktavheftgroße Broschüre über Angst von Michael H. Möller, die überwiegend an Bahnhofskiosken vertrieben wird, weil der Durchschnittsbürger sich seiner Gefühle so sehr schämt, dass er in seinem Buchladen entsprechende Lektüre nicht kaufen möchte. Schule könnte solch nachteilige Scham leicht verhindern, indem sie das Thema durch offizielle Diskussionen im Unterricht gesellschaftsfähig macht.

Möller beschreibt einige Angstformen und Bewältigungsstrategien. Wer diese Broschüre durchgearbeitet hat, weiß schon eine ganze Menge über die Angst und auch über Suchtentwicklung. Man sollte es jedoch mit der Wissensvertiefung nicht übertreiben, denn Gefühle wandeln sich und werden in jeder Situation völlig anders erlebt. Kein Buch kann die eigenen Erfahrungen aufwiegen, und man sollte die Gefühle nicht zu gründlich zerpflücken; man kann sie auch zerreden und ihnen so ihre Erlebniskraft nehmen.

Eine sehr häufige Behandlungsform der Angst besteht in der Verabreichung von Beruhigungsmitteln durch den behandelnden Arzt. Diese Mittel helfen aber nur vier bis sechs Wochen lang, danach muss die Dosis erhöht werden, was sehr schnell zu Abhängigkeit und Sucht führen kann. Bereits nach dieser kurzen Zeit können bei Absetzen des Medikamentes geringe Entzugserscheinungen auftreten, in Form von gesteigerter Angst und körperlicher Beschwerden. Die „kleinen bunten Helfer" werden also vorerst nicht abgesetzt, und wenn der Hausarzt sie nicht weiterverschreiben will, werden verschiedene andere Ärzte aufgesucht. Die Sucht kann sich so mit medizinischer Hilfe in aller Ruhe entwickeln, bis sie in die Katastrophe mündet.

Jährlich werden in Deutschland rund eine Milliarde Beruhigungstabletten vom Benzodiazepin-Typ verordnet (Valium, Adumbran und so weiter). Diese Zahl könnte durch Wissenszuwachs über Gefühle in der Bevölkerung und bei den Ärzten drastisch verringert werden.

Wenn die Angst ungestört vor sich hin wachsen darf, breitet sie sich allmählich aus und erzeugt allgemeine Unsicherheit. Hier liegt einer der Gründe, warum etwa zehn Prozent der Jugendlichen nach ihrem Schulabschluss nicht ausreichend lesen und schreiben können. Lesen ist für sie kein normaler Teil des Lebens, keine Fähigkeit, die man eben lernt, sondern ein steter Grund für Angst. Nicht mehr Unterricht kann diesen Schülerinnen und Schülern zu Chancengleichheit verhelfen, sondern Auseinandersetzung mit den störenden Gefühlen.

Das Fach Deutsch bietet sich an, um über Angst zu sprechen. Die Kinder könnten Bonmots kreieren oder Gedichtchen nach der Vorgabe von Pröll (siehe Ende Kapitel 9 „Kreativität") verfassen oder eine kurze Geschichte über ein verängstigtes Kind lesen. Auch andere Fächer können Wichtiges beitragen zum Verständnis der Angst. Biologische Zusammenhänge erklären Sinn und Funktion der Angst: Sie veranlasst Tiere in kritischen Situationen, alle ihre Kräfte zu mobilisieren, um der Gefahr zu entgehen, was durch Hormonausschüttung geschieht. Hier könnte das Fach Chemie Wertvolles beisteuern. Gründliche Kenntnisse über die chemischen Grundlagen der Gefühle würden auch manche Irrungen und Wirrungen der Pubertät besser bewältigen helfen.

Ärger

Ärger und Wut haben einen schlechten Ruf: Ganz zu Unrecht, denn auch sie setzen Kräfte frei – während die Angst Hormone ausschüttet, die zu körperlicher Leistungsfähigkeit befähigen, aktiviert der Ärger den Verstand. Die Gedanken kreisen um das anstehende Problem. Je länger kein gangbarer Lösungsweg gefunden wird, umso mehr wächst Hilflosigkeit; man mag sie sich nicht eingestehen, sondern gibt sich lieber großkotzig und aggressiv. Je ratloser man den Dingen gegenübersteht, desto mehr schwillt der Ärger an bzw. dann die Wut.

Wäre das Wissen über den zweckmäßigen Umgang mit Gefühlen nicht so weitgehend verloren gegangen, wie das heute leider der Fall ist, so könnten wir die Energien, die im Ärger stecken, nutzbringender anwenden: nicht beruhigen und warten, bis der Ärger abklingt, sondern seine Dynamik in Überlegungen investieren.

Ein Beispiel für vorbildliche Ärgerbewältigung ist der Blechschaden am Auto: Man erwägt alle Möglichkeiten den Schaden gering zu halten, indem man eine preisgünstige Werkstatt sucht und die Versicherung heranzieht; man spielt die Situation im Geiste wiederholt durch und überlegt, wie man eine ähnliche Verkehrssituation besser, das heißt schadensfrei, meistern könnte. Man denkt nach, immer wieder und mit wachsendem Erfolg. Genau das verlangt der Ärger: mit diesem Gefühl umgehen wie ein vernunftbegabter, lernfähiger Mensch. Ärger strebt nach einer Lösung. Herumschreien und Draufhauen ist keine Lösung, sondern bloßes Austoben der eigenen Unfähigkeit.

Eltern ärgern sich

„Wer lächelt, statt zu toben, ist immer der Stärkere." – *Japanische Weisheit*

Wirklich schwierig aber und nicht mit einfachen Rezepten zu bewältigen sind die Probleme von Eltern. Sie ärgern sich, wenn ihr Liebling nicht spurt, und oft sind sie ziemlich hilflos. Das Kind will seine Grenzen testen – nicht selten mit Mitteln, die jede Rücksichtnahme vermissen lassen. Und wenn man als Vater oder Mutter soeben eine hingebungs- und liebevolle Darbietung inszeniert hat, des Sprösslings Lieblingsgericht oder ein längeres Spiel zum Beispiel, dann ist man tief geschockt und echt verärgert, wenn das süße Kleine ausprobiert, was es jetzt noch erreichen kann. Hier gibt Wissen Macht. Fundiertes Wissen um die Notwendigkeit des Grenzenausprobierens verleiht unter Umständen genügend Weisheit, um der Wut zu entgehen und gelassen oder gar belustigt zu reagieren.

Das jedoch muss man in langer, harter Arbeit lernen. Man muss den Ärger analysieren, kühl nachdenken, während um einen herum verletzende Ansprüche wüten, teils empört zeternd, Zuwendung und Gerechtigkeit heischend. Im Erfolgsfall erlangt man die beste aller möglichen Geisteshaltungen – ein Stück Weisheit.

Kinder ärgern sich

Der Ärger eines Kindes sollte uns jedes Mal Anlass zur Aufmerksamkeit sein. Auf keinen Fall die Mühe vom Hals schaffen mit Worten wie: „Ach lass doch! Ärgere dich nicht! Das ist die Sache nicht wert. Vergiss es und sei wieder lieb!" Das Kind fühlt sich nicht ernst genommen, was seinen Unmut vermehrt, der ungehindert weiterschwelt. Die Sache ist es wert, so geringfügig sie auch sei, schon weil Erwachsene wie Kinder lernen, gemeinsam Lösungsstrategien zu entwickeln. Je geringer der Anlass, desto unbeschwerter der Umgang damit und desto sicherer stellt sich Lernerfolg ein.

Wie leicht fällt es, in einem frühen Stadium Gefühle zu sortieren und zu glätten! Wir können dem Kind sagen: „Wenn du dich darüber so ärgerst, dann ist es offenbar wichtig. Lass uns überlegen, was eigentlich los ist!" Eine solche Bemerkung kann allein schon Wunder wirken, das Problem minimieren und die Kraftreserven auf den Plan rufen.

Den Weg nachzugehen, den ein Ärger genommen hat, und seine Ursache zu ergründen, ist ebenso spannend wie die Lösung einer Aufgabe aus der Physik, eigentlich noch interessanter, weil man vergangene Ereignisse durchforscht und oft nicht nur eine, sondern mehrere Ursachen ermittelt. Oft lacht man über die Ursache seines Ärgers und die seltsame Verquickung mehrerer Umstände, wenn man die Sachlage durchschaut.

> Nicht wegtrösten und beschwichtigen, sondern den Ärger wichtig nehmen.

Hass

Weggeschobene Gefühle haben eine starke Neigung, sich zu verselbständigen und das Denken zu beherrschen; sie sind aus eigener Frustration entstanden und finden in der umgebenden Realität Umstände, gegen die sie sich richten und gegen die sie Argumente suchen und finden. Sie können eine Ideologie erzeugen, zum Beispiel Ausländerhass. Gleichgesinnte bestätigen die Standpunkte und fügen weitere hinzu. Man tut sich zusammen und macht seinem Ärger Luft. Objekte, die als gemeinsamer Feind fungieren, finden sich immer, z.B. Türken, Andersgläubige oder die Regierung. Man findet Übles an diesen Menschen – Knoblauchgeruch, Haarfarbe, bestimmte Aussagen – und formt sich ein Bild, das man vereint ablehnen kann.

Die Gefühle haben ein Denkgebäude erzeugt, das jederzeit vom Verstand gerechtfertigt wird, vor allem, weil andere Menschen zustimmen. Es widersteht fremder Einmischung oder Beschwichtigung. Weitere negative Gefühle werden aufgesogen, in Dienst genommen, zur Unterstützung der schon vorhandenen Hassgedanken. Mit Hilfe dieser Mechanismen bilden sich z.B. Sekten, rechtsextreme Vereinigungen oder Terrorgruppen.

Eine Ideologie kann absolut fest und unverrückbar im Verstand ruhen, wie ein krankhafter Wahn. Beide haben große Ähnlichkeit miteinander. In beiden Fällen bestehen starke Gefühle und ein Denksystem, das zahlreiche mehr oder weniger zutreffende Behauptungen zu einem unangreifbaren Block vereint, um die Gefühle für richtig zu erklären. Bei so weitgehender Entwicklung einer Gewaltideologie ist gewöhnlich keinerlei Änderung mehr möglich, nicht einmal durch jahrelange Psychotherapie.

Das Attraktivitätstraining von Heilemann (siehe Kapitel 12 „Aggression") gibt Anlass zur Hoffnung, dass doch noch etwas verändert werden kann. Heilemann versucht nicht nur durch Vernunftgründe zu überzeugen, sondern er setzt dem Gefühl des Hasses ein anderes Gefühl entgegen: Selbstbewusstsein, Zufriedenheit mit sich selbst, Staunen über eigene Qualitäten. Hassgefühle zu bekämpfen, indem man Abscheu gegen schlechte Taten predigt, scheint zwar rational logisch, im Gefühlsbereich sieht die Sache jedoch anders aus. Man häuft auf den bestehenden Hass ein weiteres Gefühl der Ablehnung und vergrößert damit den Haufen unguter Gefühle. Will man den Hass besiegen, so muss man ihm nicht gleichartige, sondern konträre Gefühle entgegensetzen.

Hass erschafft und unterhält Ideologie, Schuldgefühle erzeugen Wahn. Das Selbstbewusstsein ist in beiden Fällen schwer geschädigt. Die beste und oft einzige Möglichkeit, ein sich entwickelndes Gewaltpotential zu entschärfen, liegt in der frühen Entwicklungsstufe, wo Gewalt noch fern ist, wo erst dieser so belanglos erscheinende Ärger auffällt. Man sollte ihn daher auf keinen Fall wegtrösten, sondern verstehen, damit er sich nicht anstaut und verfestigt.

Neben gründlicher Analyse aller Ärgernisse hat sich zwecks Frustabbau und Ärgerbewältigung besonders die körperliche Bewegung bewährt, die, wie im Kapitel „Sport" beschrieben, unweigerlich zur Stimmungsverbesserung führt. Da Ärger und Wohlbefinden sich schlecht vertragen, schwindet der Ärger, je mehr Hochgefühl sich einstellt.

Beliebtheit

Ungeheuer belastend – nahezu zerstörend – wirkt es auf ein Kind, wenn es abgelehnt wird; nicht nur Wohlbefinden und Lebensgefühl leiden, sondern sogar Leistungsfähigkeit und Lernfreude, eigentlich alles, was ein befriedigendes Leben ausmacht. Abgelehnte Kinder sind deprimiert und fühlen sich einsam.

Eine amerikanische Untersuchung hat in diesem Zusammenhang Erstaunliches ergeben: Der Grad der Beliebtheit eines Kindes in der dritten Klasse ist ein besserer Vorhersagemaßstab für psychische Probleme mit achtzehn Jahren als alles andere, darunter die Beurteilung von Lehrern und Krankenschwestern, die schulische Leistung und der IQ, ja sogar die Aussage von psychologischen Tests. Auch tragen Menschen, die wenige Freunde haben und ständig allein sind, später im Leben ein größeres Risiko, körperlich zu erkranken und früh zu sterben.

Wie der Psychoanalytiker Harry Stack Sullivan darlegte, sind es unsere ersten engen Freundschaften mit „dicken Freunden" vom gleichen Geschlecht, wo wir lernen, enge Beziehungen herzustellen, Differenzen auszutragen und unsere tiefsten Empfindungen mitzuteilen. Doch bei sozial abgelehnten Kindern ist die Wahrscheinlichkeit, dass sie in den wichtigen Grundschuljahren einen besten Freund haben, nur halb so groß wie bei ihren Kameraden, und so entgeht ihnen eine der wesentlichsten Chancen für emotionales Wachstum.

Es wurde der Versuch unternommen, diese Einsamkeit mit einem Kurs „Anleitung zur Freundschaft" zu durchbrechen: In sechs Sitzungen lernten die Kinder, besser mit anderen auszukommen und sich beliebter zu machen. Sie wurden zum Beispiel ermuntert, in Streit-fällen Kompromisse zu suchen anstatt zu schlagen; sich nach den Wünschen der anderen zu erkundigen, zuzuhören und etwas Nettes zu sagen; zu lächeln, Hilfe und Ermutigung anzu-bieten.

Dieser Minikurs in verträglichem Verhalten hatte einen bemerkenswerten Effekt: Die teil-nehmenden Kinder, die wegen ihrer Unbeliebtheit ausgesucht worden waren, nahmen ein Jahr später auf der Beliebtheitsskala ihrer Klassenkameraden einen soliden mittleren Platz ein (Goleman, 1997, S. 317). Ein eindrucksvoller Erfolg nach sechs Unterrichtseinheiten! Müsste der nicht Grund genug sein, alle unbeliebten Kinder in ähnlicher Weise anzuleiten?

Freude

„Das Glück kommt zu denen, die lachen." – *Japanische Weisheit*

„Lachen dient der Problembewältigung, eröffnet einen anderen Blick auf die Welt: Wer über etwas lachen kann, befreit sich davon." – *Cyril Northcote Parkinson*

Hatte ein Jugendlicher jahrelang keinen Erfolg bei der Änderung seiner misslichen Lebens-umstände, konnte er keine Leidenschaft für eine erreichbare Tätigkeit entwickeln, keine befriedigende Lebensperspektive finden, hat er gelernt, sich selbst und die Gesellschaft zu verachten. Dann ist der Weg zu einer sinnvollen Lebenseinstellung oft sehr steinig, oft so verschüttet, dass man ihn kaum mehr freilegen kann.

Vor allem fehlt die Freude. Wie kann man einem solchen jungen Menschen noch zu Freude am Leben oder einer Tätigkeit verhelfen? In der Annahme, dass Pflichtgefühl ausreichen muss, wird zu selten versucht, Freude in ein solches Leben zu bringen. „Zuerst die Arbeit und dann das Vergnügen!" ist ein altgedienter und guter Spruch, aber die Menschen, die ihn benutzen, vergessen, wie viel Freude oder zumindest Befriedigung ihnen ihre Arbeit verschafft. Ausschließlich positive Gefühle motivieren zur Tätigkeit.

Kriminelle sagen oft Sätze wie: „Zeig mir was, das ebenso viel Spaß macht wie nachts in ein Haus einbrechen und den Schmuck zu klauen, ohne jemand zu wecken, und ich würde es tun" (Csikszentmihalyi, 1992, S. 100). Hier liegt des Pudels Kern: Der Mensch muss Spaß, Freude oder ein ähnlich gutes Gefühl für etwas Sinnvolles entwickeln, um vernünftig leben zu können.

Wer soll den positiven Weg zeigen, wenn es den Eltern nicht gelingt? Und nicht wenigen Kindern wird bekanntlich im Elternhaus ein ganz und gar falscher Weg gewiesen, ein Weg von Prügeln und Menschenverachtung. Um diesen Kindern Chancengleichheit zu verschaffen, genügt es nicht, den Eltern ebenso viel Kindergeld zu geben wie allen anderen und den Kindern ebenso viele Kenntnisse anzubieten wie allen anderen. Schon deshalb nicht, weil sie diese Kenntnisse verabscheuen, weil sie täglich ihren eigenen Wert messen an ihrer offensichtlichen oder vermeintlichen Unfähigkeit, dieses Wissen zu erwerben und anzuwenden.

Was solche Jugendliche brauchen, sind nicht mathematische Kenntnisse, auch nicht Prozentrechnung, das Krönungsdatum Karls des Großen oder Informationen über die Gräuel des Dritten Reiches – sie müssen zuerst einmal lernen sich zu freuen, an sich und an den anderen, an Freundschaften, an sinnvollen Tätigkeiten und an der Schönheit der Welt.

Was muss ein junger Mensch erlebt haben, dem nächtliches Einbrechen das größte Vergnügen bedeutet, der Langeweile nur durch kriminelle Handlungen vertreiben kann! Welche Erfahrungen einer guten, normalen Kindheitsentwicklung muss er versäumt haben?

Nach den Erkenntnissen des Gefängnispsychologen Heilemann haben Kriminelle durchweg ein sehr schlechtes Selbstbewusstsein, sie glauben keine wünschenswerten Eigenschaften zu besitzen. Ist dieses Selbstbewusstsein anlagebedingt, oder könnte man durch Erziehungsmaßnahmen eine grundlegende Änderung zum Besseren herbeiführen?

Alle sind sich einig, dass Letzteres zutrifft. Warum wird also nicht mehr Wert darauf gelegt, schwierigen Kindern ein gutes Selbstbewusstsein zu geben, Freude an ihren eignen Eigenschaften und Leistungen? In der Erziehung geistig Behinderter ist dies ein wesentliches Grundprinzip aller Bemühungen – Lernunwilligen und Unangepassten meint man durch Tadel, also weitere Schädigung des Selbstbewusstseins, helfen zu können.

Wer sich nicht an sich selbst freuen kann, hat kaum eine Chance, ein gutes, erfülltes Leben zu führen. Da hilft kein Wissen, keine Bildung. Zuerst muss man für Freude empfänglich sein. Auch in der westlichen Zivilisation hat man erkannt, dass Lachen hilft, beglückt und heilt. Sogar die Wissenschaft hat neuerdings herausgefunden, dass eine Betätigung der Lachmuskeln zu Ausschüttung von Glückshormonen führt. Es haben sich Clubs gebildet, die das Lachen pflegen, üben und lehren. Was man auch von Spruchweisheiten halten mag – sicher übertrifft freudig getane Arbeit unfroh verrichtete.

Hier eine Übung, die auf Dauer Lebensgefühl und Freude hebt: etwas Schönes betrachten und sich auf die Schönheit konzentrieren, so lange bis man von ihr erfüllt und beglückt ist. Dazu eignen sich Himmel, Wolken, Regenschauer, eine Blume, ein Kunstwerk und unendlich viele andere Dinge. Die Übung dauert nur wenige Minuten, sollte aber über einige Monate täglich oder mindestens mehrmals wöchentlich wiederholt werden. Sie lehrt, wie herrlich die Welt ist und dass man sich an ihr freuen kann.

Freude an der Arbeit

Arbeit bedeutet nicht immer das große Glück, sie besteht unter anderem auch aus Mühe und Plage – aber was wäre das Leben ohne Arbeit? Mancher mag ein Leben ohne Arbeit genießen, aber für die meisten bedeutet Arbeitslosigkeit Unglück. Nicht nur weil Geld fehlt, sondern weil das Leben ohne Sinn ist, ohne Aufgabe, ohne Freude an der eigenen Leistung.

Wem es gelingt, Freude, Begeisterung, nie endendes Interesse in seiner beruflichen Arbeit oder in einem Hobby zu finden, der hat das große Los gezogen, der wird erfolgreich sein und sein Leben genießen. Alle erfolgreichen Menschen beschreiben ihre Arbeit so. Keiner von ihnen schuftet für Geld, sondern er bemüht sich aus Freude an seiner Tätigkeit. Freude an der Arbeit als Grundprinzip der Schule würde manches erleichtern.

Schüleraufsätze

Dem Buch „Gegenschulen" von Jörg Ramseger entnehme ich ein Zitat aus Herbert Kohl: „Teaching the Unteachable", in dem es darum geht, Schüler das schreiben zu lassen, was sie wollen:

„Zuerst waren die Kinder argwöhnisch und schämten sich über das, was sie geschrieben hatten. Als ich aber zuhörte und zuließ, dass sie redeten, wurden sie kühner und aggressiver, schließlich aber ruhiger und erleichtert. Ich forderte sie auf, niederzuschreiben, was sie tun würden, um die Dinge zu ändern, und sie gingen sofort darauf ein… Wochenlang danach schrieben die Kinder unermüdlich – wie es bei ihnen zu Hause aussah, wen sie mochten, woher sie kamen. Ich entdeckte, dass alles, was man mir über die Sprache der Kinder erzählt hatte, irrelevant war. Ja, sie waren überaus munter, wenn sie sprachen, unartikuliert und konkret: Aber wenn sie schrieben, war es anders: Wenn sie spürten, dass kein weißer Mann ihre Worte beurteilte und ihr Selbstvertrauen und ihren Stolz bedrohte. Sie sahen eine leere Seite und schrieben direkt und ehrlich." (zitiert nach Ramseger, 1975, S. 115)

Im normalen Schulbetrieb, dem vorgeschriebenen Curriculum folgend, liegen die Kräfte brach, von denen Kohl hier berichtet. Die Kinder haben nie Gelegenheit zu schreiben und zu sagen, was sie wirklich schreiben und sagen wollen. Das zu ändern würde nur einen geringen Aufwand bedeuten und gar keinen finanziellen. Eine Schulreform, die erreichte, dass alle Kinder in ihrer eigenen Weltsicht ernst genommen würden und darüber konstruktiv diskutieren dürften, wäre ein großer Fortschritt. Die Schülerinnen und Schüler könnten sich besser ausdrücken und ihr Leben besser planen, sie wären selbstsicherer.

Selbstsicherheit ist eine notwendige Grundlage zur Freude. Sie wird oft mit Überheblichkeit verwechselt und daher völlig falsch beurteilt. Stetes Leiden an der eigenen Person verdirbt jeden Tag; eine gesunde Selbstsicherheit hingegen, die die eigenen Fähigkeiten und Schwächen kennt und sinnvoll einsetzt, erweckt Leistungsfähigkeit und Lebensfreude und taucht die ganze Welt und jede Arbeit in ein freundlicheres Licht.

Zwischenkapitel: John

Warum werden Lehrer oft so sehr gehasst, von Schülerinnen und Schülern, die durch ihr Elternhaus benachteiligt sind? Die Ursache des Unheils liegt ja fast immer im Elternhaus, wie bei John, aber der Hass trifft die Lehrer. Johns Schicksal soll zur Beantwortung dieser Frage beitragen.

John, der seine Lehrer gehasst und Mitschüler verprügelt hatte, berichtet: „Ich habe früher Probleme Zu Hause gehabt mit meinem damaligen Vater. Der war auch ein Alkoholiker und hat auf meine Mutter immer eingeschlagen und auf uns natürlich auch. Ja, und das war die Wut, die ich damals hatte, nicht eigentlich auf die Kinder, sondern auf meinem Vater."

Seine Mutter ergänzt: „Er hat halt abgeblockt. Er ist heimgekommen, in sein Zimmer gegangen, hat die Zimmertür zugemacht und da war's aus. Da bist du reingegangen, er ist auf dem Bett gelegen und hat Playstation gespielt und Fernsehn geguckt, reden wollte er nicht. Meistens hat er gesagt ‚Lass mich'. Da ist man nicht an ihn herangekommen."

John war sich völlig klar darüber, dass er nichts taugte, dass man sich seiner schämen musste: „Meine Mutter, ich meine, die war stinksauer und hat sich auch geschämt, natürlich. Ich meine, ich würde mich für so einen Sohn auf eine Art auch schämen. Aber sie stand trotzdem noch hinter mir. Und das bewundere ich. Sie hat mir auch in den Arsch getreten, dass ich jetzt unbedingt was machen soll, dass ich sonst nichts habe. Ich habe gedacht: ‚Lasst mich doch einfach alle in Ruhe, ich lebe mein Leben, ich mache das schon und so, na ja, Scheiße war's."

Niemand versuchte Johns Wissen, dass er nichts wert war, zu durchbrechen außer einem einzigen Lehrer. Doch auch Gerhard Lindner, sein Lehrer im letzten Schuljahr in der Hauptschule, konnte den Teufelskreis von empfundener Ablehnung und Gewalt nicht durchbrechen: „So wie ich mich erinnern kann, habe ich mit Jonni über seine Probleme nicht gesprochen. Ich habe deutlich gemerkt, dass er welche hat. Ich habe gemerkt, es fehlt ihm sicherlich Zuneigung, und habe versucht, ihm diese Zuneigung zu zeigen. Seine Probleme habe ich nicht angesprochen, ich denke im Wissen, dass, hätte ich sie erfahren, nichts sie hätte lösen können."

Es kam noch schlimmer. John wurde zum Schläger, verprügelte Mitschüler auf der Schultoilette. Es war Terror pur. Aber niemand stoppte die Gewalt. Nicht die Schulleitung, nicht die Lehrer, die selbst zu Opfern wurden. Der Hass auf die Schule und auf die meisten Lehrer war riesengroß: „Vernachlässigung, Ausgrenzung irgendwie – so kam ich mir zumindest vor. Weil die mich richtig ignoriert haben, so getan, als ob ich gar nicht da bin. Das hat sich halt bei jedem Lehrer anders gesteigert. Ich weiß nicht, am Ende habe ich auf jeden Lehrer einen richtigen Hass gehabt." *Einen von ihnen bedrohte er verbal:* „Pass auf, wenn du mal alleine bist, abends, können dich ein paar Leute mit Baseballschlägern erwischen, dann weißt du, von wem das ist."

John flog von der Schule. Nicht etwa, weil er ein gefürchteter Schläger war, sondern weil er zweimal sitzen blieb, den Hauptschulabschluss nicht schaffte. Nach dem Rauswurf aus der Schule trieb sich John nur noch herum, trank und schlug, schlug und trank. Wahllos verprügelte er Menschen. Mitleid hatte er mit seinen Opfern damals nicht.

Der große John wurde plötzlich ganz klein, als er wegen zweimaliger schwerer Körperverletzung zu Jugendarrest und zu einem Training gegen Aggressionen verurteilt wurde. Im Arrest hat John sich entschlossen, den Hauptschulabschluss nachzuholen. In dieser Einrichtung zusammen mit Schülerinnen und Schülern, die ähnliche Lebensläufe mitbrachten, spürte er erstmals Anerkennung und hatte Erfolg.

Dorothee Dotzauer, Lehrerin in der Jugendeinrichtung „Andere Baustelle" in Ulm erläutert: „Bei John ist es überhaupt nicht das Problem, dass er intellektuell nicht im der Lage wäre, einen Schulabschluss zu schaffen. Den schafft er sehr wohl und sogar sehr gut. Ihm ist sein Verhalten in die Quere gekommen." (ZDF, „Mona Lisa", Mai 2002)

12 Aggression

Die Zunahme der Gewalt

Nimmt die Gewalt in der Gesellschaft und vor allem bei Kindern und Jugendlichen wirklich zu? Oder gewinnen wir diesen Eindruck nur, weil die Medien sich auf das Thema Gewalt eingeschossen haben?

Diejenigen, die es wissen müssen, weil sie an jedem Werktag zwanzig bis hundert Kindern und Jugendlichen gegenüberstehen, je nachdem wie viele verschiedene Klassen sie unterrichten, die Lehrerinnen und Lehrer nämlich, erklären einhellig, dass Unruhe, Gewalt, Mitleidlosigkeit auffallend angewachsen sind. Opfer sind ungewöhnliche Kinder: neugierige, kreative, lebendige.

Das kann man schon im Kindergarten beobachten. „Was sich verändert hat, ist nicht so sehr das Ausmaß von Aggression und Gewalt bei allen Kindern, sondern die Intensität von Gewalt bei einer (noch) kleinen Anzahl von Kindern. Wo früher in einer Kindergartengruppe von fünfundzwanzig Kindern insgesamt drei aggressive und verhaltensauffällige anzutreffen waren, sind es heute fünf bis sechs. Die Aggressivität dieser Minderheit strahlt aber zunehmend auf die Mehrheit aus." (Bründel & Hurrelmann, 1994, S. 109)

Gewaltausbrüche ereignen sich oft aus nichtigem Anlass – ein vermeintlich frecher Blick etwa oder eine falsche Hautfarbe können als Auslöser dienen. Wir haben hier zwar noch keine amerikanischen Verhältnisse, aber Sachbeschädigungen in Schulen, Erpressung unter Schülern, Schlägereien und Drogenhandel gehören auch bei uns zum Schulalltag, besonders in sozialen Brennpunkten. Es kommt vor, dass Schüler Lehrer ernsthaft mit Waffen bedrohen, Mitschüler und sogar Lehrerinnen und Lehrer wurden schon von Schülern getötet. Mancherorts wird erwogen, Schüler nach Waffen abzusuchen, bevor sie morgens in die Schule eingelassen werden. Einzelne Waffen werden immer wieder bei Schülern entdeckt und beschlagnahmt. Das sind die Spitzen des heute üblichen Gewaltpotenzials unter Schülern, die in der Presse genüsslich breitgetreten werden. Aber auch im ganz normalen

Schulalltag besteht allzu oft eine feindselige, aggressive, gewaltbereite Grundstimmung, die unter der Decke schwelt und das Unterrichtsklima vergiftet.

Landauf – landab, Buchregal auf – Buchregal ab klagen Lehrer und Schulpolitiker über aufsässige, anmaßende Schüler, über Kinder und Jugendliche die ihren Lehrpersonen unglaubliche Rücksichtslosigkeit und Brutalität zumuten. Vor allem junge und engagierte Lehrer fürchten immer mehr diese Haltung. Nicht wenige werfen nach einigen Jahren der Angst und Frustration das Handtuch, um sich einer anderen Tätigkeit zuzuwenden.

Die Jugendlichen beurteilen die Lage anders: Sie sind erwachsen oder fast erwachsen und werden Tag für Tag gezwungen, etwas zu tun, wozu sie nicht begabt sind, das sie nicht tun wollen, worin sie keinen Sinn erkennen können. Anschließend wird ihnen bescheinigt, dass sie sich zur Bildung nicht eignen, dass sie auch sonst recht minderwertig und moralisch unterentwickelt sind. Sie werden mehr oder weniger abgeschrieben.

Da muss man sich nicht wundern, dass einige von ihnen aggressiv werden. Man muss sich eher wundern, wie viele all das ruhig hinnehmen. Es sind nicht die schlechtesten, die trotz jahrelanger massiver Entmutigung eines Tages aufbegehren – leider an falscher Stelle, mit falschen Mitteln.

Wissenschaft von den Gewaltursachen

„Jeder Mensch trägt Aggressionspotenziale in sich. Sie sind natürlich und gehören zum menschlichen Wesen", stellen Bründel und Hurrelmann fest und bringen damit diese seit langem und bis heute umstrittene Tatsache auf einen einfachen, nicht anfechtbaren Nenner. (Bründel & Hurrelmann, 1994, S. 26)

Konrad Lorenz hat die vererbbare Seite der Aggression untersucht und in seinem Buch „Das sogenannte Böse" die Ergebnisse veröffentlicht. Er wurde von zahlreichen Autoren angefeindet, weil er die Aggression unter dem Aspekt ihrer Anlagebedingtheit im Tierreich vergleichend erforscht und auch den Menschen nicht ausgenommen hat. Lorenz' Gegner behaupten nämlich, dass Aggression nicht anlagebedingt sein kann, weil sie gelernt, geübt, und durch Frustration verursacht wird. Dass selbstverständlich jede anlagebedingte Fähigkeit durch Lernen und Üben gesteigert werden kann, übersehen diese Autoren geflissentlich und beanspruchen logische Argumente für sich.

Nebenbei gesagt, ist dies ein klassisches Beispiel für die Folgen des einseitig logischen Bewertens von Zusammenhängen im Leben, das zu Ablehnung von scheinbar Unpassendem oder Gegensätzlichem führt. Was im logischen Denken als gegensätzlich erscheint, sind im wirklichen Leben sehr oft wesentliche Teile des Ganzen.

Frustrationstheorie und Lerntheorie sind ebenso berechtigt wie die Triebtheorie, was Lorenz nicht bestritten hat. Die Frustrationstheorie besagt: Angst, Ärger, Unsicherheit, Frustration können aggressive Handlungen auslösen. Wer wird das bestreiten? Die Lerntheorie behauptet: Jeder Mensch lernt. Er lernt durch Vorbild, Erfahrung (prügelnder Vater, tadelnder Lehrer) und Unterweisung. Er lernt unter anderem, aggressiv zu sein. Mit

Worten oder mit Taten. Wobei man tätliche Aggression in Kursen lernen kann, von Selbstverteidigung über Schießen bis Karate. Eine ebenfalls unanfechtbare Lehre.

Triebtheorie, Frustrationstheorie und Lerntheorie schließen einander also keineswegs aus, sie ergänzen sich. Aggression bildet sich heran wie andere Fähigkeiten, zum Beispiel das Laufen. Jeder Mensch hat erstens die in der Vererbung angelegte Fähigkeit zum Laufen, er läuft zweitens meistens aus einem Grund – er läuft vor etwas davon, oder auf ein Ziel zu oder weil er Fangen spielen will, und drittens kann er Vorbildern nacheifern und das Laufen trainieren.

Aggression in milder Form hat durchaus positive Seiten. Ärger und Wut sind aktivierende Gefühle. Sie stellen ebenso viel Aktivität bereit wie die Angst, jedoch ohne deren einengende und manchmal sogar lähmende Wirkung. Ehrgeiz enthält ebenfalls eine Spur Aggression. Wer wird den Ehrgeiz deshalb ablehnen?

Der Wunsch nach Zusammenleben, nach Gemeinsamkeit ist in jedem Menschen größer als der Wunsch nach Aggression. Deshalb sind die aggressionshemmenden Kräfte im Menschen stark. Es muss viel geschehen, bis sie außer Kraft gesetzt werden – sehr viel.

Aggressive Vorbilder, Zwang, Bewegungsmangel, Einsamkeit bereiten der Aggression den Weg, besonders wenn aggressionshemmende Kräfte gestört sind durch Angst, Langeweile, gestörtes Selbstbewusstsein, Unterforderung.

Zwang

Die Prügelstrafe ist in der Schule nun zum Glück verboten, aber der Zwang ist geblieben; er hat sich sogar ausgeweitet. Er dauert länger an und wirkt sich stärker auf das spätere Leben aus.

Noch nie waren Kindheit und Jugend derart eingeengt. Weniger durch Zwang als durch den Luxus der Unterhaltungselektronik. Stereoanlage, Fernsehen und Computerspiele setzen das Kind fast ebenso wirksam fest, wie Gefängnismauern das könnten. Kinder sind an sich lebhaft, bewegungsfreudig, wollen etwas unternehmen und die Welt erkunden. Wir aber haben es geschafft, sie leidlich ruhig zu stellen. Durch Manipulation und durch Zwang.

Das gelingt aber nur so lange, wie die Kinder das ertragen. Einschränkung erzeugt Widerstand. Manipulation ebenfalls, wenn sie überhandnimmt. Eines Tages brechen die unterdrücken Bedürfnisse aus, oft ohne Vorzeichen. Zum großen Erstaunen aller, denn die Jugendlichen haben doch alles bekommen, was sie brauchen – meint man.

Bewegungsmangel

Von den genannten aggressionsfördernden Einflüssen wiegt meiner Meinung nach am schwersten der Mangel an Bewegung. Dass Fernsehkonsum Kinder unruhig, unzufrieden, unkonzentriert und aggressiv macht, ist unbestritten. Dieses Phänomen scheint an dem übermäßigen Konsum von Gewaltdarstellungen zu liegen, aber auch wenn Stunde um Stunde nur freundliche Sendungen gesehen werden, entsteht Bewegungsstau, der sich in aggressiven Handlungen entladen kann.

Kinder wollen und müssen sich bewegen (s. auch Kapitel 8 „Sport"). Wenn ihnen die Möglichkeit genommen wird, erleiden sie seelischen Schaden, sind unzufrieden. Sie bemerken ja selbst nicht, dass sich nach all den schönen Sendungen im Fernsehen, die sie unbedingt sehen wollten, eine gewisse Unzufriedenheit breit macht. Und wenn es auffällt, vermuten sie und ihre Eltern, dass es an Müdigkeit liegt oder dass sie einfach undankbar und niemals zufrieden zu stellen sind.

Wir alle machen uns zu wenig klar, was wir unseren Kindern antun, wenn wir sie hindern, sich kindgerecht zu bewegen. In der Massentierhaltung ist es inzwischen offensichtlich geworden, dass man den Tieren erheblichen Schaden zufügt, sie zum Beispiel extrem aggressiv macht, wenn man ihnen zu wenig Bewegung erlaubt. In der Kindererziehung spricht sich das nicht herum – vielleicht weil Kinder sowieso schon unbequem sind und unseren Lebensgenuss – den grenzenlosen Genuss der jederzeit verfügbaren Vergnügungen – einschränken.

Einsamkeit

In einer Umgebung von Stillhalten, Belehrung und Tadel, in der Jugendliche sich nicht verstanden, sondern einsam fühlen, bietet die Gewalt einen doppelten Ausweg aus der Isolierung: „Die Jugendlichen haben erfahren, dass gewalttätiges und besonders rechtsextremistisches Verhalten das Interesse der Medien und der Öffentlichkeit weckt. Sie werden plötzlich beachtet und stehen im Zentrum der Berichterstattung. Sie verfahren nach dem Motto ‚Gewalt erregt Aufmerksamkeit‘, sind zu Interviews bereit und lassen sich sogar in besonders abschreckender und provozierender Weise fotografieren (...)" (Bründel & Hurrelmann, 1994, S. 157)

„Es ist wichtig zu betonen, dass es sich um Jugendliche handelt, die sich nicht primär vom Sozialsystem abwenden, sondern die im Gegenteil Leistung, Erfolg und Prestige erzielen wollen, jedoch darunter leiden, dass sie die für wünschenswert gehaltenen Attribute für Anerkennung und Wertschätzung nicht besitzen. Gerade im Jugendalter entstehen abweichende Verhaltensweisen, zu denen Aggressivität und Gewalt gehören, nicht durch das Verfolgen abweichender Werte, sondern gerade durch das Anstreben gesellschaftlich zentraler und konformer Werte wie Status und Prestige." (Bründel & Hurrelmann, 1994, S. 122)

Jörg Fischer beschreibt in seinem Buch „Ganz rechts, mein Leben in der DVU", wie er mit dreizehn Jahren, als er in der Schule Außenseiter war und von einem NPD-Funktionär angeworben wurde, die Erfahrung machte, dass es plötzlich Leute gab, die Interesse an ihm hatten, die ihn fühlen ließen, dass er dazugehörte. „Zum ersten Mal in meinem Leben hatte ich das Gefühl, echte Freunde gefunden zu haben" (Fischer, 1999, S. 30).

Jeder, der darüber zu bestimmen hat, was mit Jugendlichen in diesem schwierigen Alter geschieht, sollte dieses Buch lesen. Jugendliche zuerst den Rechtsextremen in die Arme zu treiben und die Vereinigungen dann zu verbieten, ist nicht die beste Lösung. Man sollte sie lieber lehren, wie man Freunde findet und sich beliebt macht (siehe Kapitel 11 „Gefühle").

Ein Kind verbringt einen großen Teil jeden Werktages in einem Haus zusammen mit tausend anderen Kindern und fünfzig bis hundert hoch qualifizierten Betreuungspersonen, die auf eine lange universitäre Ausbildung zurückblicken. Und in diesem Haus fühlt sich das Kind einsam. Ist das nicht makaber? Das könnten wir ändern, wenn wir nur wollten.

Martin Hildebrand-Nilshon berichtet von den veränderten Lern- und Arbeitsbedingungen der reformierten Oberstufe: „Es bestand in der Klasse Unzufriedenheit über die Anonymität, die Isoliertheit, den Konkurrenzkampf, die Auflösung des Klassenverbandes, den Leistungsdruck. Eine Mitschülerin aus der elften Klasse beging Selbstmord, und die Schülerinnen waren der Meinung, dass dafür unter anderem auch schulische Probleme verantwortlich gemacht werden müssten. Wir beschäftigten uns dabei zuerst mit der Frage, warum die betreffende Schülerin zu keiner ihrer Mitschülerinnen so viel Kontakt gehabt hatte, dass sie ihre verzweifelte Lage hätte besprechen können. Dies führte zu der Feststellung, dass der Mangel an Kommunikation mit den Mitschülern für alle ein Problem bildet, und dass sich zum Beispiel die sechzehn Schülerinnen des Pädagogik-Kurses teilweise noch nicht einmal mit Namen kennen." (Hildebrand-Nilshon, 1980, S. 111)

Kann es wirklich wünschenswert sein, dass Siebzehnjährige sich sechs bis acht Stunden täglich (sechs Schulstunden, zwei Stunden Hausaufgaben) mit wissenschaftlichen Fragen beschäftigen, für die sie sich nur mäßig und oft gar nicht interessieren, und dass sie zur selben Zeit die Menschen, mit denen sie täglich zusammen sitzen, kaum zur Kenntnis nehmen? Dass diese Mitschülerinnen und Mitschüler ihnen so gleichgültig sind, dass sie nicht einmal deren Namen kennen? Wenn so der Alltag von Jugendlichen aussieht, dann muss man sich nicht über die allseits beklagte soziale Kälte wundern.

Langeweile

„Das Kind hat doch alles. Erstklassige Kleidung, gutes Essen, Spielsachen, Unterhaltung ohne Ende!" Wie kann es da klagen, und warum über Langeweile?

Langeweile ist ein informatives Gefühl. Es informiert seinen Besitzer, dass etwas fehlt, dass er seine Zeit anders verbringen möchte. Das Allheilmittel gegen Langeweile heißt vermeintlich Unterhaltung. Gibt es aber Unterhaltung im Überfluss, so fehlt etwas anderes. Nicht geistiger Hunger muss befriedigt werden, sondern Tatendrang.

Sinnvolles Tun wird dem Jugendlichen nicht zugemutet, keine Verantwortung, nur ja keine Arbeit! Sport nur für besonders Begabte oder solche, die von ihren Eltern in den Sportverein geschickt werden. Für die anderen verbleiben zur Bekämpfung der Langeweile Aggression, Gewalt, Prügel – Aktivitäten, die jederzeit leicht in die Tat umzusetzen sind und auch dem Selbstbewusstsein Nahrung geben. „Gewalt ist eines der stärksten Erlebnisse und bereitet denen, die fähig sind, sich ihr hinzugeben, eine der stärksten Lustempfindungen" (Buford, 1992, S. 234).

Schweigen und Angst

Jedesmal wenn die Medien über einen besonders spektakulären Fall von Aggression eines Jugendlichen berichten und wenn sie Erklärungen für die Tat suchen, stellt sich heraus, dass der Täter schon seit einiger Zeit fast ohne Kontakt zu Mitschülern und sonstigen Menschen lebte, sich schon seit Jahren zurückgezogen hatte. Hier liegt zwar nicht die einzige, aber offenbar eine sehr wichtige Ursache für die Tat.

Erpressung unter Schülern gehört allmählich schon zum schulischen Alltag. Ein Hauptproblem der Schülerkriminalität ist das Schweigen. Erpresser können deswegen über Jahre ungestört arbeiten, weil niemand sie anzeigt. Kinder, die räuberische Erpressung begehen, wissen oft gar nicht, dass sie kriminell handeln, und auch den Opfern ist das nicht unbedingt klar. Kommt die Erpressung doch heraus und ein Opfer wird gefragt, warum es die Drangsalierungen so lange ertragen hat, ohne sich zu beklagen, dann zuckt es mit den Schultern und sagt: „Ich weiß nicht – vielleicht aus Angst" (Pro Sieben, Focus TV, 12.9.1999).

Die Angst mag ein Grund sein, aber ein mindestens ebenso wichtiger Grund ist die Gewohnheit des Schweigens – die Gewohnheit, über eigenes Leid und auch sonst über Gefühle nicht zu sprechen. Wenn Kinder leiden – unter den Folgen eines Umzugs, Prügeln, der Unfähigkeit, eine Aufgabe zu bewältigen, usw., dann sehen sie keinen Sinn darin, über diese Dinge zu sprechen, denn der Lehrer hat Recht, die Eltern haben Recht, das Kind muss lernen, in dieser Welt zu leben.

Wird es von Größeren drangsaliert, bedroht, geschlagen und erpresst, so unterscheidet sich das wenig von der sonstigen Normalität, von den täglichen Drangsalierungen durch Eltern und Lehrer. Und wenn es sagt, aus Angst habe es geschwiegen, so ist auch diese Angst Normalität – es hat ja Angst vor dem Lehrer, vor den Eltern, vor den Großen eben. Inwieweit diese Furcht vor üblen Folgen seines Tuns ein zu befürwortendes Mittel der Erziehung ist, sollte genau überlegt werden. Auf jeden Fall sollte das Vertrauen zu den Erwachsenen größer sein als die Angst.

In den ganz normalen Fällen einer gestörten Kindheit fällt das Schweigen nicht auf. Es wird übertönt durch das Fernsehen, durch täglich mehrere Stunden wortreichen Unterricht über Themen, die für das Kind völlig belanglos sind, und von den klugen Sätzen, die das Kind über eben diese Themen spricht. Darum hört niemand die Stille, die die Seele des Kindes umgibt, und die schlimmen Sätze, die im Zentrum dieser Stille lauern: „Ich bin schlecht, ein Bösewicht, faul, ich tauge nichts. Ich muss getadelt werden, gar Schläge bekommen, und ich kann mich trotzdem nicht bessern."

Geschädigtes Selbstbewusstsein

Mein Freund Alfred ist kein Ekel, sondern schlank, drahtig, freundlich und etwas schüchtern. Dass er in seiner Jugend gestottert hat, merkt man kaum noch. Wenn der Fluss seiner Rede doch noch einmal ins Stocken gerät, wirkt das fast normal, und nur er selbst und einige gute Freunde wissen, wie es früher war.

Er stotterte nur manchmal und nicht sehr stark, so dass Eltern und Lehrer die Sache nicht für behandlungsbedürftig hielten. Aber er wurde ständig gehänselt. Er fühlte sich hilflos und gedemütigt und sah keine Möglichkeit, dieser sinnlosen Quälerei zu entgehen. Nach und nach wurde er so ungesellig und aggressiv, dass er wegen aggressiver Verhaltensstörung in die Sonderschule geschickt werden sollte. Zumindest wurde ihm das angedroht, und er meint noch heute, dass damals die ernsthafte Absicht bestand.

Ein Lehrer, der in der dritten Klasse für ein paar Wochen den erkrankten Klassenlehrer vertrat, führte ernsthafte Gespräche mit Alfred und seinen Eltern, die eine Behandlung des Stotterns zur Folge hatten. Alfreds Aggressionen ließen sofort nach, da er sich nun ernst genommen fühlte und ein Ende der Misere in Sicht war. Das Stottern besserte sich nach und nach, und Alfred lernte auch, sich durch Hänseleien nicht mehr verletzen zu lassen und sich in angemessener Weise zu wehren.

Alfred erklärt: „Manche Kinder ziehen sich zurück, wenn sie stottern, und sagen möglichst gar nichts mehr, und manche werden eben aggressiv. Menschen mit Sprachproblemen werden nicht für voll genommen."

Nicht für voll genommen werden ist eine üble Sache. Es verunsichert Kinder und Jugendliche, nimmt ihnen Schwung und Kraft, drückt sie in Richtung depressive Verstimmung. Sie fühlen sich hilflos und ohnmächtig, reagieren mit Rückzug oder Aggression. Das Selbstbewusstsein – das Bewusstsein dessen, was man ist und was man kann, wird niedergedrückt, deformiert, arbeitet schließlich fehlerhaft.

Schädigungen des Selbstbewusstsein kommen in der Gesellschaft und leider auch in der Schule häufig vor. Tadel und Strafen überwiegen an Zahl und Intensität die lobenden Bemerkungen bei weitem. Es vergeht wohl keine Schulstunde ohne diese Lern- und Vorbilderfahrung.

Es gibt Kinder, die Aggressionen entwickeln, wenn sie Aggressionen hinnehmen müssen, und es gibt andere, an denen perlen die harten Worte ab. Sie hören den Tadel und richten sich danach, ohne tiefer beeindruckt zu sein. Die Letzteren sind Maßstab für das Lehrerverhalten, an ihnen erkennen Lehrer und Lehrerinnen, wie sinnvoll und wirkungsreich auch scharfer Tadel sein kann.

Wenn Kinder oder Jugendliche, die sich für schlechte, böse, untaugliche Menschen halten – und gar nicht wenige Kinder leben in dieser Überzeugung –, führen sie sich ihrer Überzeugung gemäß schlecht und böse auf. Nicht, weil sie jemanden bestrafen oder sich rächen wollen, nach dem Motto: „Wenn ihr mich nicht mögt, dann werde ich es euch zeigen!", sondern weil sie wissen, dass sie sich nur so und nicht anders benehmen können. Jeder – auch sie selbst wissen, dass sie häufig losschlagen. Sie tun, was jeder erwartet.

Attraktivitätstraining

Aus dieser Erkenntnis heraus macht der Psychologe Heilemann in der Jugendstrafanstalt Hameln unter anderem ein Attraktivitätstraining mit seinen jugendlichen Strafgefangenen. Das heißt, er veranlasst sie in Gruppensitzungen herauszufinden, was an ihnen selbst gut und sympathisch ist, wodurch sie attraktiv sind. Und er macht die Erfahrung, dass diese Jugendlichen sich alle für mies und unattraktiv halten. Die Knackis werden dazu angeleitet, ihre eigenen Vorzüge zu erkennen, z.B. gutes Aussehen, Charme, Witz, die Fähigkeit, bestimmte Spiele zu spielen oder technische Probleme zu lösen – irgendetwas Positives, das ihnen Sympathie einbringen kann. Jede dieser Fähigkeiten wird als etwas besonders Gutes herausgestellt, und der Jugendliche muss lernen, seine positiven Züge wichtig zu nehmen und einzusetzen und sich selbst für einen wertvollen Menschen zu halten (Heilemann & Fischwasser, 2002).

Die gestörte Wahrnehmung von sich selbst und den anderen tritt schon früh im Leben auf. Solche Kinder sehen Kränkung, wo keine beabsichtigt war, und regieren feindselig. „In Langzeitstudien, die den Weg der Kinder vom Vorschulalter bis zur Adoleszenz verfolgten, ergab sich, dass von den Erstklässlern, die sich nicht einfügen, nicht mit anderen Kindern auskommen, ihren Eltern nicht gehorchen und sich ihren Lehrern widersetzen, fast die Hälfte als Jugendliche straffällig wird. Selbstverständlich befinden sich nicht alle aggressiven Kinder auf der schiefen Bahn, die später in Gewalt und Kriminalität mündet. Doch unter allen Kindern ist bei ihnen das Risiko am größten, dass sie irgendwann Gewaltverbrechen begehen (...).

Der prototyptische Weg in Gewalt und Kriminalität beginnt mit Kindern, die in der ersten und zweiten Klasse aggressiv und schwer zu handhaben sind. Meist trägt ihre ungenügende Impulskontrolle von den ersten Schuljahren an zu schlechten Schulleistungen bei; sie gelten als ‚dumm‘ und sehen sich selbst so." (Goleman, 1997, S. 298)

Unterforderung

Unterforderte Kinder werden ebenfalls nicht selten aggressiv, was ja bei hochbegabten inzwischen bekannt ist. Hochbegabte fallen oft allein durch aggressive Verhaltensstörungen auf. Es kommt sogar vor, dass sie deshalb in die Sonderschule überstellt werden, so wie es mit Alfred beinahe geschehen wäre. Unterforderung scheint annähernd ebenso schlimm für ein Kind zu sein wie ständige Hänseleien. Beides jedenfalls greift tief in das Selbstbewusstsein ein, in das Wissen um die eigenen Fähigkeiten und den eigenen Wert. Der Realitätssinn wird deformiert, die Überlegungen über das, was man kann und was man nicht kann. Das Bild von sich selbst gerät ins Rutschen, wird schief und kann nicht mehr den Weg durch die Konflikte des Lebens weisen.

Nicht nur hochbegabte Kinder sind unterfordert, sondern auch solche, die bereit und fähig sind, Verantwortung zu übernehmen. Wie man in kritischen Situationen sieht, können Kinder fast jede Verantwortung tragen, z.B. wenn sie behinderte oder kranke Eltern haben. Kleine Kinder laufen ihren Eltern nicht davon, wenn diese blind oder gehbehindert sind. Das zeigt, wie sehr sie sich nach den Erfordernissen richten. Und sie helfen ihren Eltern in erstaunlich umsichtiger Weise.

Erst wenn man ihnen vernünftiges Verhalten nicht zutraut, ihnen Freiraum und Verantwortung nimmt, sie gängelt und in Watte packt, versuchen sie auszubrechen. In einem solchen Leben auf Sparflamme droht das Bedürfnis nach Risiko maßlos zu werden – auf jede erdenkliche Art und Weise, auch durch Gewalt oder Gefährdung des eigenen Lebens, wie S-Bahn-Surfen oder Drogenkonsum. Für solche Jugendliche bieten Schilderungen der Gefahren des Drogenkonsums eher Anreiz als Abschreckung. „Ich stelle mich der Gefahr, also bin ich jemand – auf jeden Fall heldenhaft."

Wenn man einmal in Ruhe betrachtet, was Kinder und Jugendliche in Notsituationen vollbringen, muss man zu der Erkenntnis kommen, dass man derart starke Kräfte nicht völlig brach liegen lassen darf. Eine Kraft, die nicht genutzt wird, verkümmert oder entartet. Freilich sollen Kinder nicht die Arbeit der Erwachsenen erledigen, aber jede Arbeit und Verantwortung von ihnen zu nehmen wirkt sich nachteiliger aus.

Im Alter von zehn bis zwanzig Jahren, in dem jeder Mensch überschäumt von Energie und Lebenskraft, dürfen Jugendliche nichts Sinnvolles leisten. Sie dürfen nicht „arbeiten", werden aber trotzdem täglich zu schulischer „Arbeit" gezwungen, bei der sie stillsitzen müssen und deren Sinn sie nicht erkennen können, deren krasse Sinnlosigkeit nicht selten offensichtlich ist. Eltern und Schule haben konsequent zusammengearbeitet, vom Kind bis zu seinem Berufseintritt möglichst jede verantwortliche Entscheidung fernzuhalten. Das Ergebnis ist, dass auch die meisten Erwachsenen nicht wagen, eine eigene, verantwortliche Entscheidung zu treffen, und dass Jugendliche sich wahrlich zu Tode langweilen, bis sie versuchen, die Langeweile mit selbstmörderischen Aktionen oder mit Explosionen von Gewalt zu füllen.

Abhilfe

Wenn ein Schüler nicht ordentlich funktioniert, wenn er aus einem charakterlichen Mangel nicht lernen will, weil er faul, unkonzentriert, aufsässig, aggressiv oder mit einem sonstigen Fehler behaftet ist, wiegt das ebenso schwer wie zum Beispiel eine geistige Behinderung. Man sollte versuchen, die Ursachen zu finden und diesem Kind zu helfen. Schlechte Noten, Tadel, Verächtlichmachen reichen oft als Hilfe nicht aus. Es bedürfte, wie bei geistig Behinderten, vor allem einer Stärkung des Selbstbewusstseins, einer intensiven Suche nach den Qualitäten und Fähigkeiten dieses Kindes. Und dann müsste man dieses charakterlich behinderte Kind vorsichtig an Aufgaben heranführen, bei denen es seine Stärken beweisen kann.

Das notwendige Wissen ist vorhanden. Das Projekthandbuch: „Gewalt und Rassismus" von Posselt und Schumacher zum Beispiel stellt auf 350 Seiten mehr als hundert ausgeklügelte und bewährte Methoden vor, mit denen man das Problem angehen kann, vor allem im Bereich der Kommunikation. An Wissen und Können mangelt es also nicht. Es mangelt am Willen, die Kinder und Jugendlichen zu tatkräftigen, selbstbewussten, friedlichen Bürgern zu erziehen. Derzeit müssen die Kinder auf Biegen und Brechen zu logisch-wissenschaftlich denkenden Wesen erzogen werden. Technik und Wissenschaft haben sich entsprechend entwickelt. Das menschliche Miteinander ist auf der Strecke geblieben. Es wird zu wenig gefördert, oft sogar unterdrückt, um den wissenschaftlichen Unterricht geordnet durchführen zu können.

Gewalt ausüben und Leid zufügen beschert dem Täter offenbar ein befriedigendes Erlebnis, das er meistens aus einer negativen Stimmungslage heraus gesucht hat. Nach dem Motto: Geteiltes Leid ist halbes Leid. Und außerdem verhilft es dem Täter zu einem Gefühl der Macht.

Der Gegenpol dazu ist die Freude, die man empfindet, wenn man jemandem Freude bereitet. Freude bereiten, Helfen tut dem Täter ebenfalls wohl. Dies geschieht eher aus einem Gefühl der Fülle und des Wohlbefindens heraus, nach dem Motto: Geteilte Freud ist doppelte Freud. Auch Helfen gibt Machtgefühl.

Gelegenheiten zum Helfen wären gute Mittel gegen die ständige Zunahme der Aggression. Man sollte sie allen Kindern geben.

Zwischenkapitel: Gewaltprävention

Die Wiesbadener Polizei setzt auf Prävention. Zweihundertmal im Jahr spricht Jugendpolizist Gores vor Schulklassen über das Thema Gewalt. Heute in der sechsten Klasse der Albrecht-Dürer-Realschule: Woran denkt ihr bei Gewalt? Antworten der Schüler: An niedermachen, schlagen, verletzen. Viele der Mädchen und Jungen denken das erste Mal intensiv über Gewalt nach. Sie setzen sich mit Situationen auseinander, die einige von ihnen bereits an ihrer Schule erlebt haben. Sie sehen Waffen aus der Nähe, die zum Teil ihren eigenen Schulkameraden abgenommen wurden. Die Gefahr, dass Kinder gerade hier der Faszination der Waffen erliegen, ist dabei nie ausgeschlossen.

Es gelingt, Lehrer davon zu überzeugen, dass sie Probleme direkt angehen müssen, und deswegen bekommen wir heute Anzeigen, die vor Jahren totgeschwiegen worden wären. Und das ist schon einmal ein messbarer Erfolg, und ein weiterer Erfolg ist der, dass nach Vorträgen Kinder zu uns kommen und Waffen abliefern. (Pro Sieben, „Focus TV", 12.9.1999)

13 Helfen

Die spanische Hilfsbereitschaft

An einem glühend heißen spanischen Mittag steuerte ich mit meinem Auto den Flughafen Barcelona an, um dort meine älteste Tochter abzuholen. Ich war die Strecke schon einmal gefahren, wusste aber nur noch ungefähr, dass ich bald nach links abbiegen musste, und konnte kein Hinweisschild entdecken. Die Sonne brannte vom blauen Himmel, der Verkehr ging plötzlich stop-and-go. Ich wurde allmählich nervös, weil ich die Zeit ziemlich knapp kalkuliert hatte. Deswegen fragte ich beim nächsten Stopp den Fahrer eines benachbarten Autos, wo es denn hier zum Flughafen ginge. Der Spanier bedeutete mir, ihm zu folgen, was ich mit großer Erleichterung tat, bis er abbog und mir durch einen Wink zu verstehen gab, dass ich geradeaus fahren sollte. Über dieses Erlebnis spreche ich immer wieder gerne, wenn das Gespräch auf die Freundlichkeit und Hilfsbereitschaft der Spanier kommt, um einen Vergleich zu ziehen mit den betrüblichen deutschen Verhältnissen.

Wie groß war daher meine Verwunderung, als mir in Düsseldorf etwas ganz Ähnliches begegnete. Die Sonne schien nicht. Es war trübe und nieselte. Ich suchte ein Museum. Durch das Studium meines Stadtplans wusste ich, dass es bald nach links gehen musste. Genauere Planstudien wurden aber durch den ziemlich flüssigen Verkehr verhindert, der mir an den roten Ampeln nicht genug Zeit ließ. In dieser kritischen Situation fragte ich einen Taxifahrer nach dem Weg. Auch er forderte mich auf, ihm zu folgen. An der dritten Kreuzung winkte er mir, dass ich nun abbiegen müsse, während er selbst geradeaus fuhr. Nach weiteren zweihundert Metern erreichte ich mein Ziel. Meine Freude war vollkommen, als ich einen eben frei gewordenen Parkplatz ergatterte.

Wie man sieht, ist Hilfsbereitschaft keine südeuropäische Spezialität, tritt auch nicht nur bei Sonnenschein auf, sondern ebenso bei schlechtem Wetter. Zum Beispiel habe ich bei jedem Umzug oder bei Bauarbeiten die Erfahrung gemacht, dass Nachbarn mir Hilfe verschiedener Art anboten. Meistens bekommt man in schwierigen Situationen so viele Hilfsangebote, dass man sie gar nicht alle wahrnehmen kann.

Man hilft gerne

Die meisten Menschen helfen gerne – mit Rat und Tat, mit großer fachlicher Kompetenz und jeder Menge wirklich guter Hinweise. Wie wir das von Wünschen gut kennen, ist der Wunsch zu helfen oft stärker als alle Vernunft. Der Helfer stürzt sich auf sein „Opfer", ohne zu wissen, was eigentlich zu tun ist, und stört mehr als er nützt. Davon können Behinderte so manches Lied singen.

Der frühere Vorsitzende der CDU Wolfgang Schäuble, der durch ein Attentat so schwer verletzt wurde, dass er nun auf den Rollstuhl angewiesen ist, sprach in einem Fernsehinterview vom guten Willen der Menschen. Er habe verstehen gelernt, wie fremd er in seinen Bedürfnissen diesen Helfern sei. Sie haben einfach keine Ahnung, wie sie sich verhalten sollen, und ziehen sich dann verlegen zurück oder überschütten das Objekt ihres guten Willens mit verletzendem Mitleid und unsinnigen Hilfeversuchen.

Sabriye Tenberken, eine blinde Wissenschaftlerin, die eine Blindenschrift für die tibetische Sprache entwickelt hat und mit ihrer Methode in Tibet erstmals blinde Kinder Lesen und Schreiben lehrte, schildert ebenfalls eindrucksvoll diese Unkenntnis. Nicht selten sei jemand auf sie zugekommen und habe zuerst einmal tiefes Mitgefühl mit dem armen blinden Mädchen zum Ausdruck gebracht und dann Bewunderung für ihre Leistung. Wer Sabriye Tenberken im Fernsehen gesehen oder gar persönlich in einem Vortrag erlebt hat, weiß aber, dass diese Frau nicht zu bemitleiden ist. Sie strahlt mehr Energie und Lebensfreude aus als die meisten von uns. Trotzdem ist sie natürlich auf Hilfe der Sehenden angewiesen. Es wäre sehr zu wünschen, dass Hilfswillige mit mehr Wissen und weniger verkrampft auf ihr Ziel zugingen.

Essen und Trinken hält Leib und Seele zusammen; der Wille zu helfen erhält die Gemeinschaft. Und die ist nicht nur für das emotionale Wohlbefinden des Menschen notwendig, sondern auch zur Beschaffung von Nahrungsmitteln und von allen anderen Dingen, die man für ein angenehmes Leben braucht. Nicht jeder muss hilfsbereit sein, um dieses Ziel zu erreichen. Deshalb ist die Hilfsbereitschaft bei verschiedenen Menschen ganz unterschiedlich ausgeprägt, aber ganz ohne sie wäre es um das Zusammenleben und die gesamte Zivilisation der Menschen schlecht bestellt. Man genießt die Zusammenarbeit und das Leuchten im Auge des anderen, das dem Helfenden ebenso viel Freude bereitet wie dem Beschenkten. Man hat sich gemeinsam aus einer schwierigen und unerfreulichen Situation in eine erleichterte und freudige hineingearbeitet. Der Helfer freut sich an der eigenen Stärke und Überlegenheit, erfährt allerhand über Lebensverhältnisse und Bedürfnisse anderer und übt sich so in Verständnis und Toleranz.

Lena hackt Holz

1949 zählte Lena zehn Jahre. Wie in jedem Jahr wurde Ende September Brennholz geliefert. Die Äste und Bäumchen waren schon passend für den Ofen geschnitten, mussten aber noch mit einem Beil der Länge nach gespalten werden. Lena gefiel alles, woran sie ihre

Geschicklichkeit erproben konnte, so erprobte sie ihre Kräfte am Holzhacken. Es klappte gut und machte sogar Spaß. Ihre Mutter bot zehn Mark für den ganzen Stapel, gehackt und aufgeschichtet, und sie machte sich ans Werk. Manche der dicken, astreichen Stücke erforderten Kraft und Geschick, bevor sie sich dem Beil ergaben und in kleinere Scheite zersprangen.

Von Zeit zu Zeit kam der Hausherr vorbei. Siebzig Jahre alt, und besserwisserisch machte er überflüssige Bemerkungen, dass dies für ein Mädchen nicht die richtige Arbeit sei. Er zeigte ihr ein paar Tricks, mit denen man die hartnäckigeren Stücke leichter zerkleinern konnte. Lena hätte auf die Ratschläge gern verzichtet und selbst ihre Erfahrungen gemacht. Aber dann bemerkte sie, dass dieser Unterricht für den Hausherrn Befriedigung und Selbstbestätigung bedeutete, ihm mehr Freude bereitete als ihr. Ein eindrucksvolles Erlebnis, das sie noch lange beschäftigen sollte.

Wirklich schwierig war nicht das Holzhacken, sondern das Aufschichten. Es kam vor, dass die drei Meter lange Reihe sich von der Hauswand weg neigte und zu einem großen Teil umkippte. Nach zwei Wochen jedoch stand der Holzstapel vollendet an die Hauswand gelehnt und wartete auf die Heizperiode.

Jeden Tag musste Holz hinaufgetragen und der Ofen angezündet werden, eine gar nicht so einfache Prozedur. Das Wohnzimmer war nicht groß, aber es dauerte seine Zeit, bis der kleine Kanonenofen den Raum erwärmte. Es konnte geschehen, dass der Ofen schon glühte, die Eisblumen am Balkonfenster aber noch blühten.

Eine grundlegende Änderung brachte die Anschaffung eines Ölofens. Lena musste zwar immer noch das Öl in Kannen nach oben tragen, und es roch unangenehm, wenn sie einige Tropfen verschüttete, aber der Vorgang des Einheizens war einfacher und das Holzhacken entfiel. Manchmal, bei ungünstiger Wetterlage, wenn der Wind den Rauch in den Schornstein zurückdrängte, verbrannte das Öl nicht vollständig und tausend große, papierdünne, tiefschwarze Rußflocken lagen auf dem weißen Schnee um das Haus herum. Das wirkte nahezu unheimlich, aber nach zwei Jahren trat diese Erscheinung nicht mehr auf. Irgendetwas an der Technik hatte sich verbessert.

Ja, Lena musste im Herbst an einigen Nachmittagen Holz hacken. Solche Schinderei mutet man heute kaum mehr einem Schulkind zu. Die Kinder sollen ihre Kräfte ausschließlich für die Schule einsetzen. Aber ist das wirklich von Vorteil? Lena hatte einen wesentlichen Beitrag zum Wohl der Familie geleistet. Eine für das jetzige Leben wichtige Arbeit, die nicht nur dem späteren Gelderwerb dient, fördert die seelische Entwicklung des Kindes. Es lernt auf diese Weise, dass es sinnvoll ist, sich um etwas zu bemühen. Sich ausschließlich um zukünftigen Lebensstandard kümmern zu müssen, ist auf Dauer äußerst unbefriedigend.

Früh übt sich

In welchem Alter soll man beginnen die Kinder an das helfende Denken zu gewöhnen? Früher oder später als an das mathematische Denken? Da beides sehr wichtige Sparten des menschlichen Verstandes sind, scheint es durchaus vernünftig, beides gleichzeitig anzupacken. Sobald also die Kinder darin unterrichtet werden, Gegensätze zu benennen oder große, rote Dreiecke mit kleinen, blauen Kreisen in Beziehung zu setzen, sollten sie auch Gelegenheit bekommen, das helfende Denken planmäßig zu trainieren.

Sich auf das Helfen erst mit zehn Jahren einzustellen ist spät. Zehn Jahre Gewöhnung daran, dass man sich nur um sein eigenes Wohl kümmert, sind eine lange Zeit, zudem eine Zeit, in der die Persönlichkeit wesentliche Entwicklungsschritte macht. Andererseits können Zehnjährige schon viel leisten und bedenken, so dass sie auch ohne weiteres in der Lage sind, mit geringer Anleitung nützliche Hilfe zu leisten. Kraft und Vernunft des Vorschulkindes reichen zwar für zweckmäßige Hilfeleistungen nicht aus, aber kleinere Handreichungen kann es verrichten. Hier zählt nicht die vollendete und bedeutende Hilfeleistung, sondern die Absicht. Das Kind denkt an das Wohl von etwas oder jemandem, nicht nur an sich selbst. Je früher solche Gedanken eine Rolle spielen, desto selbstverständlicher werden sie im späteren Leben.

Kleine Kinder können Blumen gießen, etwas sauber machen, fegen, putzen, Unkraut jäten, Tiere versorgen. Es entsteht bei diesen Tätigkeiten vermutlich nicht das gewünschte Endprodukt und es muss kontrolliert und nachgearbeitet werden. Trotzdem würde es sich lohnen.

Schon die Kleinsten können mit Darbietungen von Liedern oder einem einstudierten Spiel Abwechslung in das Leben eines Altersheimes bringen und bei einem anschließenden gemeinsamen Kaffetrinken ihre Scheu vor den Alten verlieren. Diese durch vollkommene Unkenntnis bedingte Scheu sollte man erst gar nicht aufkommen lassen; man muss ja Alt und Jung nicht so strikt trennen, wie das heute geschieht. Auch ein Zusammenkommen und Spielen mit behinderten Kindern, vielleicht sogar Hilfe für Schwerstbehinderte, wäre für alle Beteiligten ein unterhaltsames und nützliches Geschehen. Je selbstverständlicher der Umgang mit Menschen wird, die anders sind als die gewohnten und die nicht ausschließlich dem Wohl des kleinen Kindes dienen, umso besser für dessen Persönlichkeitsentwicklung.

Freundlicher und gewandter Umgang der Menschen miteinander und Hilfsbereitschaft in allen Lebenslagen sind fundamental wichtige Komponenten des Zusammenlebens in der Gesellschaft, ebenso wichtig wie wissenschaftliche Ausbildung. Das muss uns allen wieder bewusst werden, das muss ein wesentlicher Aspekt aller Erziehungsbemühungen werden. Heutzutage meinen alle Eltern, es wäre das Beste für ihre Kinder, wenn sie sich voll und ganz auf die Anforderungen der Schule konzentrieren, und dazu gehört Hilfeleistung nicht.

Schüleraustausch

Nach dem Zweiten Weltkrieg wurde es zum erklärten politischen Willen, keinen Krieg mehr zu führen, den bis dahin geschürten Hass auf die Nachbarn zu tilgen und eine Verständigung zwischen den Völkern herbeizuführen. Dies wurde erreicht, indem man Jugendliche in fremde Länder schickte und sie mit den dortigen Menschen und Verhältnissen bekannt machte. Sie wurden für ein Jahr nach Frankreich, in die USA – und als dies so enorm erfolgreich war – auch in andere Länder geschickt. Sie gingen dort zur Schule und lernten das Leben in diesen Ländern kennen.

Sie waren, wie es zu diesem Alter gehört, begeistert von all dem Neuen, das sie sahen und erlebten. Es entstanden Freundschaften über Grenzen und Meere hinweg. Die verhältnismäßig wenigen Fehlschläge konnten den Gesamterfolg nicht mindern.

Die Jugendlichen lehnen das Volk, das sie kennen gelernt haben, nicht mehr ab und sind grundsätzlich bereit, auf alle Fremden mit einer positiven Einstellung zuzugehen. Ein erstaunlicher Erfolg, wenn man bedenkt, welche Hasstiraden noch vor fünfzig Jahren allenthalben gegen Franzosen und Russen zu hören waren. Kennenlernen ist der Schlüssel zu Toleranz, Verstehen, Freundschaft und gegen Gewalt. Fremde Länder und fremde Völker haben wir so akzeptieren und zum Teil sogar verstehen gelernt.

Solche Erfahrungen rufen eine grundlegende Änderung in der Geisteshaltung fremden Menschen gegenüber hervor. Die instinktive Ablehnung des Fremden, die ja so instinktiv nicht ist, wie man meint, sondern weitgehend erlernt, weicht einer Bereitschaft, andersfarbige, andersaltrige und andersartige Menschen von vornherein zu akzeptieren.

Fremde im eigenen Land

Nun ist es an der Zeit, Ähnliches mit den Menschen in der unmittelbaren Umgebung zu wagen. Heute werden die verschiedenen Gruppen der Bevölkerung voneinander getrennt: Behinderte leben in speziellen Einrichtungen, Kranke im Krankenhaus, Alte im Altersheim, Kinder in der Schule. Behinderte und Alte, sogar Kleinkinder und die Probleme der eigenen Klassenkameraden sind durchschnittlichen Schülerinnen und Schülern fremd – fremder als Krokodile, Azteken und die Lehrsätze des Pythagoras.

Die naheliegendste und einfachste Vorgehensweise, die schon von der ersten Grundschulklasse an, ja bereits im Kindergarten durchgeführt werden kann, ist die Integration behinderter Kinder in den Alltag. In Österreich wird das in größerem Stil versucht und ist zumindest in einem Teil des Landes, dem Außerfern, schon der Regelfall: Sonderschulen gibt es hier nicht mehr.

Nach Ansicht der dort Verantwortlichen, zum Beispiel des Leiters des Sonderpädagogischen Zentrums in Telfs Tirol, Josef Federspiel, sind die Erfolge überzeugend, und viele Eltern „normaler Kinder" reißen sich um einen Platz in einer solchen Klasse für ihr Kind. „Da lernen sie den Umgang mit Problemen. Und auch mit den Menschen, die größere Probleme haben" (Tiroler Tageszeitung, 27.01.1999).

Die Lehrerin in einer solchen Klasse, Anna-Lucia Schäfer, meint: „Auch ich habe in den vergangenen vier Jahren viel gelernt – vor allem aber, wie schön es ist, in einem Team zu arbeiten." Und: „Die Kinder machen da keinen Unterschied, alle sind für sie normal. Jeder in der Klasse ist anders, und doch können wir so viel zusammen machen." (Tiroler Tageszeitung, 8./9. Juli 2000)

Falsche Hilfe

Wenn einer dem anderen helfen möchte, so stellt sich sehr oft eine äußerst komplizierte Frage : Wie kann man helfen, behüten, schützen, ohne über die Maßen einzuengen, ohne mehr als unumgänglich von der Hilfe abhängig zu machen, ohne auf andere Weise zu schaden? Wann und inwieweit sollte man selbst entscheiden, wie man helfen will, und wann sollte man diese Entscheidung dem Hilfsbedürftigen überlassen?

In der Entwicklungshilfe wurde durch wohl gemeinte Hilfe schon großer Schaden angerichtet und auch im Kleinen, vor allem in der Familie, durch Überbehütung.

Eine Hilfe, die man selbst für groß und richtig hält, kann an den Bedürfnissen des Hilfeopfers völlig vorbeigehen; andererseits kennt der Hilfeempfänger die Möglichkeiten des Helfers meist nicht; im Großen und Ganzen ist er ihm aber doch ausgeliefert. Deshalb stünde dem Helfer ein wenig Bescheidenheit oft gut an. Es gibt wohl keine andere Gelegenheit, bei der man so gründlich und nachhaltig Teamarbeit lernen muss, will man effizient sein. Allein diese Seite des Helfens rechtfertigt jeden Aufwand, der in der Schule getrieben würde, um das Helfen zu lehren. So geschulte Menschen würden z.B. auch in der Entwicklungshilfe weniger gravierende Fehler machen.

Neben der einfachen und natürlichen Methode, gleichaltrige Kinder nicht auseinander zu reißen und in getrennte Einrichtungen zu stecken, gibt es noch zahlreiche andere Gelegenheiten. Praktische Übungen im Helfen könnten etwa so aussehen: Kinder ab zehn Jahren werden in jedem zweiten oder dritten Schuljahr an einem Wochentag nicht in der Schule unterrichtet, sondern besuchen – anfangs zu zweit, später allein – einen älteren oder kranken Menschen, um ihm Gesellschaft zu leisten, mit ihm Schach oder Halma zu spielen. Es böten sich noch tausend andere Beschäftigungen an: Musik hören, spazieren gehen, Briefmarken tauschen oder irgendeinem anderen Hobby nachgehen.

Die jungen Hilfskräfte könnten sich auch selbst helfen lassen, beim Stricken oder Basteln zum Beispiel oder bei der Ausarbeitung eines Referats, und würden so erkennen, welch große Freude es für einen sich als nutzlos empfindenden Menschen sein kann, plötzlich wieder gebraucht zu werden. So mancher Alte oder Kranke könnte Interessantes und Erstaunliches beitragen. Es kann sich hier um eine unendliche Anzahl unterschiedlichster Aufgaben handeln, so dass sich sicher für alle Kinder und für alle Hilfesuchenden eine geeignete Lösung findet. Ältere, geübte Kinder oder Jugendliche könnten Kleinkinder beaufsichtigen oder Alten und Kranken im Haushalt oder bei der Pflege zur Hand gehen.

Nachbereiten

Eine Diskussion über das Erlebte würden, den Lernerfolg maximieren. Dabei kommt es nicht darauf an, dass Lehrerinnen und Lehrer für jedes Problem den besten Lösungsweg finden. Diskussionsbeiträge aller Schüler und Schülerinnen wären wichtig, da die Kinder –

je nach ihren bisherigen Erfahrungen in Familie und Freundeskreis – ganz verschiedene Wege vorschlagen würden, die teils gleich gut oder ähnlich gut sein könnten.

Ein jüngstes Geschwisterkind wird anders reagieren als ein ältestes und dieses wieder anders als ein Einzelkind. Die Tochter einer Krankenschwester wird einen anderen Lösungsweg vorschlagen als die Tochter einer Mutter aus der Modebranche oder als der Sohn eines Kraftfahrzeugmechanikers. Die Vorgehensweise eines impulsiven, lebhaften Kindes ist möglicherweise für ein stilles, nachdenkliches Kind nicht gangbar, deswegen aber nicht weniger gut.

In solchen Diskussionen könnten Kinder in einem sehr bildungsfähigen Alter tief gehende Kenntnisse über sämtliche menschliche Probleme erwerben. Kinder und Jugendliche könnten bei diesen Gelegenheiten Neigungen in sich entdecken, mit denen sie sonst nicht in Berührung gekommen wären, z.B. Psychologie, Schach, Bienenzucht oder was sonst den Menschen interessiert, mit dem sie zu tun haben. Andererseits sollte man diese Art Unterricht zeitlich nicht allzu sehr ausdehnen, um nicht Abneigung zu wecken. Hier müssten Lehrer und Erzieher auf Unmutsäußerungen von Schülerinnen und Schülern sensibel reagieren.

Wenn jeder junge Mensch wüsste, wie das Leben im Alter abläuft, dann wäre es bald besser bestellt um die Altenheime, denn es würden sich mehr Menschen als bisher Gedanken über Verbesserungsmöglichkeiten machen und sich für Änderungen einsetzen. Entscheidungsfreude würde geübt, zwar in Zusammenarbeit, aber doch sehr verantwortlich. Im Lauf der Jahre könnte man seltsame und schwierige Ausschnitte des Lebens kennen lernen und man würde jeweils von neuem entscheiden: Das ist etwas für mich oder das passt nicht zu mir. Weniger Studienanfänger als heute hätten Schwierigkeiten zu entscheiden, welcher Beruf nun für sie in Frage kommt.

Ich wäre mit zehn bis achtzehn Jahren begeistert gewesen, in einer Sonderschule oder bei der Betreuung eines autistischen Kindes helfen zu dürfen. Hier gibt es immer zu wenig Kräfte. Zudem hätte ich für meinen späteren Beruf als Psychiaterin mehr Nützliches gelernt als im gesamten Medizinstudium.

Es gibt viele Methoden, kommunikative Kompetenz zu erlernen, die effektivste, interessanteste, vielseitigste von ihnen ist Helfen.

Zwischenkapitel: Waldkindergarten gegen Aggression

Bericht aus dem Waldkindergarten Flensburg: „Morgens, vor allem montags, ist das Spiel der Kinder oft wild und aggressionsgeladen. Der Wald bietet den Kindern aber sehr gute Möglichkeiten, ihre Aggression positiv auszuleben. Die Lautstärke verpufft im Wald und fördert so nicht noch neue Aggressionen. In keinem Kindergarten haben wir bisher so wenig Streit und Aggressionen erlebt wie im Waldkindergarten. Dies wird von BesucherInnen immer wieder bestätigt.

Die ruhige, erholsame Umgebung trägt wohl einen großen Teil dazu bei. Der Bewegungsraum ist nicht auf eine bestimmte Quadratmeterzahl festgelegt. Es besteht immer die Möglichkeit, je nach Stimmung der Kinder vorn mitzulaufen, träumend, fast allein hinten zu schlendern oder vertieft im Spiel in der Mitte zu wandern. Ein Kind, das Ruhe braucht, sucht und findet sie mit Sicherheit.

Das Miteinander: Wir beobachten, dass die mitmenschlichen Bereiche im Waldkindergarten besonders gut gefördert werden. Oft sind wir stolz, wenn wir sehen, wie gut die Kinder miteinander umgehen. So ist z.B. die Mehrzahl der Kinder tief betroffen, wenn eines weint oder krank ist. Ebenso lassen sie sich gern von der Freude oder dem Übermut der anderen anstecken! Für uns ist dies einer der wichtigsten Punkte, die für den Waldkindergarten sprechen. "

(aus: www.waldkindergarten.de)

14 Die Fragwürdigkeit der Zensurengebung

Für viele Schülerinnen und Schüler ist es der Tag des Erfolgs und der Anerkennung, für die anderen dagegen der Horror schlechthin – der Tag der Zeugnisverteilung. Kann man sich ein Schulleben ohne Zensuren vorstellen? Wohl kaum! Zu große Machtfülle verleihen sie Lehrern, Eltern und anderen Entscheidungsträgern. Zu bequem ist der Blick auf die Zahlen von 1 bis 6, von denen man irrtümlich annimmt, dass sie umfassend Auskunft geben über Fähigkeiten und Zukunftsaussichten des Benoteten; zu einfach ist es für die Eltern zu wissen, wie ihre Kinder stehen, und sie mit diesen sechs Zahlen unter Druck zu setzen, zu verführerisch die Möglichkeit, mit ihrer Hilfe die Verantwortung auf einen jeweils anderen abzuwälzen.

Anonym, eigenständig und absolut ist der Charakter der sechs Zahlen unseres Notensystems. Die Zahl in ihrer Abstraktheit, absoluten Richtigkeit und Gefühlsfreiheit ist eine eigenständige Einheit und scheint menschlichen Leidenschaften und niederen Beweggründen nicht ausgeliefert. Vermeintlich ist man durch sie keinem Irrtum unterworfen, sondern einzig der reinen Vernunft. Die Möglichkeit, gerichtlich gegen eine falsche Benotung anzugehen, zeigt, wie erhaben über die Niederungen der menschlichen Seele und wie gerecht Noten sind. Oder hätten Sie vermutet, dass die Note in Mathematik oder Deutsch mit abhängt von Aussehen, Ausdrucksweise oder gesellschaftlicher Stellung Ihres Kindes? Leider verhält es sich so.

Geschichte der Zensuren

In den ersten zwei Jahrtausenden ihrer Existenz erledigte die Schule ihre Arbeit ohne Zeugnisse. Erst im sechzehnten Jahrhundert kamen diese in Gebrauch: Auf Wunsch bedürftiger Schüler wurden „Benefizien- oder Stipendienzeugnisse" ausgestellt, die vor allem Beurteilungen des Fleißes und der Führung enthielten und zum Besuch der höheren Schule berechtigten.

Schlägt man heute in einer privaten Unterhaltung einer Lehrerin oder einem Lehrer vor, die Benotung abzuschaffen, so erhält man in schöner Regelmäßigkeit die Antwort, dass die Schülerinnen und Schüler ohne Benotung jede Mitarbeit sofort einstellen würden. Das kann aber nicht naturgegeben sein, sondern es hat etwas mit unserem Erziehungskonzept zu tun.

In der Elementarschule kamen Zeugnisse erst nach Einführung der allgemeinen Schulpflicht auf. Ihr Zweck war nicht, die Kinder zum Lernen zu nötigen, sondern den Schulbesuch zu kontrollieren. In der höheren Schule dienten sie der Auslese, aber erst Mitte des neunzehnten Jahrhunderts wurde das Reifezeugnis Bedingung für den Übergang zur Hochschule. Es sollte auch die notwendige Qualifikation künftiger Staatsdiener garantieren, war mit der Verkürzung des Militärdienstes von drei Jahren auf ein Jahr verbunden und wurde deshalb Einjährigen-Zeugnis genannt (nach Ingenkamp, 1995, S. 47 f). In meiner Kindheit hieß das Zeugnis der mittleren Reife (Realschulabschluss) immer noch das „Einjährige", aber niemand von uns kannte den militärischen Ursprung dieser Bezeichnung.

Heute haben die Zensuren im Wesentlichen drei Funktionen: Sie sollen erstens die Kinder zum Lernen motivieren, zweitens über den aktuellen Leistungsstand des Kindes Auskunft geben und drittens die Übergangsauslese regeln. Alle drei Aufgaben erfüllen sie ziemlich schlecht.

Zensuren als Motivation

Man muss Kinder nicht zum Lernen motivieren, sie wollen es ohnehin. In der Kindheit ist die Wissbegierde nahezu unstillbar. Das Kind will alles wissen. Es fragt und fragt den lieben langen Tag, und sobald eine Antwort da ist, fällt ihm die nächste Frage ein. Die Lernfreude des Kindes braucht nicht geweckt zu werden, man darf sie nur nicht im Alltag der Schule und in der Enge des Klassenraumes ersticken.

Wenn man in einer Schule die Kinder nicht zum Lernen zwingt, sondern ihnen weitgehend freistellt, zu tun, was sie wollen (vergl. Rebecca Wild oder A.S. Neill), dann lernen sie, und zwar gerne. In Summerhill kann man beobachten, dass die Kinder lernen, wenn sie dürfen, und dass kein Zwang nötig ist, sondern nur das Angebot. Die Teilnahme am Unterricht ist ganz und gar freiwillig, und Neill berichtet:

„Schüler, die im Kindergartenalter nach Summerhill kommen, nehmen von Anfang an am Unterricht teil. Kinder, die von einer anderen Schule zu uns kommen, schwören sich jedoch oft, nie wieder ein Klassenzimmer zu betreten. Sie spielen, fahren mit dem Fahrrad, stören andere bei der Arbeit, aber sie hüten sich vor der Schulbank. In einigen Fällen dauert das Monate. Diese Zeit der ‚Genesung' entspricht der Stärke des Hasses, den ihnen die vorige Schule eingegeben hat. Den Rekord hält ein Mädchen, das aus einer Klosterschule kam und bei uns drei volle Jahre nur gefaulenzt hat. Im Durchschnitt dauert es drei Monate, bis ein Kind wieder bereit ist, am Unterricht teilzunehmen." (Neill, 1969, S. 23)

Kinder in anderen Schulen haben nicht das Glück, am Unterricht teilnehmen zu *dürfen:* Sie *müssen* täglich stundenlang im Klassenraum sitzen. Sie erfahren, dass Menschen im Allgemeinen – und sie selbst im Besonderen – faul, uninteressiert und lernunwillig seien und dass sie zum Lernen erst motiviert werden müssten: durch Notengebung und Konkurrenz, durch Androhung von Strafe, Liebesentzug, Hobbyverbot und dergleichen.

Diese Maßnahmen sind tatsächlich erforderlich, wenn man jedes Kind dazu bringen will, bis zu seinem sechzehnten oder achtzehnten Lebensjahr eine Viertelmillion oder eine Million völlig unwichtiger Fakten zu pauken. Unwichtige Fakten zu lernen, kann für jeden Menschen und für jedes Kind ein großes Vergnügen und auch nützlich sein – man denke nur daran, wie fasziniert alle Kinder von Bilderbüchern über Dinosaurier sind. Aber der Zwang zum Lernen ist für sehr viele eine Plage. Der stete Zwang allein weckt Abwehr, und die nie nachlassende Konkurrenz und das Beurteiltwerden verlieren früher oder später ihre motivierende Wirkung, sie wirken irgendwann sogar abschreckend. Insbesondere leistungsschwächere Kinder werden durch diese Situation oft vollkommen entmutigt, so dass sie dann nicht einmal mehr gut lesen und schreiben lernen, auch wenn sie dazu vom Intellekt her durchaus in der Lage wären.

Zensuren sollen dadurch anspornen, dass sie eine Konkurrenzsituation herstellen. Aber wenn es keine Zensuren gäbe, dann hieße das ja nicht, dass die Kinder nicht beurteilt würden. Es muss kein schriftlicher Beurteilungsbogen vorliegen, nicht einmal eine Meinungsäußerung des Lehrers, damit das Kind weiß, ob es besser oder schlechter lesen, schreiben oder rechnen kann als seine Mitschülerinnen und Mitschüler. Der Mensch an sich möchte sich mit jedem anderen vergleichen, möchte wissen, was er zustande bringen und welche Maßstäbe er sich setzen kann.

Es ist völlig in Ordnung, sich an den Erfolgen der anderen zu messen. Dies aber so exzessiv zu betreiben, wie das derzeit in der Schule erfolgt, verschiebt die Werte. Die Zensur ist mehr wert als das Interesse, als die Freude an der Arbeit, als mitmenschliches Verhalten usw. Niemand kann das so wollen. Die Zensur ist von allem, was in der Schule geschieht, dem Geldwert am nächsten (nämlich eine Zahl und außerdem Voraussetzung zum Geldverdienen), und sie hat sich in einer Weise verselbständigt, die ungeheuren Schaden anrichtet und wenig Nutzen bringt.

Zensuren können entmutigen

Kinder zweifeln nicht an ihren Fähigkeiten und schenken ihrer Begrenztheit keine Beachtung. Unermüdlich verfolgen sie ihr Ziel. Haben sie etwas geschafft oder begriffen, macht sie das stolz und glücklich, auch wenn es noch an Perfektion mangelt. Der nächste Fortschritt kommt bestimmt und bringt neuen Grund zur Freude.

In der Schule wird diese Freude am Vorwärtskommen gebremst. Hier erleben die Kinder, dass sie eigentlich nie gut genug sind: nicht tüchtig genug, nicht fleißig genug, nicht interessiert genug und dass sie den berechtigten Anforderungen, die an sie gestellt werden, nicht entsprechen. Zugegeben, manche Kinder lernen das schon zu Hause, aber die Schule vollendet diesen Lernerfolg. Auch wenn ein Kind viel gelernt und große Fortschritte gemacht hat, bekommt es oft nur die Note zwei oder drei und muss zur Kenntnis nehmen, dass seine Ergebnisse besser sein könnten.

Gute Noten wirken wie Lob. Sie bereiten Freude, erhöhen Selbstvertrauen und Wohlbefinden und motivieren zu neuer Anstrengung. Aber nicht alle Kinder können gute Noten haben: Den meisten werden nur mittelmäßige Zensuren zuteil. „Eine Eins bekommt nur, wer besser ist als ich", meint mancher Lehrer – und der Rest erhält schlechte Noten, damit der vorgegebene Zensurenrahmen ausgeschöpft wird.

Dem aufmerksamen Leser wird nicht entgangen sein: Mit Anerkennung kann man jedes Kind loben, wenn es Gutes geleistet hat oder wenn es ein Lob dringend braucht, weil es niedergeschlagen ist oder aus einem anderen Grund; mit einer guten Note kann man nur eine begrenzte Anzahl von Kindern auszeichnen. Das Notensystem erzeugt unausweichlich Gewinner und Verlierer, und die Verlierer sind nicht immer die Dummen im Sinne von „nicht intelligent", sondern sie sind die Dummen im Sinne von „verraten und verkauft".

„Eine gelegentliche Entgleisung eines an sich guten Schülers vermag ihn aufzurütteln, treibt ihn an. Schwerere oder gehäufte Misserfolge stören die Lernfreude, senken die Ansprüche an sich selbst, lassen den Schüler an seinen Fähigkeiten zweifeln, hemmen sein Vertrauen in die eigene Kraft. Aus diesem Grunde dürften schwächere Schüler, die der Motivation und der Stärkung ihres Selbstvertrauens in besonders hohem Maße bedürften, durch die Ziffernnote am wenigsten gefördert werden." (Weiss, in: Ingenkamp, 1995, S. 64)

Der Schaden, den man benachteiligten Schülerinnen und Schülern durch schlechte Noten zufügt, wird in Kauf genommen, um die besseren zu fördern. Bei der Diskussion über Vorteile und Nachteile der Zensuren wird die gar nicht kleine Gruppe derjenigen Schüler einfach ignoriert, die unter diesem System leidet und zum Teil für ihr ganzes Leben geschädigt und ausgegrenzt wird. Das greift umso tiefer in das Schicksal ein, je mehr der Maßstab der Zensuren zum Wertkriterium für die Persönlichkeit entartet.

Charlotte Zillmann erzählt von einem „hochbegabten zehnjährigen Buben, der gerade im Gymnasium eingeschult worden war, als seine Eltern sich scheiden ließen. Er war ungefragt seinem Vater zugesprochen worden. Seine Mutter durfte er nur alle zwei Wochen besuchen. Gleich nach der Scheidung heiratete der Mann eine andere Frau, die das Kind als seine neue Mutter anerkennen sollte. Dieser Bub weinte Nacht für Nacht nach seiner eigenen Mutter, wie er mir, seelisch völlig verstört, anvertraute. Der Vater war aufgebracht über jede schlechte Note und wollte bessere Leistungen dadurch erzwingen, dass er ihm drohte, den Besuch alle vierzehn Tage bei seiner Mutter nicht mehr zu erlauben, bis er bessere Schulnoten brächte (...).

Ein Heer von Kindern und Jugendlichen wird zu Schulversagern, nicht wegen mangelnder Begabung, Faulheit, Konzentrationsschwäche oder anderer ‚Minderwertigkeiten', sondern wegen seelischer Nöte und belastender Umweltbedingungen." (Zillmann, 1981, S. 29)

„Schlechte Noten sollten vor allem ihre moralische Bewertung verlieren. (...) wie sollen sich die Schüler angstfrei und leistungstüchtig entfalten, wenn z.B. schon in den ersten Schulklassen der ‚Numerus Clausus‘ als drohendes Gespenst hinter all ihrem guten Wollen und ihrer Arbeit steht. Es ist unbedingt erforderlich, mehr Mut und Gelassenheit schlechten Schulleistungen gegenüber aufzubringen." (Zillmann, 1981, S. 23)

Einflüsse auf Zensuren

Noten sollten objektiv sein und sich nach Anforderungen richten, die den Schülerinnen und Schülern bekannt sind, also möglichst gerecht gegeben werden. Aber auch Lehrerinnen und Lehrer sind Menschen, haben Sympathien und Antipathien und sind in ihrem Urteil, wie wir alle, subjektiv. Und so kommt es vor, dass eine Note in Mathematik oder Deutsch zum Teil vom Aussehen eines Kindes abhängt, ob uns das nun gefällt oder nicht. Einem schönen Kind fallen zahlreiche Vorteile zu:

„Schönheit ist eine soziale Macht von Anfang an. Das hübsche Baby erfährt mehr Anteilnahme und Zuwendung als das weniger niedliche. Dem schönen Kind wird leichter verziehen, es kann mit mehr Aufmerksamkeit rechnen, es wird sich mit den Noten in der Schule leichter tun, ebenso mit den Freundschaften und anderen Sozialofferten, die ihm auf allen Stationen seines Lebensweges überreichlich angetragen werden. Und weil es mehr Ermutigung erfährt, wird es auch selbstbewusster, schlagfertiger und sozial ‚offensiver‘ – und damit in den Augen vieler noch attraktiver." (Guggenberger, 1995, S. 22)

Wir alle unterliegen der Faszination der Schönheit, können uns dem Einfluss von Vorurteilen nicht entziehen und werden in unserem Urteil über Mitmenschen beeinflusst durch deren Herkunft, Auftreten, Aussehen und sozialen Status. Die Gruppe der Lehrerinnen und Lehrer bildet da keine Ausnahme, und keine Macht der Welt könnte das ändern. Doch selbst wenn ein Lehrer die Fähigkeit besäße, sein Urteil völlig objektiv zu fällen, wenn er an Störungen seines Befindens niemals litte und für keinen seiner Schülerinnen oder Schüler eine besondere Sympathie hegte, wäre auch damit eine gerechte Benotung keineswegs gewährleistet, denn man ist sich nicht einig, was gerecht ist, wenn es um Benotung geht.

Fragen wie die folgenden sind nicht annähernd geklärt, und jede Lehrerin und jeder Lehrer beantwortet sie nach seinem persönlichen Gerechtigkeitsempfinden:
➤ Wie hoch ist bei einer nicht gelösten Mathematikaufgabe ein richtiger Ansatz zu bewerten, eine ordentliche, übersichtliche Schreibweise, ein rechnerischer Flüchtigkeitsfehler?
➤ Soll es in die Note einfließen, wenn der Lehrer überzeugt ist, dass der Schüler oder die Schülerin sich in letzter Zeit sehr bemüht hat? (Hier gibt es die zusätzliche Schwierigkeit, dass der Lehrer bei einem anderen Schüler die Bemühung vielleicht nicht bemerkt hat. In diesem Fall spielt es eine große Rolle, ob das Kind seine positiven Seiten gut darstellen kann.)
➤ Wie viel schlechter als verdient darf eine Arbeit benotet werden, um eine Schülerin oder einen Schüler aufzurütteln und ihn zu mehr Fleiß anzutreiben?

➤ Soll bei einer Klassenarbeit im Fach Geschichte eine stichpunktartige Darlegung ebenso hoch bewertet werden wie ein wortreicher, stilistisch ansprechender Aufbau?

➤ Im Sportunterricht lassen sich Höhe und Weite eines Sprunges messen, wie aber soll man die Sicherheit und Eleganz der Bewegungen einstufen?

➤ Sollte die Freude, mit der ein Schüler an eine Übung herangeht, positiv bewertet werden, oder ist es höher einzuschätzen, wenn ein Schüler seine Abneigung überwindet und unlustig, aber pflichtgemäß seine Übungen absolviert?

Kreative Fächer

In kreativen Fächern ist die Sachlage besonders schwierig, weil der persönliche Geschmack des Zensierenden stärker als in wissenschaftlichen Fächern hereinspielt. Den Zensuren zuliebe diese Fächer zu verwissenschaftlichen und zahlreiche Daten abzufragen, ist eine schlechte Lösung.

Wie soll man das ungelenke Werk eines Kindes beziffern? Sind Fehler nur Fehler oder sagen sie etwas über Probleme aus? Auch bedeutende Künstler wurden zu verschiedenen Zeiten ganz unterschiedlich beurteilt. Man denke an van Gogh, der zu Lebzeiten nur ein einziges Bild verkaufen konnte, für dessen Werke aber heute Millionen bezahlt werden!

Einem Kind, dessen Zeichnungen mehrmals schlecht benotet wurden, kann unter Umständen die Freude an Zeichnen und Malen für immer verdorben werden. Wer will das verantworten? Und welchen Nutzen haben Zensuren in Kunst? Der Wert als Statussymbol für manche kann die nachhaltige Entmutigung für andere nicht rechtfertigen.

Im Fach Deutsch ergeben sich zum Teil ähnliche Verhältnisse. Die grammatikalische Korrektheit und Verständlichkeit der Darstellung kann man bewerten, aber Schönheit oder Präzision des Ausdrucks entziehen sich der Gerechtigkeit. Formulierungen wirken oft beabsichtigt oder unfreiwillig komisch. Da die Einstellung zur Komik aber noch mehr als andere literarische Kriterien von der persönlichen Gemütsverfassung des Lesers abhängt, empfindet der eine sie als bloße Entgleisung, der andere als Genuss.

Auch Literaturkritiker vertreten ganz unterschiedliche Meinungen zu einem Buch, und sogar das Nobelpreiskomitee hat sich schon geirrt. Und dort muss nicht eine Person täglich dreißig bis hundert Leistungen, mündliche und schriftliche, beurteilen, sondern ein Expertengremium berät eingehend über ein Werk.

Betrug

Gemessen an der im System zwangsläufig liegenden Ungerechtigkeit ist die durch Betrug entstehende unerheblich. Gleichwohl soll dieser Punkt Erwähnung finden: Ein Großteil der Bemühungen der Schülerinnen und Schüler geht nicht dahin, sich Wissen und Können anzueignen, sondern auf anderen Wegen zu guten Noten zu kommen, z.B. mit Hilfe der „Pfuschzetteltechnik", die eine Wissenschaft für sich geworden ist und mit der die zu

Benotenden ihren Einfallsreichtum immer wieder aufs Neue beweisen. Eine andere Methode ist die rein zensurenbezogene Fächerwahl. Man wählt nicht das Fach, für das man sich interessiert, sondern das Fach, mit dem man das beste Zeugnis zu erringen hofft.

Auch Rudolf Weiss kritisiert: „Es kommt zu einer einseitigen Hochschätzung der Note. Der Schüler lernt, dass er nur zu trachten habe, auf irgendeinem Wege, sei es auch Schwindel und Betrug, zu guten Noten zu kommen." (Weiss, in: Ingenkamp, 1995, S. 65)

Gerechtigkeit

Karlheinz Ingenkamp arbeitete 20 Jahre lang als Lehrer und später als Schulpsychologe, Erziehungswissenschaftler und Professor für Pädagogik. Er widmete einen großen Teil seiner Lebensarbeit der kritischen Auseinandersetzung mit der Notengebung. Seine Schlussfolgerungen sind niederschmetternd.

Die Urteile verschiedener Lehrerinnen und Lehrer über dieselbe Arbeit variieren beträchtlich, in der Tat wesentlich mehr, als der Laie und die meisten Lehrerinnen und Lehrer erwarten würden. Dabei sind die Zensuren, die von verschiedenen Lehrern für ein und dieselbe Klassenarbeit in Geschichte gegeben werden, ebenso unterschiedlich wie diejenigen in Englisch und Mathematik. Mathematikzensuren sind, entgegen der üblichen Meinung, ebenso wenig verlässlich wie jene für Sprachen oder Geschichte. Die Extremwerte erstrecken sich in allen Fällen fast über die ganze Bewertungsskala (Starch & Elliot, in: Ingenkamp, 1995, S. 87).

Der Vergleich von Arbeiten aus verschiedenen Klassen entbehrt jeder sachlichen Grundlage. Wie sollte ein Lehrer die Leistung seiner Schülerinnen und Schüler mit denen aus einer anderen Klasse oder aus einem anderen Jahrgang vergleichen bzw. mit allen Schülerinnen und Schülern in Deutschland aus anderen Klassen und anderen Jahrgängen?

Ingenkamp führt aus: Die Vergleichbarkeit der Zensuren zwischen verschiedenen Klassen wird auch in der Praxis vorausgesetzt, denn sonst wäre unserem gesamten Berechtigungs- und Versetzungswesen die Basis entzogen. In verschiedenen Klassen der gleichen Jahrgangsstufe gibt es aber für die gleichen objektiv erfassbaren Leistungen ganz unterschiedliche Zensuren. Die Zensuren haben über den Rahmen einer Klasse hinaus überhaupt keinen Vergleichswert. Ingenkamp findet es für den einzelnen Schüler unerträglich, dass er mit einem bestimmten Leistungsstand in einer Klasse unter Umständen nicht versetzt wird, während er in einer anderen Klasse mit guten Prädikaten weitergekommen wäre. (Ingenkamp, 1995, S. 188)

Noten richten sich immer nach dem Leistungsstand der Klasse. Ein unmittelbarer Leistungsvergleich zwischen Schülerinnen und Schülern verschiedener Klassen oder gar verschiedener Schulen ist aus diesem Grunde nicht möglich.

Hier handelt es sich nicht um übertriebene Unmutsäußerungen eines durch seine persönlichen Erfahrungen enttäuschten Lehrers, sondern um die zusammengefassten Ergebnisse zahlreicher, groß angelegter Untersuchungen aus mehreren Ländern. Ich habe noch verschiedene andere Bücher zum Thema zu Rate gezogen, wie zum Beispiel „Versetzung gefährdet" von Gottfried Schröter oder „Das Schulzeugnis" von Walter Dohse, und alle Autoren kommen zu denselben traurigen Feststellungen wie Ingenkamp.

Alle Untersuchungen, in die ich Einsicht genommen habe, belegen, dass ein und dieselbe Klassenarbeit von verschiedenen Lehrerinnen und Lehrern ganz unterschiedlich bewertet wird und dass die Zensuren keinen realistischen Vergleich zwischen Schülerinnen und Schülern verschiedener Klassen gewährleisten, weil sie sich nach dem Leistungsstand der Klasse richten. Eine mittelmäßige Arbeit erhält unter Umständen in einer besonders „guten" Klasse die Note vier, weil die meisten anderen besser sind, und in einer „schwachen" Klasse die Note zwei, weil es nur ganz wenige bessere Arbeiten gibt.

Sitzenbleiben ist an deutschen Schulen ein häufiges Ereignis und im Allgemeinen eine nur mäßig einschneidende Katastrophe. Im Einzelfall kann es jedoch einem im Selbstbewusstsein bereits geschädigten Kind einen schweren Schlag versetzen und die Weichen für den späteren Lebensweg in Richtung Versagen stellen. Können wir das verantworten? Auch die Kosten der überflüssigen Schuljahre schlagen zu Buche; man könnte dieses Geld sinnvoller verwenden.

Statistik

Werner Knoche berichtet in „Die Fragwürdigkeit der Zensurengebung" über Untersuchungen, die nach verschiedenen Vorgaben an Klassenarbeiten, Grundschulabgangszeugnissen und Aufnahmeprüfungen zum Gymnasium durchgeführt wurden, und über ihre Aussagekraft bezüglich des Erfolges im Gymnasium. Es wurden über dreitausend Schülerinnen und Schüler einbezogen, die 1956 zum Gymnasium übertraten. (Ingenkamp, 1995, S. 283 f.)

Zeugnisse der vierten Grundschulklasse und Ergebnisse der Aufnahmeprüfung in die höhere Schule wurden in Beziehung gesetzt zum Schulerfolg am Ende der zehnten Klasse. Man hat die Durchschnittsnoten berücksichtigt und Einzelnoten in Deutsch oder Diktat und Aufsatz und in Rechnen. Der Erfolg nach der 10. Klasse wurde eingeteilt in drei Kategorien:

Voller Erfolg: Der Schüler hat ohne Sitzenbleiben die 10. Klasse erreicht bzw. die Untersekunda.

Teilerfolg: Der Schüler hat mit ein oder zweimal Sitzenbleiben die 10. Klasse erreicht.

Kein Erfolg: Der Schüler ist vor der 10. Klasse wegen nachweislich schlechter Leistung abgegangen.

Zensur	1	2	3	4
Voller Erfolg	65–80	55–60	30–50	10–35
Teilerfolg	20	40	50	65
kein Erfolg	10	25	30	40

Zensur = Durchschnittsnote des Übergangszeugnisses oder der Aufnahmeprüfung zum Gymnasium oder Einzelnote in Deutsch, Diktat, Aufsatz, Rechnen

(Ingenkamp, 1995, S. 283 f.)

Also 65% bis 80% der Einserschüler verzeichnen bis zur zehnten Klasse vollen Erfolg. Warum heißt es nicht 72%, sondern 65% bis 80%? Manche Ergebnisse betreffen die Note im deutschen Aufsatz, andere die Durchschnittsnote usw. Die Zahlen bei Teilerfolg und kein Erfolg bedeuten: Die Wahrscheinlichkeit, bei irgendeinem Auslesekriterium den genannten Erfolg zu verzeichnen, unterschritt diese Prozentzahl nicht. Also bei keinem Kriterium unterschritt die Zahl der Einserschüler, die die 10. Klasse nicht erreichten, die 10%. Dass jeweils mehr als 100% für jede Note herauskommen, liegt daran, dass die Bewertungen nach unterschiedlichen Kriterien zusammengefasst wurden.

Es wird klar, dass nicht einmal die Note Eins in der Grundschule einen Erfolg im Gymnasium garantiert. Insgesamt gilt für jedes Kriterium mehr oder weniger: Je besser die Grundschulnote, desto größer die Aussicht auf einen weiteren Schulerfolg. Statistisch gesehen ist eine deutliche Wahrscheinlichkeit vorhanden, dass die Voraussage der Grundschulnote zutrifft. Das einzelne Kind betreffend kann man die Voraussagesicherheit jedoch nur als ungenügend bezeichnen. 65% der Viererschüler, die trotzdem ein Gymnasium besuchen, erreichen das Ende der 10. Klasse im Gymnasium und ein Viertel der Schülerinnen und Schüler mit Note Zwei in der Grundschule erreichen es nicht. Die Grundschulnoten sind, wie man sieht, für eine individuelle Prognose ungeeignet.

Wie soll man also den Übergang zu weiterführenden Schulen regeln? Wir sollten auf ein staatliches Regelsystem verzichten, das offensichtlich versagt. Manche Kinder wollen gar nicht aufs Gymnasium, manche Eltern wollen nicht, dass ihr Kind das Gymnasium besucht. So besuchen manche Kinder mit guten Grundschulnoten das Gymnasium nicht. Andere Schülerinnen und Schüler oder ihre Eltern wollen unbedingt, dass sie das Gymnasium besuchen, und so wechseln manche Dreierschüler und sogar einige Viererschüler aufs Gymnasium. Die Entscheidung liegt also auch gegenwärtig nicht ausschließlich beim Zeugnis. Es wäre ein Leichtes, bis zu Klasse vier oder acht auf die Notengebung zu verzichten, wie andere Länder uns das vormachen.

Das Abitur

Die zweite große Hürde auf dem Weg zu einem akademischen und zu anderen gehobenen Berufen ist das Abitur, das seit etwa 150 Jahren Voraussetzung für ein Studium ist. Die Frage, wie sicher die Abiturnote den Studienerfolg voraussagt, hat viele Untersucher beschäftigt. Ingenkamp benutzt bei der Diskussion ihrer Ergebnisse einen Begriff aus der statistischen Wissenschaft: die Korrelation.

Die Korrelation (r) gibt Auskunft über die Beziehung zweier Aussagen oder Tatsachen zueinander. Sie bewegt sich zwischen plus 1,00 und minus 1,00. Ich möchte das an einem Beispiel erklären. Menschen, die in der statistischen Wissenschaft zu Hause sind, mögen diese Erklärung nicht beachten oder mir ein besseres Beispiel vorschlagen.

Es regnet.   r = 1, wenn es regnet, ist der Boden immer nass
Der Boden ist nass.

Es regnet.   r = -1, wenn es regnet, ist der Boden nie trocken
Der Boden ist trocken.

Es regnet.   r = 0 (Null), es besteht keine Beziehung zwischen
Es regnete vor 7 Tagen.   der ersten und der zweiten Aussage

Ingenkamp führt sechsundzwanzig Untersuchungsergebnisse zur Korrelation zwischen Abitur und Studienerfolg an. Die Zahl der Beteiligten liegt zwischen 21 und 2253.

Es wäre zu wünschen, dass die beiden Aussagen
        der Schüler hat das Abitur mit guter Note bestanden,
        der Schüler hat das Studium erfolgreich abgeschlossen.

immer übereinstimmen, so dass die Korrelation 1 betrüge, oder dass sie nahe bei 1 läge, jedenfalls näher bei 1 als bei 0. Dies ist nicht der Fall. Bei keiner der angeführten Untersuchungen lag die Korrelation näher bei 1 als bei 0. Die günstigste Korrelation war 0,49, die ungünstigste 0,06 – also wirklich sehr nahe bei 0. Zur Erinnerung: 0 heißt, es besteht keine erkennbare Beziehung zwischen den beiden Aussagen.

Bei zwei der erwähnten Untersuchungen beträgt die Korrelation 0,06 bzw. 0,07, das heißt, sie unterscheiden sich nicht wesentlich von Zufallsergebnissen. Eine davon betrifft die Beziehung der Abiturdurchschnittsnote zu den Klausuren im Psychologiestudium, die andere die Beziehung der Abiturnote in Chemie zur Note im Hauptexamen in Chemie.

Sechs Ergebnisse liegen über 0,40. Zwei betrafen die Beziehung der Abiturdurchschnittsnote zur ersten Lehrerprüfung, drei die Beziehung der Abiturdurchschnittsnote zum medizinischem Examen und eine die Beziehung der Abiturnoten in Geschichte und Sozialkunde zum Diplom in Volkswirtschaft.

2 mal lag die Korrelation zwischen	0,00 und 0,09
3 mal	0,10 und 0,19
9 mal	0,20 und 0,29
6 mal	0,30 und 0,39
6 mal	0,40 und 0,49

Sie lag also öfter unter 0,30 als darüber. Diese Ergebnisse werden weitgehend durch Ergebnisse in andern europäischen Ländern bestätigt. Die Korrelation liegt hier im Durchschnitt bei 0,40, es werden aber noch andere Kriterien, wie Tests und Interesse, hinzugezogen. (Ingenkamp, 1974)

In Prozent ausgedrückt liegt die Sicherheit, mit der die Abiturdurchschnittsnote einen Studienerfolg voraussagt, bei annähernd 70%. Das erinnert an die Tatsache, dass ungefähr 30% der Studierenden ihr Studium vorzeitig abbrechen.

Jeder Schüler begreift: Studieren ist das Beste für mich. Nur wenn ich studiere, steht mir ein interessanter Beruf offen mit hohem Ansehen und gutem Einkommen. Gute Aussichten, dieses Ziel zu erreichen, haben Anpassungs- und Lernfreudige. Eigenwillige, aber an anderem als dem vorgeschriebenem Stoff interessierte, Kinder werden oft als weniger begabt eingestuft und vom Studium ausgeschlossen. Sogar Albert Einstein war durch seine Schulleistungen keineswegs zum Wissenschaftler prädestiniert und hat einen weiten und umständlichen Umweg über das schweizerische Patentamt in Bern gemacht, um sein Ziel zu erreichen.

Zensuren aufgeben?

Welch enormen Aufwand an Zeit, Kraft, Aufregung und Niederlagen bringt dieses Auslesesystem mit sich! Warum sollte man es beibehalten?

Will man es aufgeben: Welchen Ersatz gibt es? Als Auswahlverfahren zum Studium kommen Tests in Frage: Sie haben nicht die enorm abwertende Wirkung wie Zensuren, sind weniger aufwendig und ihre Trefferquote liegt geringfügig höher. Eine andere Möglichkeit wären Aufnahmeinterviews, wie sie in englischsprachigen Ländern üblich sind.

Die Klage, dass Schulabgänger den Erwartungen nicht entsprechen, ertönt von allen Seiten. Man kann sich nicht auf die Abschlusszeugnisse verlassen. Diesem Missstand versucht man abzuhelfen, indem man das System verbessert, den Druck erhöht: mehr Vorschriften, mehr Zwang, mehr Gleichheit, mehr Chancengleichheit – einmal muss es ja glücken.

Nein, es wird nicht glücken, denn nur ein kleiner Teil der Fähigkeiten des Menschen ist beurteilbar und auch der nur ungefähr, wie oben dargelegt. Manche Fähigkeiten, die über Leistung und Fortkommen entscheiden, kann man gar nicht nach Gutdünken abrufen und daher auch nicht messen. Sie zeigen sich nicht im Alltag. Erst im Bedarfsfall treten sie zu Tage, wenn jemand bereit ist, alle seine Kräfte zu mobilisieren. Oft leisten Menschen, auch sehr junge, Erstaunliches, das man ihnen niemals zugetraut hätte, sobald sie ein Ziel vor Augen haben, für das sich der Einsatz lohnt.

Ob Zensuren überhaupt sinnvoll sind, darüber kann man lange streiten. Wenn man sich aber entschließen könnte, eine einfache und sinnvolle Änderung auf diesem Gebiet durchzuführen, die niemanden belastet, die nur Erleichterung bringt, die kein Geld kostet, dann muss man in einigen Fächern die Zensuren völlig weglassen und in anderen teilweise.

Zensuren im Sport müssten als Erstes verschwinden, denn sie überzeugen zu viele Heranwachsende von ihrer Unsportlichkeit, die meist keine Veranlagung ist, sondern ein durch einseitiges Angebot und entmutigende Beurteilung herbeigeredetes Problem. Man könnte auf besonderen Wunsch, wenn ein Kind sehr begabt ist, im Zeugnis festhalten, dass es auf diesem Gebiet Besonderes leistet. Ebenso kann man die Benotung in Kunst und Musik ersatzlos streichen. Diese Fächer sollten wirklich nur aus Freude betrieben werden und nicht aus Konkurrenzstreben.

Wer soll studieren dürfen? Alle bisherigen Zulassungsverfahren haben sich nicht bewährt. Eine neue und erfolgreichere Methode muss gefunden werden. Man kann sich auch an früheren Jahrhunderten orientieren, wo fast ausschließlich der Wunsch des jungen Menschen und seiner Eltern maßgeblich war. Es mag in den Ohren so manchen Schulpolitikers seltsam klingen, dass der Studienanwärter besser wissen soll als das System, was gut ist für ihn, was er leisten kann und möchte, aber die Praxis zeigt, dass die bisherige Reglementierung ein Drittel Studienabbrecher produziert. Tiefer kann die Erfolgsquote kaum sinken.

Unsere Kinder brauchen Anleitung in Entscheidung, zumindest häufiger Freiheit, sich entscheiden zu können. Kein anderer als der Betroffene selbst kann beurteilen, ob er willens und in der Lage ist, ein Studium zu absolvieren, und das schafft er nur, wenn er Übung darin hat, sich selbst einzuschätzen.

➤ Deshalb muss man jedes Kind schon früh als wertvoll und eigenständig achten (anstatt täglich jedes seiner Worte durch Noten zu richten).

➤ Jedes muss den Eindruck gewinnen, dass es in seiner Eigenart ein wichtiges, kostbares Mitglied der Klasse ist und viele Talente besitzt. Die kann es in einigen längeren Praktika oder bei stundenweisen Hilfeleistungen kennen lernen.

➤ Und drittens muss man es immer wieder selbständige Entscheidungen treffen lassen, etwa was es lernen möchte und wann. So vorbereitet könnte jeder Sechzehn- oder Achzehnjährige sich und seine Fähigkeiten selbst einschätzen, und die Aussichten wären gut, dass die meisten Entschlüsse sich bewähren. Dieses Verfahren ergäbe ganz sicher weniger als die heute üblichen dreißig Prozent Studienabbrecher.

Die Zensuren spornen zum Lernen an, indem sie das Interesse vom Stoff abziehen und auf die Note verlagern. Mehr aber entmutigen sie und sie beirren vor allem solche Schülerinnen und Schüler, die Bestätigung am dringendsten brauchten. Sie fordern zu Betrug und unsolidarischem Verhalten heraus. Sie sind ungerecht, erfüllen ihre Hauptaufgabe der Übergangsauslese wenig besser, als ein Lossystem das täte. Sie bevorzugen die sozial besser Gestellten, denn diese erhalten mehr Nachhilfeunterricht und mehr Anregung von zu

Hause. Sie stellen auch für die Lehrerinnen und Lehrer eine große Belastung in punkto Zeit, Energie und Gewissen dar. Man sollte Zensuren abschaffen – besser heute als morgen.

Zwischenkapitel: Unerwartetes wird besser erinnert

Entgegen der Vermutung, Vertrautes könne leichter erinnert werden, zeigt sich im Experiment, dass gerade das Unerwartete, sogar wenn es unter Stressbedingungen erlebt wurde, sich nachhaltiger einprägt. So organisiert sich das Gedächtnis offensichtlich, um nicht von der Überfülle an Informationen überflutet zu werden.

(WDR 5, „Leonardo", 8. Mai 2002)

15 Lehrinhalte

Durch eherne Tradition wird an einem Grundprinzip des Schulunterrichts unverrückbar festgehalten: „Der Stoff muss systematisch durchgearbeitet werden. Eins muss auf dem anderen aufbauen." In der Mathematik und im Rechnen hat dieses Prinzip seine Berechtigung, in anderen Fächern nicht unbedingt

Dies ist geradezu ein Parade-Beispiel, wie die Bevorzugung des logischen Denkens schweren Schaden anrichten kann. Das gesamte Schulsystem baut auf das logische Prinzip und missachtet Seele und Interesse des Kindes und die Funktionsweise des Gehirns. Das systematische Durcharbeiten des Schulstoffes war seit eh und je eine langweilige Quälerei für die Schülerinnen und Schüler, und schon lange ist bekannt, dass man sich Unvorhergesehenes leichter merkt.

Die Ödnis des Durcharbeitens nach offizieller Vorgabe erfüllt jede Schulstunde. Schülerinnen und Schüler folgen ihr. Sie fühlen sich nicht wohl, verlieren die Lust am Lernen; einige leiden an der Schule und verweigern die Mitarbeit. Es folgen schlechte Zensuren, schlechte Berufsaussichten und das Bewusstsein, wenig wert zu sein. Die Abneigung gegen den trockenen Lernstoff kann in hilflosen Hass auf die Lehrerinnen und Lehrer umschlagen.

Ganz unberechtigt ist dieser Hass nicht: Wenn eine Schülerfrage der Lehrerin oder dem Lehrer unpassend erscheint, wird sie mit dem Hinweis beschieden: „Das nehmen wir derzeit nicht durch." Schülerinnen und Schüler sollen sich zwar interessieren, aber tunlichst nur für das, was im Moment vorgeschrieben ist. Wer die Wissbegierde und Begeisterungsfähigkeit von Kindern kennt, weiß, wie frustrierend und niederdrückend eine derart kalte Dusche wirken kann. Ist die Lernfreude erstickt, dann soll sie durch schlechte Zensuren, Tadel und Demütigung wieder herbeigezwungen werden.

Kinder erfahren (genau wie Erwachsene) gerne etwas Neues, etwas Überraschendes. Ihr Interesse wird geweckt, sie unterhalten sich darüber, und die Aussichten, dass sie es sich merken, sind gut. Ein zufriedenes Kind, das sich aktiv in eine Sache vertieft, die ihm Spaß macht, profitiert weit mehr vom Lernen als ein passives, gelangweiltes Kind, das sich den meisten Informationen, die ihm in Päckchen von je einer Dreiviertelstunde vorgesetzt werden, mehr oder weniger höflich widersetzt.

Wissen, was ich kann

Ins Curriculum gezwängt finden so manche Schülerinnen und Schüler nicht heraus, was in ihnen steckt. Sie werden entmutigt, trauen sich im schlimmsten Fall gar keine Leistung mehr zu. Das Schulsystem bietet ihnen zu wenig Gelegenheit, eigene Neigungen zu entdecken und ihnen nachzugehen, zu überprüfen, ob ein momentanes Interesse längere Zeit bestehen bleibt. Bis wenigstens zum sechzehnten Lebensjahr werden sie von jeder nützlichen Arbeit ferngehalten, und dann sollen sie plötzlich wissen, welche ihnen liegt.

„Sehen sie mir tief in die Augen und sagen Sie mir, welcher Beruf für mich der beste ist." Mit diesem Ansinnen geht ein Großteil der jungen Menschen zur Berufsberatung. Berufsberater klagen: Jugendliche kommen zum Gespräch und möchten, dass der Berater ihnen sagt, welche Interessen und Fähigkeiten sie haben.

Im Alter von sechzehn bis zwanzig Jahren haben sie zehn oder mehr Schuljahre hinter sich gebracht und wissen nicht, wer sie sind oder zu welcher Arbeit sie sich hingezogen fühlen. Das wird ihnen von der Allgemeinheit auch noch vorgeworfen. Hier stellt sich das Schulsystem ein absolutes Armutszeugnis aus.

Zentrale Steuerung

Zentrale Steuerung hat sich nicht bewährt, in der Monarchie nicht, in der Diktatur nicht und auch nicht im Kommunismus. Die letzte Bastion einer konsequenten zentralen Steuerung mit allen schädlichen Nebenwirkungen der Gleichmacherei ist die Schule. Wie in jedem derartigen System fühlen sich einige wohl, andere nicht. Manche gedeihen, etliche verkümmern, sind unglücklich, hasserfüllt, werden ausgesondert.

Wer bestimmt die Richtlinien? Das erledigen Menschen, die nicht ausgesprochen eigenwillig sind, sondern mit der Bevormundung seinerzeit bestens zurechtkamen, deren Interessen durch den Schulstoff weitgehend abgedeckt wurden und die sich das Lernen zur Lebensaufgabe gemacht haben. Selbstverständlich soll man jeden alle Wissenschaft lernen lassen, die ihn interessiert, das ist gut und wünschenswert. Aber im Ergebnis werden auch Schülerinnen und Schüler mit ganz anderen Interessen unter die Knute der wissenschaftlichen Ausbildung gezwungen.

Wenn durch zentrale Lenkung erreicht werden soll, dass es allen gleich gut geht, dann muss enorm viel Macht ausgeübt werden. Diese Machtausübung ist auf jeden Fall schädlich. Beim allerbesten Willen kann ein Einzelner oder eine Gruppe von Machthabern nicht wissen, was für jeden anderen gut ist. Wir sollten uns damit abfinden. Die Schülerinnen und Schüler selbst müssen schrittweise zu der Erkenntnis geführt werden, wer sie sind und was sie können.

Die Strategien

Urs und Damaris Kägi-Romano haben es sich zur Aufgabe gemacht, in ihrer Demokratisch-Kreativen Schule in Schilten (Schweiz) Schulversager fit zu machen für den Besuch einer normalen Schule. Sie legen großen Wert auf alltägliche Erfahrungen, welche die Entwicklung eines Kindes positiv beeinflussen können. Körperliches Erleben soll zusammenfallen mit emotionaler Erfahrung und rationaler Einsicht. Solche Erfahrungen sind unmittelbar und benötigen keine erzieherische Aufarbeitung. Es handelt sich um einfache Arbeiten mit sofortigem Erfolg. Das Kind sieht, was es geleistet hat, und es lernt dem bald folgenden Ziel zuliebe durchzuhalten.

Die beiden Kägi-Romanos erzählen: „Unlängst kam ein ehemaliger Schüler mit seiner Freundin zu Besuch. Nachdem er mehr als die Hälfte seiner Berufslehre hinter sich gebracht hatte, wollte er sich wieder einmal zeigen. Nach einem gemütlichen Gespräch bei Kaffee mit uns begab er sich ins Schulhaus, wo er, Erinnerungen auffrischend, den Nachmittag verbrachte. Als ich später einmal aus dem Fenster schaute, sah ich, wie er damit beschäftigt war, mit einem Besen den Hausplatz zu kehren. Innerlich bewegt schaute ich ihm zu. Ich spürte Freude in mir hochsteigen und dachte: ‚Nun hast du's verstanden...'

Später, als ich ihn auf sein Kehren ansprach, meinte er, der Platz sei ihm nicht sauber genug gewesen. Er habe zwei Jahre damit gerungen und mit dieser Aufgabe das Durchhalten und Arbeiten erlernt, was ihm jetzt in seiner Kochlehre wichtig sei.

Die pädagogisch-therapeutische Arbeit mit ihm war mühsam gewesen. Er hatte sich selber immer abgelenkt und herumgetrödelt. Das Kehren des Platzes hatten wir ihm in der Absicht übertragen, dass er täglich praktisch üben könne, eine Arbeit einzuteilen. Das Ganze war als Vorübung für die Schule gedacht. Die Übertragung hatte allerdings nur zögerlich stattgefunden. Erst kurz vor Schulaustritt hatte er knapp den Leistungstand erreicht, der seinen Fähigkeiten entsprach." (Kägi-Romano, 1993, S. 86)

Im Zeitalter von Spülmaschine, Müllschlucker und anderen technischen Helfern fehlen den Kindern sinnvolle Aufgaben, deren Erfolg sie sofort erleben können. Bis zu ihrem sechzehnten oder fünfundzwanzigsten Lebensjahr dürfen sie diese Erfahrung nicht machen. Nur wenige Schulen, wie die Evangelische Gesamtschule Gelsenkirchen-Bismarck, lassen ihre Schülerinnen und Schüler an der Planung und Ausführung von Bau- und Renovierungsarbeiten mitwirken. Die gängige Meinung lautet: Saubermachen und Putzen sind für Schülerinnen und Schüler zu niedrige Arbeiten, als dass man sie ihnen zumuten dürfte. Dafür ist nach wie vor die Hausfrau und Mutter zuständig, gegebenenfalls auch der Staat in Form von Putzkolonnen, die er bezahlt.

Hausarbeit

Kinder erfahren, vom ersten Schultag an liebevoll verpackt, dass man ihnen außer sturem Lernen keine niedere, geisttötende Arbeit zumuten darf. Niemand sollte sich wundern, wenn sie das eines Tages kapieren, und zwar gründlich, und sich diese Einsicht tief in ihrem Wesen verankert. Sie erleben sich bis an die Schwelle des Erwachsenenalters als Menschen, die mit der „niederen" Hausarbeit nichts zu tun haben. Und dann sollen sie urplötzlich umlernen! Wie soll das geschehen? Das ist zu viel verlangt.

Wenn Schülerinnen und Schüler die Räume, in denen sie lernen, selbst säubern und renovieren müssten, so brächte das zahlreiche, wünschenswerte Wirkungen mit sich:
➤ Gespräche über Zusammensetzung und Wirkung von Putzmitteln;
➤ Verantwortungsgefühl;
➤ Ausdauer bei langweiliger Arbeit würde gefördert;
➤ die unverhältnismäßige Geringschätzung der Hauarbeit würde korrigiert;
➤ schnelles Erfolgserlebnis;
➤ körperliche Bewegung würde sinnvoll eingesetzt;
➤ Organisieren und Einteilen solcher Tätigkeiten würde geübt;
➤ es wäre eine kostengünstige Maßnahme;
➤ Kinder könnten sich nützlich machen, wären nicht nur eine „durchzufütternde Last".

Schrottverwertung

Ein der Schule angeschlossener Schrottplatz brächte ebenfalls Bewegung. Und was könnte man da nicht alles lernen! Techniker und Ingenieure dürfen sich in unserem System erst mit zwanzig Jahren oder später aktiv und intensiv mit ihren Händen an technischen Objekten versuchen.

Alle Probleme, die mit Motoren zusammenhängen, Funktion, Material, Reinigung, Schmieröl und Umweltprobleme könnten interessanter sein als jeder herkömmliche Unterricht. Tüfteln, ausprobieren, Kosten berechnen für eine eventuelle Reparatur würde so manche Begabung besser fördern als die reine Theorie. Solch tätiges Lernen wäre kind- und hirngerechter als vieles vom bisher Üblichen.

Die Welt braucht dringend mehr Fachleute für Umweltprobleme, Ökologie und Recycling; der Schulschrottplatz wäre der rechte Ort, solche Interessen zu wecken und zu pflegen.

Das Duale System der Berufsausbildung hat sich in Deutschland bewährt. Die Kombination von Praxis und Theorie, die es erlaubt, das theoretisch Gelernte im Betrieb anzuwenden, erweist sich als äußerst vorteilhaft, auch wenn vielerorts gerügt wird, dass sich die Theorie zu wenig auf die Praxis beziehe und zum Teil veraltet sei. Warum soll in der Schule nicht Ähnliches stattfinden können?

Wurst

Einer der wenigen bleibenden Eindrücke, die Schule mir verschafft hat, war eine Gerichtsverhandlung. Ein Metzger hatte in seiner Fleischwurst etwas ältere, wegen ihres bereits unansehnlichen Aussehens nicht mehr verkäufliche Wiener Würstchen verarbeitet. Der

Verteidiger des Metzgers meinte, die Haut der Wiener Würstchen sei mehr wert, als das meiste, was in dieser Fleischwurst normalerweise enthalten sei. Da meine Mutter äußerst gesundheitsbewusst kochte und es bei uns sowieso nie Wurst gab, habe ich das Thema nicht weiter verfolgt, obwohl es sich gelohnt hätte.

Wer selbst einmal eine Wurst hergestellt und überlegt hat, was man alles hineintun kann, und was mit den Zutaten erreicht werden soll, der wird vermutlich sein Leben lang ein anderes Verhältnis zu natürlichen und chemischen Zusätzen in Nahrungsmitteln haben. Der ist nicht mehr so gedanken- und hilflos der Nahrungsmittelindustrie ausgeliefert. Außerdem kann man an einem konkreten Beispiel allerhand lernen über Chemie und Physik.

Interessant und spannend sind vor allem solche Versuche, bei denen man vorher nicht genau weiß, was mit Sicherheit dabei herauskommt. Bei der Herstellung von Wurst kann man der Fantasie eine ganze Menge freien Lauf lassen und so durch echtes Herumprobieren etwas lernen. Freiheit und Schule wollen nicht so recht zusammenpassen, denn wo so viele Menschen zusammen lernen, muss Ordnung herrschen; aber da, wo man Freiheit einräumen kann, sollte man es tun.

Hausbau

Beim Hausbau ist die Freiheit naturgemäß durch Notwendigkeiten eingeschränkt. Das Zusammenwirken der verschiedensten Berufszweige vom Architekten bis zum Anstreichen bringt eine Vielzahl unvorhersehbarer Probleme, die meist als Katastrophen beginnen und doch alsbald einer Lösung zugeführt werden. So manche nervliche Hochspannung könnte vermieden werden, wenn der Bauherr nicht als berufstätiger Familienvater in Geldnot (wer baut ist in Geldnot) erstmals dieser Situation gegenüberstünde, sondern bereits in seiner Jugend Erfahrungen mit den notwendigen Lösungsstrategien gesammelt hätte. Haben wir nicht die Pflicht, unsere Kinder auf das Leben und seine Probleme vorzubereiten?

Heute besuchen junge Menschen die Schule in einem Alter, in dem sie zu jeder körperlichen und geistigen Leistung fähig sind. Sie dürfen aber nur wenig anderes tun als stillsitzen und lernen. Das kann nicht gesund sein. Eine ganzheitliche Persönlichkeitsentwicklung wird so nicht gefördert.

Jeder Mensch sollte einmal während seiner Schulzeit einen Hausbau begleitet haben und sei es nur in der Form, dass ein oder zwei Schülerinnen oder Schüler aus der Klasse in zweiwöchigem Abstand sich an Ort und Stelle über den Fortgang der Dinge informieren. Auch anhand eines Filmes kann man ein derartiges Projekt verfolgen und darüber diskutieren.

Realer Hausbau durch Schülerinnen und Schüler war, sooft man es gewagt hat, ein voller Erfolg. Auch außerhalb des Schulgeländes ließen sich Objekte finden, bei denen Schülerhilfe sinnvoll eingesetzt werden könnte.

Ein derartiger Unterricht würde der Architektur und dem Städtebau zugute kommen. Jeder Bewohner und Häuslebauer wäre in der Lage, die Gestaltung des Wohnumfeldes mit anderen Augen zu sehen. Pfusch am Bau und Geringschätzung handwerklicher Berufe könnten reduziert werden.

Kosmetik

Weit weniger Aufwand würden praktische Übungen in Kosmetik kosten. Auch sie böten ein reiches Spektrum an Lernmöglichkeiten. Chemische, physikalische und biologische Prozesse, die auf der eigenen Haut stattfinden, gewinnen gegenüber denen im Lehrbuch und auf dem Experimentiertisch des Chemielehrers an Aufmerksamkeit und prägen sich weit besser ein.

Das Erscheinungsbild und die Möglichkeiten, es zu verändern, böten Ansatzpunkte, über Beziehungsprobleme zu diskutieren. Man könnte lernen, den Betrug der Werbung und der Wahlkämpfer zu durchschauen, den sie mit Hilfe sämtlicher Raffinessen des Stylens in Szene setzen. Ein oder zwei begabte Schülerinnen in einem Jahrgang oder ein von außen engagierter Visagist könnten unter Umständen mehr an politischem Durchblick vermitteln als viele Stunden theoretischen Geschichtsunterrichts.

Gesundheitslehre

Wie im Kapitel 16 „Studium" beschrieben, ist der Umgang mit Krankheit und Ärzten problembeladen. Patienten bemerken ihre Symptome oft nicht, nehmen sie nicht ernst, wissen natürlich nicht, welches Symptom wichtig ist und welches nicht. Da jeder Mensch in seinem Leben hin und wieder erkrankt und sehr viele Menschen Krankheiten bekommen, die man nicht so leicht diagnostizieren kann, wäre es außerordentlich wichtig, dass jeder lernt, sich zu beobachten, Krankheitszeichen zu erkennen und darüber ein konstruktives Gespräch zu führen. Das wäre für zukünftige Ärzte ebenso wichtig wie für zukünftige Patienten.

Von anderen Aspekten der Gesundheit wie leichten Befindlichkeitsstörungen, Bewegung, Ernährung, alternativen Heilmethoden oder Scharlatanerie sollte jeder Mensch in seiner Jugend etwas gehört haben, sich hiermit auseinander gesetzt haben. Diskussionen über Hausmittel finden in den Familien kaum mehr statt, weil jeder seinen Arzt für sich denken lässt. Mehr eigenständiges Denken, auch in diesem Bereich, wäre wünschenswert.

Schülerfragen

Manchmal passen Schülerfragen schlecht ins Unterrichtskonzept und können den Gedankengang der Lehrerin oder des Lehrers empfindlich stören. In diesen Fällen ist es berechtigt, sie abzuschmettern. Aber leider gilt die Unterrichtsvorgabe, dass nur das vom Lehrer Vorbereitete besprochen werden darf, fast ausschließlich. Dabei würde es vollauf genügen, etwa die Hälfte einer Unterrichtsstunde so zu gestalten.

Wie viel Interessantes und Überraschendes könnte sich in einer Schulstunde ergeben, in der Schülerfragen erörtert werden. Sollte die Diskussion in ungeordneten Streit ausarten, so kann man den Meinungsaustausch variieren: Jeder schreibt seine Gedanken in drei bis fünf Sätzen auf; nach Austausch der Notizen kommentiert er die abweichende Meinung. Jeder Schüler, der gelernt hat, anhand solcher Aufzeichnungen eine Diskussion weiterzuführen, wäre den Anforderungen der PISA-Studie bezüglich des Textverständnisses gewachsen.

Man muss Jugendlichen die Chance geben, über alle wichtigen Themen zu diskutieren, denn außerhalb der Schule bieten sich zu wenige Gelegenheiten: vor dem Fernseher nicht, in Diskotheken nicht – wo sonst? Die Erwachsenen haben meist etwas anders zu tun als sich ruhig und gelassen die Meinung eines Kindes oder Jugendlichen anzuhören und verständnisvoll darauf einzugehen. Oft wissen sie nicht einmal, wie man das macht. Sie brauchen selbst Unterricht im Zuhören, sobald Probleme in der Ehe oder mit den Kindern entstehen.

Außerhalb der Schule findet fast ausschließlich kritikloser Konsum statt. In der Schule ist es leider nicht besser: Schülerinnen und Schüler konsumieren blindlings das Angebotene bzw. Angeordnete. Es wäre sehr zu wünschen, dass sie wenigstens hier über alle ihre Gedanken fundiert diskutieren lernten. Solch eine Änderung des Schulsystems erfordert keinerlei finanziellen Aufwand; einzig die festgefahrene Meinung der Erwachsenen müsste sich ändern. Mehr Achtung vor der Persönlichkeit und der nahezu unerschöpflichen Fantasie der Schülerinnen und Schüler wäre ratsam.

Zwischenkapitel: Englischunterricht

Fachabitur auf dem zweiten Bildungsweg, Fachrichtung Elektrotechnik. Der Englischunterricht dient vor allem dem Erlernen von Fachausdrücken und fachspezifischen Ausdrucksweisen elektrotechnischer Art in der englischen Sprache und natürlich dem Auffrischen alter Kenntnisse. Es werden einige Jahre Schulenglisch vorausgesetzt.

Am BIP in Paderborn war der Englischunterricht erbärmlich schlecht. Der Lehrer langweilte seine erwachsenen Schüler mit deutschsprachigen Erklärungstiraden. Sobald sie sich ungeschickt ausdrückten, fiel er ihnen mit einem weiteren ausgefeilten Redefluss ins Wort, der dem Selbstbewusstsein des Lehrers weit mehr nützte als dem Sprachgefühl der Schüler. Die Schüler litten und fanden, dass dieser Unterricht Zeitverschwendung war.

Eines sonnigen Donnerstags traten anlässlich einer Unterrichtsüberprüfung durch einen Professor der Universität Paderborn wundersame Wandlungen ein: Englisch rückte zur überwiegenden Unterrichtssprache auf. Der Lehrer erklärte schwierige Vokabeln in einfachen englischen Sätzen. Er ließ die Schüler ausreden, auch schwächere, hörte geduldig zu und verbesserte in freundlicher und aufmunternder Weise, so dass am Ende die Schüler den Eindruck hatten, gewisse Fortschritte gemacht zu haben.

Die Klasse staunte und freute sich. Nach längeren Diskussionen traten sie an den Lehrer mit der Bitte heran, die Stunden weiterhin so zu gestalten wie dieses eine Mal. Doch vergeblich: Der alte Unterrichtsstil kehrte zurück und blieb bis zum Abitur.

Die Geschichte wäre nicht erzählenswert, wenn der Fremdsprachenunterricht nicht fast immer in dieser althergebrachten, unpädagogischen Weise gehalten würde. Wo könnten sich die Ursachen verbergen? Liegt es am einheitlichen Charakter aller Lehrpersonen oder an der einheitlichen Ausbildung?

Jede Lehrerin und jeder Lehrer hat Gestaltungsmöglichkeiten eines lebendigen, interessanten und effektiven Unterrichtes studiert. Weitaus mehr Zeit haben sie jedoch vom Kindergartenalter an bis zum Ende ihres Studiums mit Formulieren verbracht. Zuhören wird nicht trainiert. Die eingefahrenen Denkgewohnheiten tragen den Sieg davon über jede bessere Einsicht.

16 Studium

Unser Bildungssystem orientiert mit voller Absicht seine Lehrinhalte mehr an der Tradition als an den Notwendigkeiten des Lebens und der Berufe (siehe Kapitel 3 „Werte"). Im Universitätsstudium wird das zwar nicht angestrebt, verhält sich aber leider ähnlich. Studentinnen und Studenten büffeln große Mengen erwiesener Tatsachen, die zwar zu den wissenschaftlichen Grundlagen der angestrebten Karriere gehören, für die sie aber in ihrem späteren Arbeitsfeld kaum Verwendung haben.

Die Lizenz zum Geldverdienen wird erworben, die für den Beruf notwendigen Fähigkeiten nicht. Die stellen sich erst im Berufsleben ein – wenn die Dinge einen glücklichen Verlauf nehmen. Sehr oft aber ist das Geschehene nicht mehr rückgängig zu machen. Zwanzig Jahre gründliche Schul- und Universitätsausbildung haben eine Denkweise in das Gehirn eingepflanzt, die für die Berufsausübung nicht taugt.

Studentinnen und Studenten verbringen fünf oder mehr Jahre mit Wissenschaft. Nach Abschluss ihres Studium haben sie ein Alter erreicht, in dem es bereits schwer fällt, sich umzuorientieren. Aber genau das müssen sie tun, obwohl sie vermuten, nun mit dem nötigen Rüstzeug für ihre angestrebte Tätigkeit ausgestattet zu sein. Sie ahnen nicht, dass sie umdenken müssen, bleiben ihrem Fach verhaftet und ignorieren die Menschen, mit denen sie zu arbeiten haben.

Sie sind vielleicht nicht unbedingt zu alt, aber die beste Zeit für eine derartige Umstellung ist verstrichen. Der ideale Zeitpunkt liegt in der Pubertät. Sie ist der Lebensabschnitt, in dem man sich auf Neues einstellen möchte, geradezu danach giert, seine Persönlichkeit und sein Lebensziel zu finden. Wer in dieser Phase seines Lebens und noch lange darüber hinaus auf wissenschaftliches Denken programmiert wird, tut sich später, im reiferen Alter von fünfundzwanzig oder dreißig Jahren schwer, davon zu lassen, sich zum Beispiel auf Kinder oder auf Patienten einzustellen. Das ist die Ursache dafür, dass zum Beispiel Englischlehrer auf eine Weise unterrichten, die zwar dem lange geübten Denken und Erklären entspricht, aber unbegreiflich weit an der allen Englischlehrern wohl bekannten optimalen Unterrichtsweise vorbeigeht (siehe „Englischunterricht", S. 200 f).

Auch vor hundert Jahren wusste man schon von den Schwierigkeiten des Umlernens, heute aber kennt man die Ursachen genau. Sie liegen in der Art, wie das Gehirn Gedächtnisinhalte – gleich welche – speichert. Dazu gehören auch Gefühlserlebnisse und handwerkliche Kenntnisse.

Jede Nervenzelle hat mehrere Arme (Fortsätze), die jeweils an den Arm einer anderen Nervenzelle stoßen. Wenn das Kind (der Mensch) eine Information erhält, so fließt die Nachricht über mehrere Zellen an verschiedene Stellen des Gehirns, um dort verarbeitet zu werden. Eine Nachricht kann zum Beispiel zum Zentrum der Sprache gelangen, außerdem zum Zentrum der Gefühle, der Moral, und dahin, wo mechanisches Verständnis und Umgang mit Geld bearbeitet werden. Die Informationen über einen Blechschaden am Auto zum Beispiel laufen über all diese Bahnen und Zentren. Ein wissenschaftlicher Fakt beschränkt sich auf weniger Wege.

Die Nervenzellfortsätze, über die häufig eine Nachricht fließt, werden stärker und ihre Enden verströmen reichlicher Botenstoffe. Sie verhalten sich in ihrer Transportfähigkeit wie Autobahnen. Die Arme aber, auf denen selten oder nie Nachrichten wandern, entwickeln sich nur zu schmalen Wegen oder verkümmern; neue Nachrichten bevorzugen die Autobahnen. Das gesamte System verändert also seine innere Form, wenn es lernt. Dieser Vorgang ist nicht leicht rückgängig zu machen. Vor allem die Gedankenautobahnen bleiben bestehen.

Das Medizinstudium

Das Universitätsstudium geht oft weit an den Erfordernissen des Berufs vorbei. Die ursprüngliche Aufgabe der Universität war, den wissenschaftlichen Nachwuchs auszubilden und der Wissenschaft zu dienen, in Lehre und Forschung. Zur Berufsausbildung ist die Universität nicht konzipiert und somit ungeeignet.

Der Student lernt unzählige Fakten, die für einen Wissenschaftler dieses Faches möglicherweise eines Tages wichtig sein könnten, für einen Praktiker sind sie aber zum größten Teil entbehrlich, das heißt, sie kommen im gesamten Berufsleben nie wieder vor. Falls sie doch einmal gebraucht werden, muss man sie ohnehin erneut nachschlagen, um sicher keinem Irrtum zu unterliegen.

Mit dieser Art des Studierens verbringen intelligente, engagierte, arbeits- und lernfreudige junge Menschen Jahre ihres Lebens – die besten und aktivsten Jahre. Nie wieder werden sie über so viel Energie verfügen; in früheren Zeiten haben Forscher in diesem Alter ihre bedeutenden Gedanken entwickelt. Heute werden Zeit und Geld verwendet, um einen Titel zu erlangen.

Besonders krass ist diese Diskrepanz im Medizinstudium. Wer Medizin studiert, lernt überwiegend Unnötiges und verlernt das Nachdenken. Das Medizinstudium richtet erheblichen Schaden in den Köpfen an, mehr Schaden als Nutzen. Die Folge sind jahrelange Fehldiagnosen bei sehr vielen Krankheiten.

Das Medizinstudium hat folgende Mängel:

1. Es lehrt gesichertes Wissen, das zum größten Teil im Beruf nicht gebraucht wird, belegt so einen großen Teil der Hirnkapazität mit unnützem Faktenwissen und macht den späteren Arzt überheblich.
2. Es weist nicht in die zur Diagnose notwendige Denkform ein: zuhören, beobachten, den Menschen ernst nehmen, suchen. Vielmehr lehrt es die Denkform des Wissens und Wiedergebens, die das Suchen empfindlich stört.
3. Es lehrt nichts über den Umgang mit Menschen.
4. Der zukünftige Arzt lernt viel über chirurgische Eingriffe, jedoch wenig über andere Therapiemöglichkeiten.
5. Die Namen von Medikamenten dürfen im Studium nicht gelehrt werden, um nicht einzelne Pharmaunternehmen zu bevorzugen oder zu benachteiligen. Diese Namen erfährt der angehende Arzt von Pflegekräften und Pharmavertretern. Ist das nicht ein Skandal? Warum nehmen wir das hin?
6. Man erwirbt keine Kenntnisse über alltägliche Störungen des Wohlbefindens, wie Muskelverspannungen, Stress, übermäßige Müdigkeit.
7. Der **Mensch** kommt im Studium praktisch nicht vor.

Kommt ein Kind mit einem Erbschaden zur Welt, so wird die Diagnose oft erst nach vielen Jahren gestellt (beim Klinefeltersyndrom z.B. im Durchschnitt nach 8 Jahren). In dieser langen Zeit laufen die Eltern von Arzt zu Arzt. Sie erhalten dort keine kompetente Beratung, sondern Vorwürfe an die Mutter, was diese vermutlich alles falsch gemacht hat. Jemand, der das nicht erlitten hat, kann sich nicht vorstellen, was es bedeutet, von allen Seiten, und vor allem von den Ärzten, für das Leid des eigenen Kindes verantwortlich gemacht zu werden. Ärzte richten hier durch den Mangel an Bemühen und menschlichem Verständnis enormen Schaden an. Nicht weil es ihnen an gutem Willen und Idealismus fehlt, sondern weil ihr Denken im Studium gründlich verbogen und verbildet wurde.

Gesichertes Wissen

Wissen ist Macht und selbstverständlich für eine sachgerechte Berufsausübung erforderlich, aber das allein genügt nicht. Zu viel davon kann sogar schaden, indem es dazu verführt, sich auf den vorhandenen Wissensschatz zu verlassen und eine aufwendige Suche gar nicht in Betracht zu ziehen.

Spötter behaupten, im Medizinstudium müsse man drei Telefonbücher auswendig lernen, eine Unmenge Fakten ohne logischen oder sonstigen Zusammenhang, von denen etwa 98% für die spätere Berufsausübung entbehrlich sind. Der angehende Arzt ahnt das nicht. Von Ehrfurcht und Wissbegierde erfüllt, betritt er die Universität und lauscht andächtig den Worten berühmter Professoren. Er möchte alles lernen und wissen, was diese großartige Wissenschaft errungen hat, und nimmt den Vorlesungsstoff begierig auf. Er braucht ihn für die Prüfungen, die auf ihn zukommen, und bald stellt er zufrieden fest, dass er mit Worten und Sätzen sprechen kann, die außer einem Mediziner niemand versteht. Sein

Selbstbewusstsein expandiert. Nach den Examen ist er überzeugt, dass sein Verstand erfüllt ist von Wissen und absolut verlässlichen und notwendigen Kenntnissen (Namen von Muskeln, Krankheiten, Zellarten und Teilen von Zellen), und er ist zutiefst überzeugt, dass er mit dem nötigen Rüstzeug für seinen Beruf ausgestattet ist.

Ein verhängnisvoller Irrtum, denn bloßes Wissen reicht nicht aus. Nachdenken, Kombinieren, Suchen sind erforderlich; für das Suchen aber ist die Erkenntnis, dass man etwas nicht weiß, unverzichtbare Voraussetzung – eine Geisteshaltung, die der Patient beim Arzt nicht schätzt und die der Arzt scheut wie der Teufel das Weihwasser.

Heute, wo allgemein bekannt ist, dass Ärzte nicht allwissend sind, könnte man vielleicht diese starre Fixierung des ärztlichen Denkens auf Fachwissen aufbrechen und bereits in der Ausbildung das Benutzen von Nachschlagewerken, Computerprogrammen und Gruppendiskussionen nach dem Vorbild der Balint-Gruppen üben. Hier diskutieren in regelmäßigen Zeitabständen Psychotherapeuten über ihre schwierigsten Fälle.

Verbildung des Denkens

Ein Freund der Familie, Ralf, spielte eines Tages mit einer Clique Fussball. Sein Schwager kickte mit, stürzte unglücklich und zog sich eine Verletzung im Gesicht zu. Die linke Wange hatte an der Stelle, wo der Backenknochen sitzt, eine Delle. Ralf fuhr ihn zum Krankenhaus. Dort wurde geröntgt. Der Arzt betrachtete das Röntgenbild eingehend und stellte fest, dass alles in Ordnung sei. Auf den Einwand, die Wange des Schwagers sehe aber doch nicht normal aus, meinte der Arzt: „Das war schon immer so." Sprachs, behielt den Patienten noch über Nacht zur Beobachtung da und entließ ihn am nächsten Morgen als gesund nach Hause. In der Universitätsklinik Münster stellten die Ärzte selbigentags fest, dass das Jochbein achtfach gebrochen war und setzten es in einer langwierigen und schwierigen Operation wieder zusammen.

Kein einigermaßen normaler und intelligenter Mensch und ebenso wenig ein Dummer könnte je eine so unsinnige, überhebliche, den Patienten ignorierende Diagnose stellen, wie es der erste Arzt in diesem Fall getan hat. Um seinen Verstand dermaßen zu deformieren, muss man Medizin studieren. Man muss massenhaft Buchwissen erwerben und dies dann über den Menschen stellen.

Die Art, wie mit den Forschungsergebnissen von Semmelweis (siehe Kapitel 9 „Kreativität") umgegangen wurde, ist ein weiteres typisches Beispiel für die unglaubliche Deformierung des Denkens durch das Medizinstudium. Die meisten ärztlichen Leiter von Geburtshilfekliniken ignorierten seinerzeit Semmelweis' einfache Anweisungen. Dieses Verhalten ist ebenfalls nur durch die Außerkraftsetzung des gesunden Menschenverstandes durch medizinlateinische Überheblichkeit zu erklären. Das Medizinstudium richtet eindeutig beträchtlichen Schaden in den Gehirnen an, stört die Gesamtpersönlichkeit und damit die Denkfähigkeit. Ärzte arbeiten mit einer gemeinsamen Denkhaltung. Die muss in der Ausbildung entstanden sein, nirgendwo sonst.

Alles, was der Student während seiner Studienzeit erlebt und erfährt, abgesehen von den Praktika, ist zwar wissenschaftlich richtig, hat aber mit der Realität, die später in seinem Berufsleben auf ihn wartet, so gut wie nichts zu tun. Doch das ist nicht das Schlimmste. Nachteiliger wirkt sich aus, dass er sich untaugliche Denkstrukturen aneignet. Nicht nur das linkshirnige, wissenschaftliche Denken braucht er zum Stellen von Diagnosen und rechtzeitigem Erkennen einer Verschlimmerung, sondern vor allem die Gesamtvorstellung von dem Patienten, den er vor sich hat. Er muss erkennen, wenn an diesem Bild etwas zur Sorge Anlass gibt.

Eine wirksame Maßnahme zur Verringerung der Gesundheitskosten wäre eine grundlegende Änderung des Medizinstudiums. Ärzte müssten wie Krankenpfleger und Schwestern vom Anbeginn ihrer Ausbildung Kranke versorgen und pflegen, sie in jeder Lebenslage kennen lernen. Außerdem sollten nur die zum Medizinstudium zugelassen werden, die eine einjährige Grundausbildung in einer medizinischen Heilmethode durchlaufen haben, wie Massage, Akupunktur oder Musiktherapie, die also schon einiges über den kranken Menschen erfahren und seine Reaktion auf therapeutische Maßnahmen und Änderungen im Befinden beobachtet haben.

Das derzeitige Medizinstudium schadet mehr, als es nützt.

Andere Studiengänge

Ein Universitätsstudium kostet etwa 50 000 Euro und fünf Jugendjahre. Was man für diesen Einsatz gewinnt, ist den Aufwand nicht wert. Es ist weder möglich noch notwendig, dass ein Mensch alles für seinen Beruf notwendige Wissen in seinem Gehirn speichert, bevor er mit seiner Berufstätigkeit beginnt. Er ist kein Computer, sondern zu ganz anderen Leistungen fähig. Er kann erkennen, wenn er an einer Stelle, die er bearbeitet, etwas nicht weiß. Er sieht nach, fragt, sucht, improvisiert, diskutiert. Aufgrund seiner Lebenserfahrung kann er abschätzen, welchen Weg er beschreiten muss, wo etwas verbessert werden kann. Dies sind seine eigentlichen Fähigkeiten, die es zu trainieren gilt.

Wie weit vorbei an den Berufen, zu denen sie berechtigen, andere Studiengänge ausbilden, ist sicher sehr unterschiedlich und vielleicht auf keinem Gebiet so extrem wie in der Medizin. Dass Grundschullehrer in Nordrhein-Westfalen zwei Semester Mathematik vorweisen müssen, aber kein Semester Kinderpsychologie, scheint jedoch äußerst bedenklich. Wenn man sich die I-Dötzchen anschaut, die lernen sollen zwei und zwei zusammenzuzählen, so könnte man das fast als staatlich angeordneten und finanzierten Unsinn bezeichnen. Diese zwei Semester Mathematik werden von der Behörde höher eingeschätzt als viele Jahre Berufserfahrung, daher kann ein Grundschullehrer nicht von Niedersachsen nach Nordrhein-Westfalen überwechseln ohne sie nachholen zu müssen, da sie in Niedersachsen nicht verlangt werden.

Die Auswüchse des Universitätsstudiums hat Altbundespräsident Herzog in seiner Bildungsrede angeprangert. Unter dem Titel „Sprengt die Fesseln" sprach er auf dem Berliner Bildungsforum am 5. November 1997 im Schauspielhaus am Gendarmenmarkt: „Auch von den Hochschulen fordere ich mehr Praxisbezug. ... Wir können es uns nicht mehr leisten, jährlich tausende von hochintelligenten Menschen am Arbeitsmarkt vorbei auszubilden. Viele Unternehmen leisten sich heute teure betriebsinterne Zusatzausbildungen, um junge Universitätsabsolventen auf die Arbeitswirklichkeit vorzubereiten. ... Unsere universitären Studiengänge sind noch zu oft so strukturiert, als ob die Studierenden allesamt zu potenziellen Wissenschaftlern ausgebildet werden müssten. ... Bei einer Umstrukturierung müssen wir uns auch allen Ernstes fragen, ob wir heute nicht zu viel Lehrstoff vermitteln. Ich höre schon den Aufschrei, den eine solche Frage hervorruft! Wie kann man in Zeiten, in denen das Wissen rasant zunimmt, ausgerechnet die Reduzierung des vermittelten Wissens anregen? Die Antwort darauf liegt ziemlich nahe: Erstens können wir trotz der Zunahme des Wissens unsere Ausbildungszeiten nicht beliebig verlängern, und zweitens führt die Explosion des Wissensstoffes nicht nur zu einer Vermehrung, sondern auch zu einem raschen Veralten von Wissen. ... Ich verstehe sehr wohl, dass bei der heutigen Spezialisierung von Wirtschaft und Verwaltung keine Ausbildung alles vermitteln kann, was ein junger Mensch auf seinem ersten Arbeitsplatz braucht, und dass daher betriebliche Einweisung unvermeidlich bleiben wird.

> „Aber deshalb darf die Bildungsphase eines Menschen doch nicht vollständig von der Lebenswirklichkeit abgekoppelt sein."

Literatur

Arntzen, Friedrich: Einführung in die Begabungspsychologie. Hogrefe, Göttingen 1976

Beck, Johannes: Der Bildungswahn. Rowohlt, Reinbek 1994

Becker, Hellmut/von Hentig, Hartmut (Hrsg.): Zensuren. Lüge, Notwendigkeit, Alternativen. Klett-Cotta, Stuttgart 1983

Bernard, Cheryl und Schlaffer, Edit: Sagt uns, wo die Väter sind. Rowohlt, Reinbek 1993

Eberhard-Metzger, Claudia: Das schwarze Loch. Viele Depressionen sind heilbar. In: *Bild der Wissenschaft*, September 1999

Blake, Wendon: Grundkurs Zeichnen. Ravensburger 1983

Böll, Heinrich: Wo warst du, Adam? und Erzählungen. Middelhauve, 1972

Bongartz, Klaus; Kaißer Ulrich & Kluge Karl-J.: Die verborgene Kraft, Hochbegabung, Talentierung, Kreativität. Minerva, München 1985

Bourtembourg, Pierre: Von der Schimmelspore zum Penicillin. Westermann, Braunschweig 1968

Bründel, Heidrun & Hurrelmann, Klaus: Gewalt macht Schule. Droemer Knaur, München 1994

Cadalbert-Schmid, Yolanda: Sind Mütter denn an allem schuld? Kösel, München 1992

Cicero, Antonia & Kuderna, Julia: Die Kunst der Kampfrhetorik. Junfermann, Paderborn 2000

Cropley, Arthur, J.: Unterricht ohne Schablone – Wege zur Kreativität. Otto Maier, Ravensburg 1978

Cropley, Arthur, J.: Kreativität und Erziehung. Ernst Reinhardt, München 1982

Csikszentmihalyi, Mihaly: Flow, das Geheimnis des Glücks. Klett-Cotta, Stuttgart 1995

Czihak; Langer & Ziegler (Hrsg.): Biologie. Ein Lehrbuch, Kapitel Verhalten, S. 742 ff

Dettenborn Harry: Prävention kriminellen Handelns in der Schule. In: Schmidt-Gödelitz, Axel; Pfeiffer Christian & Ziegenspeck Jörg (Hrsg.): Kinder- und Jugendkriminalität in Deutschland. Edition Erlebnispädagogik, Lüneburg 1997

Dohse, W.: Das Schulzeugnis, sein Wesen und seine Problematik. Beltz, Weinheim 1963

Dorsch (Hrsg.): Psychologisches Wörterbuch. Hans Huber, Bern 1994

Edler, Christiane; Miosga, Margit: Dann hau ich eben ab. Ch.Links, Berlin 2001

Edwards, Betty: Garantiert zeichnen lernen. Rowohlt, Reinbek 1997

Ell, Ernst: Disziplin in der Schule. Herder, Freiburg 1966

Fischer, Jörg: Ganz rechts. Mein Leben in der DVU. Rowohlt, Reinbek 1999

Furth, Hans, G.: Piaget für Lehrer. Schwann, Düsseldorf 1973.

Garmezy, Norman: Vulnerable and invulnerable Children. Catalog of Selected Documents in Psychology, 1976

Gebel, Christa: Die Zukunft im Blick – Die Lebensentwürfe der Kinder und Jugendlichen, die Orientierungsfunktion der Serien. In: Lehrstücke fürs Leben in Fortsetzung. Reinhard Fischer, München 2000

Goleman, Daniel: Emotionale Intelligenz. dtv, München 1997

Guggenberger, Bernd: Einfach schön. Rotbuch, Hamburg 1995

Hagstedt, Herbert; Hildebrand-Nielson, Martin (Hrsg.): Schüler beurteilen Schule. Schwann, Düsseldorf 1980

Hegenbart, Dr. Rainer (Hrsg): Wörterbuch der Philosophie. Gondrom, Bindlach 1994

Heilemann, Michael & Fischwasser von Proeck, Gabriele: Attraktivitätstraining. Die Lehre von der guten Gestalt. In: Weidner,J.; Kilb, R. & Jehn, O. (Hrsg.): Gewalt im Griff. Beltz, Weinheim 2002

Heinelt, Gottfried: Kreative Lehrer – Kreative Schüler, Wie die Schule Kreativität fördern kann. Herder, Freiburg 1974

Holden, Susan: Drama in Language Teaching. Longman,Harlow 1982.

Horn, Hermann: Erziehung ist mehr als Information und Sozialisation. W.Crüwell, Dortmund 1978

Illich, Ivan: Entschulung der Gesellschaft. Rowohlt, Reinbek 1973

Ingenkamp, Karlheinz (Hrsg.): Die Fragwürdigkeit der Zensurengebung. Beltz, Weinheim 1974

Jegge, Jürg: Dummheit ist lernbar. Zytglogge, Bern 1976

Jegge, Jürg: Angst macht krumm. Rowohlt, Reinbek 1983

Kertész, Robert: Semmelweis, Der Kämpfer für das Leben der Mütter. Rascher, Zürich 1943

Kägi-Romano, Urs: Die desorientierten Kinder. Klett und Balmer, Zug 1990

Kägi-Romano, Urs & Kägi-Romano, Damaris: Schul-Leben, Lebens-Schule. Zytglogge, Bern 1993

Kohl, Herbert, R.: Antiautoritärer Unterricht in der Schule von heute. Rowohlt Reinbek 1971

Leithäuser, Joachim, G.: Albert Einstein. Colloquium, Berlin 1980

MacCracken, Mary: Charly, Eric und das ABC des Herzens. Außenseiter im Klassenzimmer. Fischer, Frankfurt a.M. 1991

Meyers Großes Universallexikon in 15.Bd. Bibliographisches Institut, Mannheim 1981

Miller, Alice: Du sollst nicht merken. Suhrkamp, Frankfurt a.M. 1981

Möller, Michael H.: Angst. Thales Themenhefte im Thalesverlag, Essen (o.J.)

Montada, Leo: Die Lernpsychologie Jean Piagets. Klett, Stuttgart 1970

Neill, Alexander, S.: Theorie und Praxis der antiautoritären Erziehung. Rowohlt, Reinbek 1969

Oberlin, Urs-Peter: Erfolg durch Kreativität. So entwickeln sie schöpferische Ideen. Ariston, Genf 1986

Oerter, Rolf: Moderne Entwicklungspsychologie. Ludwig Auer, Donauwörth 1967

Ortner, Eugen: Ein Mann kuriert Europa. Köstel-Pustet, München 1938

Oster, Gerald, D. und Gould, Patricia: Zeichnen in Diagnostik und Therapie. Junfermann, Paderborn 1999

Osterwalder, Fritz: Pestalozzi – ein pädagogischer Kult. Beltz, Weinheim 1996

Oswald, Paul & Schulz-Benesch, Günter (Hrsg.): Grundgedanken der Montessori-Pädagogik. Herder, Freiburg 1967

Pauly, Gisela: Mir langt's! Heyne, München 1996

Peccei, Aurelio (Hrsg): Club of Rome, Bericht für die achtziger Jahre: Zukunftschance Lernen. Goldmann, München 1979

Pegels, Eva-Maria: Mogeln und Moral. Lit Verlag, Münster 1997

Pestalozzi, Johann Heinrich: Lienhard und Gertrud

Pestalozzi, Johann Heinrich: Kleine Schriften zur Volkserziehung und Menschenbildung. Klinkhardt, Heilbronn 1962

Posselt, Ralf-Erik; Schumacher, Klaus: Projekthandbuch: Gewalt und Rassismus. Verlag an der Ruhr, Mülheim a.d. Ruhr 1993

Pröll, Roland: Die Rolle der Phantasie bei der künstlerischen Produktion: Ist Kreativität erlernbar? Polyphonia Tongesellschaft, Köln, 1991, im Rahmen der Fernuniversität Hagen

Ramseger, Jörg: Gegenschulen. Julius Klinkhardt, Heilbronn 1975

Ramseger, Jörg: Was heißt „durch Unterricht erziehen"? Beltz, Weinheim 1991

Röschlau, Meike: She Success. Econ, München 2001

Richmond, Kenneth: Freie Schule – Offene Universität. Kiepenheuer & Witsch, Köln 1975

Rogers, Carl, R.: Freiheit und Engagement, personenzentriertes Lehren und Lernen. Kösel, München 1984

Roggendorf, Gisela: Denkformen von Mann und Frau. Verlag Roggendorf, Bielefeld 1992

Roggendorf, Thorsten: Abiturzeitung des Max-Planck-Gymnasiums, Bielefeld 1992

Rousseau, Jean-Jacques: Emil oder Über die Erziehung. Vollständ. Ausg. in neuer deutscher Fassung besorgt von Ludwig Schmidts. Schöningh, Paderborn 1971

Rowland, John: The penicillin man: The story of Sir Alexander Fleming. Lutterworth, London 1957

Schiefele, H. & Krapp, A. (Hrsg.): Handlexikon zur Pädagogischen Psychologie. Ehrenwirth, München 1981

Schmid, Raimund, Engelmohr, Ines, Maidhof-Schmid, Katharina: Elternselbsthilfegruppen. Schmidt Römhild, Lübeck 1992

Schmitz, Klaus: Geschichte der Schule. Kohlhammer, Stuttgart 1980

Schorer, Franz: Berufliche Bildung – Menschenbildung gestern und heute. Peter Lang, Bern 1986

Schomburg, Eberhard: Sebastian Kneipp. Kneipp-Verlag, Bad Wörishofen

Schrader, Christopher: Mehr Respekt für die Kleinen. *Geo Wissen, Kindheit und Jugend*, 1995

Schröter, Gottfried: Zensurengebung. Henn, Kastellaun 1977

Schröter, Gottfried: Versetzung gefährdet. Hänssler, Neuhausen 1980

Schüler, Wolfgang, W: Zur lauftherapeutischen Beeinflussung von Verhaltensstörungen bei Kindern und Jugendlichen – aufgezeigt an US-amerikanischen Untersuchungen. In: Weber, Alexander (Hrsg.): Hilf dir selbst: Laufe. Junfermann, Paderborn 1999

Schütz Jutta: Ihr habt mein Weinen nicht gehört. Hilfen für suizidgefährdete Jugendliche. Fischer, Frankfurt a.M. 1994

Seligman, Martin E.P.: Erlernte Hilflosigkeit. Psychologie Verlags Union, Weinheim 1972

Settertobulte, Wolfgang: Grundschule und Gesundheit, Bielefelder Grundschulstudie. In: Giest, Hartmut; Scheerer-Neumann, Gerheid (Hrsg): Jahrbuch Grundschulforschung, Band 2, S.163-177, Deutscher Studienverlag, Weinheim 1999

Silberman, Charles, E.: Die Krise der Erziehung. Beltz, Weinheim 1973

Singer, Kurt: Verhindert die Schule das Lernen? Ehrenwith, München 1973

Soetard, Michel: Johann Heinrich Pestalozzi. Schweizer Verlagshaus, Zürich 1987

Spektrum der Wissenschaft, Dossier „Stress", 1999

Spychiger, Maria: Mehr Musikunterricht an den öffentlichen Schulen? Verlag Dr. Kovac, 1995

Stimmer, Franz, (Hrsg): Lexikon der Sozialpädagogik und der Sozialarbeit. Oldenburg, München 1994

Strunz, Ulrich: forever young. Das Leicht-Lauf-Programm. Gräfe & Unzer, München 2000

Tenberken, Sabriye: Mein Weg führt nach Tibet. Kiepenheuer und Witsch, Köln 2002

Tent, Fingerhut, Langfeldt: Quellen des Lehrerurteils. Beltz, Weinheim 1976

Thompson, Richard, F.: Das Gehirn. Spektrum Akademischer Verlag, Heidelberg 2001

Tiger, Lionel & Fox, Robin: Steinzeitjäger im Spätkapitalismus. C. Bertelsmann, München 1973

Trbuhovic-Gjuric, Desanka: Im Schatten Albert Einsteins. Das tragische Leben der Mileva Einstein-Maric. Haupt, Bern 1988

Uller, Tyll: Semmelweis. Der Roman seines heroischen Wirkens. Silva, Iserlohn 1946

Vester, Frederic: Leitmotiv vernetztes Denken. Heyne, München 1991

Weber, Alexander (Hrsg.): Hilf dir selbst: Laufe. Junfermann, Paderborn 1999

Weiss, Rudolf: Zensur und Zeugnis. Haslinger, Linz 1965

Wertheimer, Max: Produktives Denken. Waldemar Kramer, Frankfurt a.M. 1964

Wild, Rebecca: Erziehung zum Sein. Arbor, Freiamt 1995

Winkel, Vleeming, Fisher, Meijer und Vroege (Hrsg.): Nichtoperative Orthopädie der Weichteile des Bewegungsapparates. Gustav Fischer, Stuttgart

Zillmann, Charlotte: Begabte Schulversager. Ernst Reinhardt, München 1981

Zimmer Jürgen und Niggemeyer Elisabeth: Macht die Schule auf, lasst das Leben rein. Beltz, Weinheim 1986

Stichwort- und Personenverzeichnis